Jean Meyer
SAMUEL RUIZ
EN SAN CRISTÓBAL
1960-2000

Con la colaboración
de Federico Anaya Gallardo y Julio Ríos

Ensayo

1ª edición: julio de 2000
2ª edición corregida: octubre de 2000

Las fotografías de esta edición son obra de Jutta
Meier-Wiedenbach/Centro de Derechos Humanos
Fray Bartolomé de las Casas (pp. 10, 40, 116, 180 y 204),
Pedro Valtierra/Cuartoscuro (pp. 16 y 68) y revista
Proceso (p. 156), a quienes agradecemos su autorización
para reproducirlas.
Diseño de la colección: BM
Reservados todos los derechos de esta edición para:
© Tusquets Editores México, S.A. de C.V.
Edgar Allan Poe 91, Polanco, 11560 México, D.F.
Tel. 5281 50 40 Fax. 5281 55 92
ISBN: 970-699-000-3
Fotocomposición: Quinta del Agua Ediciones, S.A. de C.V.
Aniceto Ortega 822, Del Valle, 03100 México, D.F.
Impresión: Grupo Sánchez Impresores
Av. de los Valles 12, 54740, Cuautitlán Izcalli, México
Impreso en México/*Printed in Mexico*

Índice

Lo único necesario para el triunfo del mal
es que los hombres buenos no hagan nada.

Atribuido a Edmund Burke

AGRADECIMIENTOS

En primera instancia al padre Alberto Athié y a su equipo de Pastoral Social, Distrito Federal, y a todas las personas que aceptaron el riesgo de la entrevista. A don Samuel, que abrió sin temor los archivos diocesanos y a los miembros del personal de la curia, que ayudaron sin restricciones. A todos los chiapanecos, de los diversos bandos, que nos apoyaron generosamente. Además, en desorden alfabético, a Rosa Lourdes Aguilar, al padre Flaviano Amatulli, a André Aubry, al padre Heriberto Cruz Vera, a Henri Favre, Alejandro Gamboa, Pablo Iribarren OP, Gonzalo Ituarte OP, hermana Migdalia, Jesús Morales Bermúdez, Mardonio Morales SJ, don Justo Mullor, Jorge Santiago, Salvador Torres, padre Felipe Toussaint, don Raúl Vera, Juan Pedro Viqueira y Jean de Vos.

Advertencia

Señor y amo de mi vida, el espíritu de
ociosidad, desaliento, dominación y palabra suelta, aleja de mí; el espíritu de pure-
za, humildad, paciencia y caridad, da a tu
servidor, sí, Señor y Rey, dame de ver mis
faltas y de no juzgar a mi hermano.

Oración de san Efrén el Sirio

Este es el resultado de una encomienda que me confió la
Conferencia de los Obispos Mexicanos por conducto de su presidente, monseñor Luis Morales, así como del sacerdote Alberto Athié. La Universidad Iberoamericana financió los gastos,
modestos, que permitieron además contratar a un excelente
ayudante de investigación, Julio Ríos. El encargo decía:

«Como tú sabes, don Samuel y la diócesis de San Cristóbal
se encuentran en una situación muy particular, pues son acusados constantemente, dentro y fuera de la iglesia, de estar
implicados en el levantamiento armado y de promover una
teología de la liberación que incita a la violencia y a la revolución y de querer provocar incluso una ruptura intraeclesial
(Iglesia popular) y del país (autonomías entendidas como
fragmentación del país).

»Representantes de medios, así como autores de ensayos,
artículos, estudios y reflexiones, dan origen a muchas opiniones incluso contradictorias, de manera que nos encontramos
permanentemente una auténtica polémica que no nos ayuda
a formarnos un juicio profundo y sereno sobre la realidad que
se vive en esos lugares y, sobre todo, acerca de lo que está sig-
nificando para ellos, para todo el país y, tal vez, para el futuro
de la Iglesia y del mundo.

»Algo parecido, aunque en otro contexto y circunstancias,
vivimos respecto del significado de la guerra cristera y, gracias a un estudio como el tuyo, por la objetividad con que lo
hiciste y la metodología que aplicaste (testimonios, narraciones, investigación directa a través de archivos parroquiales,
etcétera), muchas cosas han ido encontrando su verdadero

significado y han ayudado a ver el pasado más allá de ideologías, fanatismos y de oscurantismos y, por tanto a caminar en el presente y hacia el futuro con mayor claridad y firmeza.

»Desde esta perspectiva, las inquietudes que se encuentran detrás de esta necesidad de investigación serían las siguientes:

»El contexto más amplio es el de llegar a comprender mejor la historia reciente de la Iglesia en México, de manera específica en el sur del país (Guerrero, Oaxaca, Chiapas) y su posible relación con la historia de las iglesias en Centroamérica y los difíciles procesos por los que pasaron. Después del proceso de acercamiento que he ido teniendo con la diócesis y, en general, con esa parte del país, me parece que dentro del proceso histórico general que ha vivido el Estado-nación existen procesos particulares, tanto sociales, políticos, económicos, culturales y religiosos, que son muy importantes y necesarios de comprender, así como la historia propia de esas Iglesias locales con sus problemáticas específicas.

»El segundo aspecto es llevar a cabo un estudio serio sobre la historia de la diócesis y el trabajo que ha llevado a cabo en estos últimos cuarenta años. Te digo trabajo de la diócesis y no sólo de don Samuel porque en realidad, por lo que yo me he dado cuenta, existen varios actores muy importantes que han estado trabajando. Entre ellos están los dominicos, los jesuitas, los maristas y otros. Evidentemente que la figura de don Samuel sobresale como el conductor de todo este proceso. De este estudio se desprenden, por lo menos, dos cuestiones importantes: la propuesta sociopolítica del proceso eclesiástico y la propuesta de inculturación en las realidades indígenas (hay más de trescientos diáconos casados y más de siete mil catequistas).

»De toda la investigación anterior se podrían tener dos documentos. Uno amplio, que pudiera servir para el episcopado como punto de referencia. Otro, que pudiera servir para la publicación y divulgación de la información obtenida.»

Después de rechazar una primera invitación en junio de 1998, acepté la segunda a fines del mismo año. Soy historiador, pero no comisario político; soy historiador, pero no visitador encargado de hacer un juicio de residencia a quien

12

abandona su cargo. No soy especialista en Chiapas, y he investigado sin contar con el tiempo necesario para la maduración y la reflexión. Decía un gran reportero que para escribir un libro sobre un país había que vivirlo treinta días, o treinta años. No he podido dedicar a este trabajo más que unos días a lo largo de un año.

Por lo tanto no hay que pedirle peras al olmo. Ésta no es una historia general del conflicto actual en Chiapas, tampoco un retrato del otro protagonista: el pueblo. A lo sumo es la historia del actor eclesiástico católico, actor colectivo y proteico, singular y plural.

Antes de empezar conviene tener en cuenta la incidencia de las personas en la Historia; en concreto, la de las llamadas «personalidades» o bien «grandes personajes». No se puede negar su influencia, pero recurrir a esa sola explicación sería oscurecer la verdad. Sabemos muy bien que las personalidades más relevantes jamás han escapado a la influencia de las condiciones dadas e impuestas por las circunstancias. Hasta que punto esas condiciones, esos procesos, escapan al control del individuo, por influyente éste que sea, se puede advertir en nuestra historia nacional y también en la de la diócesis de San Cristóbal. ¿Cuánto es atribuible al hombre y cuánto a la contingencia e incluso al accidente histórico? ¿Qué se debe al notable individuo que encabezó la diócesis entre 1960 y 1999? Esas cuestiones aún son vigentes por que no hay posibilidad de ofrecer una respuesta simple. El lector sabrá perdonar la desilusión.

Otra advertencia metodológica: el contexto es esencial, tanto el geográfico como el temporal. El primero es evidente, aunque sea preciso referirse siempre en plural a Chiapas; el segundo deviene pluralidad también y por ende resulta más complejo: se cruzan, superponen y enfrentan pasado, presente y futuro en cada uno de los diversos tiempos. Tiempo del mundo (nuestro planeta, América, México, Centroamérica, etcétera), de la construcción del muro de Berlín a más de diez años de su caída, de la confiscación de la revolución cubana por Fidel Castro hasta la todavía no iniciada transición de esa isla a la democracia. Tiempo de América, de la internacional

13

negra de las dictaduras militares hasta el inestable regreso de la democracia política, pasando por las revoluciones y las guerrillas rojas. Tiempo de México, desde la segunda década del «milagro mexicano» hasta los progresos de un periodo en los albores de la democracia, de la etapa traumática del 2 de octubre (Tlatelolco) hasta las guerrillas urbana y rural. Tiempo de Centroamérica, que se desangró a lo largo de tres terribles décadas: ansias libertarias, movilizaciones sociales, utopías revolucionarias en el marco de la guerra fría y del enfrentamiento entre la KGB y la CIA que llevaron a la *guerra*, tan atroz como interminable, en toda la region, salvo en Costa Rica; «ofensiva final» (de cada bando), masacres, éxodo, injerencia extranjera («internacionalismo» rojo y «seguridad hemisférica» estadunidense); triunfo en 1979 de la revolución sandinista, la cual pierde las elecciones al concluir la guerra fría una década después; ulterior paz en El Salvador (1992) y en Guatemala (1996) que suprimen esos conflictos sin vencedor, causantes de más de trescientas mil víctimas. Tiempo de la Iglesia, desde Juan XXIII hasta Juan Pablo II, desde el Concilio Vaticano II hasta el Jubileo del año 2000, en el traslapo de multitud de crisis, caídas y recuperaciones.

Samuel Ruiz, en cuanto obispo, ha recorrido esos cuarenta años, pero como sacerdote, como seminarista, como niño, se remonta a 1924 y, por sus padres, al Bajío natal, a la revolución mexicana, a la persecución religiosa, a la Cristiada, al sinarquismo, e incluso a fines del siglo XIX, que fue testigo del gran enfrentamiento de la Iglesia católica con la Revolución francesa, de la Iglesia católica con el liberalismo. Pertenece a una generación que recuerda con claridad la frase de San Bernardo: «Nosotros aquí somos como guerreros en el campamento, tratando de tomar el cielo por asalto, y la existencia del hombre sobre la tierra es la de un soldado».

México, a 3 de mayo de 2000, la Santa Cruz.

1
Antecedentes históricos

Familiares de las víctimas de la matanza de Acteal.

La Iglesia católica y la Revolución mexicana

En el país

Don Samuel nació en 1924 y se formó en el Bajío, epicentro del catolicismo y del territorio mexicano, región triplemente mestiza, cuna de la Independencia, escenario de las grandes guerras del siglo XIX y también de la Cristiada, en el XX. En los antecedentes de la Revolución persecutoria (1926-1938) está la oposición entre la Iglesia y el Estado durante la centuria precedente. Los conflictos que en el siglo XIX los enfrentaron son legado de las guerras de independencia. El nuevo Estado ve en los clérigos, cuyo poder ha sido confirmado repetidamente, una amenaza, pues ¿no destruyeron a su predecesor?

Desde que la lucha contra la simonía, en el Occidente latino y a través de la disputa de las investiduras laicas, había planteado el conflicto de las dos espadas, de las relaciones entre la Iglesia y el príncipe, es decir, de las dos modalidades de la presencia eclesiástica en la sociedad, la Iglesia afirmaba el dominio de lo espiritual sobre lo temporal. No contenta con reclamar la *libertas*, quería sacralizar la sociedad y someter el mundo a su autoridad para llevarlo a cumplir la vocación que le había asignado el Creador. Se trataba de construir aquí —abajo— el Reino a modo de sociedad cristiana, lo que permitía todas las ambigüedades y disimulaba la voluntad de poder tras un discurso teológico. Ocho siglos después, la Iglesia romana se halla lejos de haber abandonado enteramente esta visión del universo.

En América la Iglesia nunca había podido imponer su tesis, porque la corona española obtenía de Roma un poder casi discrecional gracias al «Real Patronato». Muy ligada al imperio, la Iglesia no pudo eludir la orientación política y revolucionaria de comienzos del siglo XIX. Después de la victoria insurgente, los

17

obispos y los sacerdotes proespañoles son detenidos, expulsados y reemplazados por nuevos dirigentes eclesiásticos, apasionados patriotas que resisten treinta años, pues el sumo pontífice no reconoce los Estados independientes. Dicho vacío es aún más grave, sobre todo cuando los Estados pretenden heredar el patronato, del que la Iglesia espera liberarse. Las relaciones entre la Iglesia y el Estado son por fuerza conflictivas y la sumisión al poder civil, hasta entonces vivida tranquilamente como lazo administrativo, se politiza durante las guerras civiles que enfrentan a liberales y conservadores. «El espíritu del siglo» empuja a la Iglesia hacia los conservadores que, sin embargo, son apenas distintos de los liberales.

Los liberales quieren romper las cadenas del modo de producción anterior, instaurando la libre circulación de los productos y de los hombres: a ello se deben la secularización de los bienes del clero y la abolición de las órdenes religiosas. De igual manera, intentan romper con el «oscurantismo», el «fanatismo» religioso, mediante la instauración de la libre circulación de las ideas. Contienden, entonces, con una Iglesia que se revela mejor pertrechada que los otros opositores del régimen anterior.

El fin de la docilidad del clero está ligado tanto a la situación nacional como al triunfo global del ultramontanismo, triunfo todavía más brutal porque lo había retardado la ruptura de treinta años entre Roma y América. El conflicto adquiere el tono, y a veces más que el tono, de la guerra santa, pues el liberalismo combativo se opone el ultramontanismo. Atajando el oportunismo político del catolicismo tradicional, se establece en el clero, en primer lugar, y después entre los laicos, un catolicismo autoritario, romano, clerical, que Iván Vallier califica justamente de «papista». Es el catolicismo del *Syllabus*, magistralmente comprendido por Emile Poulat:

«Reducido a un papel subalterno, impugnado, suplantado, marginalizado, rechaza la posición que le han dado. Para reconquistar su autonomía histórica, se compromete en la resistencia social, apoyándose en su base popular.»

Así se construye lo que los italianos han bautizado como integralismo, intransigentismo o catolicismo intransigente.

Lo caracterizan tres rasgos principales:

1. Una concepción del mundo que rechaza absolutamente la autonomía de las actividades humanas, toda secularización, toda privatización de la religión. *Instaurare omnia in Christo*, «todo el cristianismo en toda la vida», son fórmulas muy conocidas y que caracterizan a lo largo del siglo XX la democracia cristiana o la Acción Católica.

2. Una vigorosa denuncia del liberalismo en todas sus modalidades, ideológicas, económicas y sociales. Se le atribuyen todos los males.

3. La constitución del catolicismo en contrasociedad, prueba viva de que es viable otro mundo: una sociedad orgánica y jerarquizada, una pirámide de cuerpos y de comunidades «naturales» al amparo del báculo de la autoridad divina, con el clero a la cabeza. Este catolicismo antimoderno y reaccionario se pretende «social» e impugna al capitalismo. Pío IX, que muy joven había conocido América Latina y a sus liberales, definió de modo tajante, hacia 1861, el intransigentismo en el *Syllabus*.

Hubo una ruptura esencial cuya amplitud no han medido los Estados. Este catolicismo se vuelve inasimilable para el orden establecido, está más allá de toda alianza política, y se halla desde entonces en constante mutación. Se establece en América entre 1850 y 1880 y se cristaliza, con la aparición de *Rerum Novarum* (1891), en la fórmula «democracia cristiana»:

«La que tiende a dar a la sociedad civil una organización tal que todas las fuerzas sociales, jurídicas y económicas, en la plenitud de su desarrollo, cooperan proporcionalmente en el bien común; además que, en última instancia, actúa en beneficio de clases inferiores».*

Al mismo tiempo, los católicos liberales o «ilustrados» son reducidos al silencio, excluidos o marginados, con tanta mayor facilidad por cuanto el anticlericalismo o el laicismo sectario los condena a la «defensa religiosa». Se presenta un enfrentamiento de bloques, Iglesia contra Progreso, y esta disposición

---

* Cita de José Toniolo, profesor de la Universidad de Pisa, en Miguel Palomar y Vizcarra, «La misión histórica de México», conferencia del 17 de septiembre de 1937, p. 7.

binaria se sitúa en los dos lados del Atlántico, en conflictos que se llaman *Risorgimento*, Reforma, *Kulturkampf*, conquista republicana. Si se asimilan los liberales a la «sociedad moderna», las elites intelectuales a la burguesía de los negocios, se comprende el título provocador de Emile Poulat: *Iglesia contra burguesía*, aun si esta burguesía no es la clase definida por Marx, sino el símbolo de una época.

A la vuelta del siglo, en los países en los que se asienta la industrialización, ésta, por endeble que sea, da origen, con el proletariado, a un socialismo que con frecuencia hereda del liberalismo una feroz hostilidad a la Iglesia y la religión. Pero el juego ya no se da entre dos, sino entre tres, y todas las estrategias son posibles en este nuevo triángulo ideológico. Mientras el socialismo parezca débil los católicos pueden aliarse a él contra los liberales, pero si se desarrolla un verdadero movimiento sindical o político, liberales y clericales pactan: posponen «la cuestión religiosa» para defender el orden social. Y si luego el intransigentismo católico parece amenazar «el progreso», «la sociedad moderna», se forma una alianza liberal y socialista en su contra. México ha conocido todas estas configuraciones entre 1880 y 1940.

Desde entonces la Iglesia está buscando esa mentada «tercera vía» que sigue siendo actual. En el curso de esta revolución, el catolicismo, que se ha vuelto combativo y conquistador, propone la cristiandad a manera de solución: catolicismo social, democracia cristiana, Acción Católica, etcétera. Transformado en movimiento, este catolicismo es, por igual, obra apostólica, institución, organización social, sindicatos, partidos. Esto lo convierte en uno de los principales protagonistas de la vida pública.

La ambigüedad es su característica fundamental y además porque está en constante mutación. A comienzos del siglo XX pretende instaurar o «restaurar» la «sociedad civil cristiana», a veces llamada «orden social cristiano». Más tarde esta afirmación se diluye, se borra sin desaparecer nunca. Los demócratas cristianos, a diferencia de los católicos liberales, no se contentan con el reconocimiento de la libertad de la Iglesia: quieren modificar la sociedad moderna. No piensan en términos de entendimiento, sino de conquista del poder, de reemplazamiento, de relevo. Opciones más estratégicas que ideológicas, como pudo verse en Chile entre 1960 y 1980. Sea con las derechas, sea con las izquierdas, revisan su posición cuando pueden y cuando lo necesitan. De ahí que su línea política, vista desde el exterior, nunca parece franca y nítida, es más bien siempre condicional, propensa al doble juego, en espera de una redistribución de las alianzas. Pero las ideologías no se articulan en el vacío y no se comprendería nada del intransigentismo y de su instrumento político más reciente, la democracia cristiana, si se olvidaran sus bases populares conservadas, conquistadas o reencontradas. Este proyecto sociopolítico y religioso, anticapitalista y antisocialista, relevante como centralismo y clericalismo, obtiene su influencia de una base popular más o menos amplia, según el país. El populismo de la democracia cristiana es inveterado y contribuye a su ambigüedad esencial.

En México, este proyecto ha seguido una trayectoria de «dientes para afuera». El catolicismo social se desarrolla rápidamente entre 1890 y 1910, transcurre por la implantación sindical en el medio obrero y campesino para desembocar en la creación del Partido Católico Nacional en 1911. Estos triunfos son efímeros, dado que la Revolución mexicana comienza entonces y rápidamente opone los militantes católicos al nuevo Estado. El gran conflicto de 1926 rompe la unidad del episcopado y la de los católicos. Estos militantes, impulsados por su dinamismo a escapar de las directivas romanas, no pueden aceptar su enclaustramiento en la acción apostólica ni recuperan las riendas como exige Roma; circunstancia inaceptable para esos jóvenes que desean guiar el desarrollo social y político de México. La situación desemboca en la guerra de los cristeros (1926-1929), prolongada por una guerrilla (1934-1938). El *modus vivendi*, concluido en 1929 entre Roma y México, elimina definitivamente la democracia cristiana en el país, ya que la delimitación recíproca de las esferas no le deja espacio. Lo que no significa que deje de existir el catolicismo intransigente. Se adapta y resurge sin cesar.

Y se manifiesta en 1937 y en 1939, bajo el doble aspecto contradictorio y competitivo (¿no es meter todos sus huevos

21

en la misma canasta?) del movimiento sinarquista y del Partido Acción Nacional.

La Unión Nacional Sinarquista pertenece a la historia de los movimientos contrarrevolucionarios en el seno de la Revolución mexicana. Comparte características con el levantamiento de los cristeros: los dos han medrado en el terreno ideológico y cultural del catolicismo; entrambos han hecho su reclutamiento, por principio, en el medio campesino; los dos han sido movimientos de masas.

La insurrección de los cristeros remite a la de 1810; las bandas cristeras son hermanas de la plebe que siguió el estandarte de la virgen de Guadalupe, enarbolado por el padre Miguel Hidalgo y Costilla. El sinarquismo pertenece a la historia ambigua de los populismos de América Latina. Nace apenas diez años después de la Cristiada y, sin embargo, lo separan siglos de ella. La Cristiada es única en América en los años veinte. El sinarquismo nace al mismo tiempo que el integralismo brasileño, que la falange chilena, que el Movimiento Nacional Revolucionario (MNR) boliviano, que los movimientos argentinos precursores del peronismo. El «movimiento» (se define así para distinguirse de los partidos que dividen en lugar de unir) denuncia el juego político y la mistificación de la democracia. Su jefe lo define en 1940 como «cívico, místico, pacífico y nacionalista». «El pueblo sinarquista es una milicia espiritual» que llena las plazas y desfila interminablemente por las calles. Es preciso señalar que entonces casi no había en México manifestaciones públicas no oficiales y que semejante desafío solía terminar trágicamente. Como bien escribe Fernando Benítez, en su *Lázaro Cárdenas y la revolución mexicana*:

«El sinarquismo [...], un pueblo religioso marcado por el estigma de la esclavitud sólo ve la salvación en un profeta, en un místico que le anuncia la entronización del reino de Cristo, y ese profeta era Abascal, acompañado de su cortejo de mártires. El sacrificio debería fundar el augusto orden de los papas medievales, desaparecería la autoridad espuria de Cár-

22

denas el ateo, el perseguidor de la religión, y se establecería la autoridad del verdadero Dios.» (Benítez, 1978, p. 199)*

En 1940 y 1941 el movimiento alcanza su apogeo y cuenta con quinientos mil militantes concentrados en los estados del centro de la República Mexicana, pero presentes en todas partes, incluso en Estados Unidos de América, donde anuncian, con veinte años de anticipación, el movimiento chicano. Los jefes son jóvenes provincianos de las clases medias, sus tropas pertenecen a las masas campesinas beneficiarias o no beneficiarias de la reforma agraria y a la población artesanal, así como comerciantes de las ciudades pequeñas y medianas. Los obreros nunca están ausentes. Éste es precisamente el tipo de movimiento con varias clases sociales dilecto de los católicos. El fracaso político del sinarquismo no interesa aquí, salvo porque revela la profunda desconfianza católica de la política considerada como éticamente impura.

El culto al jefe, el nacionalismo, la demagogia, la denuncia del liberalismo y de la revolución, del comunismo y de Estados Unidos nada tienen de original, pues se hallan en todos los populismos; además, en todas las dictaduras, progresistas o reaccionarias. La originalidad del sinarquismo está en que es uno de los avatares de la democracia cristiana y no «un fascismo en huaraches», como creyeron quienes lo veían como la quinta columna nazi y japonesa en América. El sinarquismo denunciaba el nazismo como «heredero de la revolución protestante de Lutero», también condenaba «la deificación de la raza y del Estado». Al unísono, afirmaba su simpatía por Franco, restaurador de la tradición católica y de la hispanidad.

. Como el integralismo,** el sinarquismo es una mezcla de nacionalismo radical, de catolicismo «integral», de corporativismo en busca de un tercer modelo ni capitalista ni socialista; es decir, en el estilo fascinante del momento, el «tercerismo» característico de la Iglesia católica romana. Estos movimientos, y sus equivalentes polacos, belgas, austriacos, franceses,

* Remítase siempre el lector a las referencias bibliográficas, hemerográficas o documentales en los Apéndices (p. 237).
** En su juventud monseñor Helder Camara había sido integralista. Los padres de monseñor Samuel Ruiz fueron ardientes sinarquistas.

etcétera, brotaron en el terreno de la Acción Católica y se han caracacterizado por una ambigüedad profunda que, agravada por el conflicto entre una línea radical y otra conservadora, los ha condenado a perecer o a transformarse.

La Iglesia temía el potencial radicalismo sinarquista y prefería al Partido Acción Nacional (PAN), fundado en 1939 o, más bien, jugaba en todos los tableros. Este partido, lejos de condenar la Revolución mexicana y el sistema político que había engendrado —la vocación del sinarquismo—, jugó la carta de la «reunión»: fundar la oposición leal y así preparar una posible democratización de la vida política.

En Chiapas

Las peculiaridades de Chiapas determinaron el desarrollo del conflicto religioso en esa entidad. En los primeros días de la revolución maderista tuvo lugar en Los Altos el levantamiento de un líder chamula, apodado «Pajarito», que había sido catequista del joven obispo Francisco Orozco y Jiménez, el ulterior arzobispo de Guadalajara. En los círculos gobiernistas corrió la voz de que el prelado estaba tras el levantamiento indígena; eso le valió para siempre a monseñor Orozco el apodo de «Chamula» y la hostilidad de los gobiernos revolucionarios sucesivos, hasta su muerte. Los carrancistas fusilarían, años después de la amnistía de 1911, a «Pajarito».

El anticlericalismo y la persecución religiosa fueron tan moderados en la región a lo largo de los años veinte que Chiapas, como Yucatán, se mantuvo al margen de la gran crisis nacional. Los gobernadores Carlos Vidal y Raymundo Enríquez parecen haberse resistido a aplicar las leyes anticlericales. A partir de 1933, con la influencia de Tomás Garrido Canabal, el terrible tabasqueño, y en tiempos del coronel y gobernador Victórico Grajales, Chiapas entró en la tormenta. Se cerraron todos los templos católicos, se expulsó al obispo y a los sacerdotes, se prohibió el uso de nombres de santos en los toponímicos (como se impuso con el general Amaro en Jalisco hacia 1927). La situación perduró hasta finales de los treinta, al igual que en el vecino Tabasco. Graham Greene dejó testimonio de esa situación. Es una historia que está por escribirse y, por lo pronto, sólo se puede afirmar que el mismísimo Estado revolucionario apoyó al incipiente protestantismo en todo el sureste por esos años. Esa promoción fue institucionalizada por el presidente Lázaro Cárdenas mediante el Instituto Lingüístico de Verano. Los misioneros estadunidenses llegados de Guatemala, del altiplano y de Estados Unidos tardaron en tener éxito; durante veinte, treinta años su labor se limitó al proselitismo en Tuxtla Gutiérrez y Tapachula, lo mismo que en algunos pueblos cercanos, es decir, entre la población no indígena. Destacaba la iglesia presbiteriana por su base teológica e institucional, pero se deben mencionar también las iglesias bautista, metodista, nazarena y «religiones» no cristianas, como la adventista y la mormona. En Comitán había una misión que se extendía hasta Ocosingo, Altamirano, Bachajón y Chilón. Montagú (1957) menciona, en su diario, que aprovechaban su estancia para predicar en las rancherías tojolabales cercanas. En la zona chol los presbiterianos y el Instituto Lingüístico de Verano trabajaron desde la presidencia de Cárdenas.

Semejante política tuvo efectos «colaterales» no deseados, como la formación de cierta identidad indígena gracias a la lengua. La persecución del clero católico, en el mismo sentido, provocó el incremento de «la (o el) costumbre», mezcla de catolicismo y chamanismo, de religión cósmica, comparable a la de muchos campesinos cristianos, católicos y ortodoxos, especialmente profunda, debido a la ausencia total de sacerdotes durante casi un siglo (1857-1940). Puede sorprender la presencia de tantos rasgos no cristianos, pero debería también admirarse el mantenimiento, sin aparato eclesiástico, de tantos elementos cristianos (hasta de oraciones en latín). Esos laicos tomaron en sus manos el costumbre y se sintieron, en su soledad, *la iglesia*, una Iglesia sin clero, una Iglesia de las catacumbas. Les sería difícil aceptar (algunos no pudieron) que no eran «católicos». Este es uno de los factores del curioso «cisma» de los «pascualitos» y del conflicto entre la diócesis de San Cristóbal y de Chamula.

A partir de 1940 la Iglesia católica empezó su labor prácticamente desde los fundamentos, frente a iglesias rivales que la aventajaban considerablemente. Desde luego, en esa fecha, la Iglesia católica, clero y laicos, no podían tener mucha simpatía por el gobierno federal y estatal.

La segunda mitad del siglo xx

La radicalización

Centenares de artículos y muchos libros se han escrito sobre la radicalización de los católicos en América Latina. Para los fines de estas páginas, el aspecto más importante fue el cambio histórico inducido por el segundo Concilio Vaticano, en especial, aunque no únicamente, en América Latina. De la constitución *Gaudium et Spes* se cita siempre el «deber permanente de la Iglesia [de] escrutar a fondo los signos de la época e interpretarlos a la luz del Evangelio».

¿Cómo ocurrió esa radicalización y cómo se desarrolla? ¿Por qué algunos católicos han aceptado y luego celebrado la toma de las armas apenas unos años después del fracaso del *guevarismo*? ¿Por qué esa fascinación por el «poder en la punta del fusil» y esa confianza en el cambio revolucionario de las estructuras? ¿Qué hay de específicamente católico romano en este asunto? ¿Cuál es la relación entre los elementos radicales del clero y el pueblo cristiano, y quién conduce el juego? ¿Puede hablarse de una vanguardia revolucionaria formada por una *«intelligentsia* eclesiástica»? ¿Cuál es el papel de lo sagrado en esta «conversión» de los clérigos y de la movilización eventual del «pueblo cristiano»?

El carácter político del clero y los movimientos de Acción Católica se aprecia por la amplitud de la desconfianza y, luego, de la represión que provocan. Clérigos y laicos, unidos en el seno de estos movimientos, desarrollan sobre la sociedad, la Iglesia y las tareas por cumplir un análisis cuya lógica es con frecuencia común. Siguiendo su evolución ideológica, a partir de 1960, se comprueba que estos movimientos constituyen crecientes espacios de compromiso político para sus

26

militantes, en el instante preciso cuando el ascenso de los regímenes autoritarios y reaccionarios impide las vías tradicionales de la política. En este sentido, las organizaciones católicas desempeñan el papel de «fuerzas políticas de sustitución». O sea que la Iglesia se convierte en una verdadera fuerza política, tras haber pasado por las etapas del rechazo de la política, del «desarrollismo» y de la «concientización».

Hasta la década de 1960 todo está regido por la problemática politica y religiosa de la Acción Católica durante los años veinte y treinta. Los primeros congresos parecen «religiosos», preocupados del quehacer «cristiano». Se persigue la unidad buscando vivir en la fraterna unanimidad. Esto revela problemas que excluyen la política en provecho de lo tradicionalmente religioso: la política divide, la fe une y puede reunir a todos los hombres, puesto que América Latina se concibe como una cristiandad. A los marxistas y su lucha de clases y a los protestantes se los ve como enemigos, puesto que son destructores de la unanimidad y la catolicidad. Se considera que el cristiano, movilizado por un proyecto religioso de reunificación del mundo, ha de mantenerse apartado de las luchas por el poder, que contradicen esta descripción. Es un problema que no excluye la preocupación por lo social, aun si ello conduce a contradicciones (véase Samuel Ruiz, «Exhortación pastoral», 1961).

Las preocupaciones de Emmanuel Mounier, Jacques Maritain y del padre Lebret sobre la dignidad de la persona humana, el compromiso del cristiano, «economía y humanismo», se relacionan con esas contradicciones, que rápidamente provocan un cambio en la situación.

Sin embargo, hay un creciente descontento, una impaciencia frente a la dificultad de promover el cambio ligado, por una parte, a la revolución cubana, a la victoria de la democracia cristiana en Chile y, por la otra, a la militarización progresiva del continente. La represión que se abate sobre ellos hace que los militantes católicos descubran, cuando hasta entonces habían sido políticamente «inocentes», el problema de las «estructuras» y su injusticia. El asunto de la humanización del medio gracias al militante «fermento», a la «levadura en la masa», si es inverterado, tiene todavía días propicios por delante y sobrevivirá a la radicalización revolucionaria. En los años sesenta los militantes continúan privilegiando la conversión individual y las relaciones entre las personas; quieren transformar el medio desde el interior formando hombres. Para ello buscan «vivir con el pueblo», compartir sus condiciones de existencia; ésta es la clave de su «conversión».

De la encíclica *Mater et Magistra* a la Conferencia de Medellín de 1968 se sigue hablando de bien común, de participación, de responsabilidad, de florecimiento, de dignidad del hombre, sin embargo, esto resulta insoportable a los regímenes dictatoriales que se instalan casi en todos los países.

Compartir la miseria diaria de las masas rurales y de las que se amontonan en los arrabales es un rudo aprendizaje político. Como las autoridades ven subversión en todas partes y son de gatillo presto, también los militantes cristianos se ven conducidos, del interior y del exterior, de buen grado o por fuerza, a alinearse conscientemente en lo político. La problemática reformista es sobrepasada por los acontecimientos. Dos experiencias afectan a profundidad el catolicismo: la revolución cubana, y sus prolongaciones guevaristas (Camilo Torres), y la reacción militar. Las dos han favorecido una ampliación religiosa de la extrema izquierda a la extrema derecha, confundido el juego tradicional de los partidos, facilitando la penetración de la democracia cristiana en Chile, Venezuela, Ecuador, Costa Rica y El Salvador.

La democracia cristiana chilena tiene un papel decisivo en esta rápida evolución: abre los ojos, constituye un ensayo y es una invitación a superar la situación. Los católicos efectúan allí el aprendizaje de la política, llegan al poder y se desgastan en él. Las esperanzas y las decepciones suscitadas por el gobierno de Eduardo Frei han pesado mucho en la serie de acontecimientos, y las responsabilidades de la democracia cristiana en la caída de Allende, en 1973, han precipitado las cosas.

El fracaso del reformismo, el nacimiento y el desarrollo rápido de la represión, que pronto se hace sangrienta, primero en Brasil, acrecientan la radicalidad de los análisis. Al perseguir a los dirigentes de los movimientos católicos, la policía y los militares acaban por convencerlos de la necesidad de la ruptura revolucionaria. No sólo los católicos deben lanzarse a la batalla política, lo cual ya había intentado la democracia cristiana, sino que, además, deben hacerlo en la extrema izquierda. De tal modo, en la clandestinidad y bajo los golpes de una dura persecución, hallan a una izquierda ya desarrollada y descubren el marxismo.

Al mismo tiempo, los regímenes militares elaboran la doctrina de la seguridad nacional contra la subversión revolucionaria y el comunismo internacional. Invocan en Argentina, Brasil, Chile y Paraguay los principios cristianos, la defensa de la civilización cristiana. El lenguaje político alterna con el religioso, los obispos se dividen, la izquierda católica conoce también la experiencia terrible de este dualismo del discurso, inevitable por la permanencia de la referencia confesional. En el origen de esta inversión se halla el análisis crítico de la realidad social.

Para los militantes las desgracias vienen del capitalismo, del imperialismo neocolonial estadunidense. El sistema socioeconómico está condenado. Después de 1968 —esta fecha cuenta: mayo parisino, Medellín, Tlatelolco—, Althusser, Nikos Poulantzas y Marta Harnecker se convierten en los autores referenciales que aportan a los militantes, clérigos y laicos, dirigentes o estudiantes, los nuevos paradigmas del pensamiento... casi estaba por escribir: los nuevos conceptos teológicos.

La perspectiva del «desarrollo» ya no existe. Es remplazada por la voluntad del «cambio» radical y urgente. El objetivo consiste en (hacia 1970) «permitir a la mayoría del pueblo controlar los medios de producción y de esta manera ejercer efectivamente el poder político». La «concientización», palabra forjada en el marco de las campañas de alfabetización del Movimiento Estudiantil de Brasil (MEB), es el paso de la conciencia ingenua a la conciencia crítica, a la conversión, en un proceso de cambio radical, de lucha revolucionaria que desemboca en la toma del poder por medio de las armas. La «concientización» de las masas adquiere aspectos distintos, de acuerdo con los países y según los militantes, porque está lejos de alcanzarse la unanimidad. Conforme con el contexto, con la organización del movimiento, las radicalizaciones son más o menos rápidas o generales. En cada país el ámbito eclesiástico global cuenta mucho, se hallen o no los militantes en oposición a la jerarquía. Ahora bien, las condiciones económicas, sociales y políticas, tanto como la historia, determinan la situación de las Iglesias nacionales. He aquí por qué el catolicismo no se reduce a una gama de posiciones políticas. Primero están las estratificaciones sociohistóricas y económicas que multiplican las culturas cristianas, desde el cristianismo de la comunidad indígena hasta la devoción privada de las elites.

De este modo, se llega al momento histórico cuando las palabras «Reino» y «Revolución» se asocian. Hasta entonces, la protesta dirigida contra la sociedad mundial continuaba siendo en general una protesta religiosa en nombre de los «valores evangélicos» y de un humanismo cristiano. Al principio lo «político» fue opuesto a lo «religioso»; en un segundo tiempo lo político reconocido consistió en promover valores y racionalizar la organización social; en un tercer momento, vivimos la transformación de la problemática misionera. La impugnación religiosa de la sociedad capitalista, más allá de una aparente secularización (no se habla ya de «dignidad», sino de «liberación»; ni de formación sino de «concientización», ni de «desarrollo», sino de «revolución»), arraiga siempre en lo religioso. Empero, la política ha conquistado su autonomía y los militantes critican el «aparato eclesiástico» como tema histórico integrado a las estructuras injustas. La teología y las instituciones eclesiásticas se ven urgidas a radicalizarse o a dimitir, pues la Iglesia debe ser «signo del Reino de los Cielos que comienza a realizarse en la Tierra». Se reivindica la misión profética de la Iglesia, mientras el proyecto político y revolucionario adopta una dimensión mesiánica.

No todos corrieron a la misma velocidad

El padre Charles Antoine (1978) abandona la distinción tradicional entre conservadores y progresistas para proponer una más funcional entre integristas, jurídicos, pastorales y proféticos. Ni unos ni otros están al margen de la Iglesia católica, pero las diversas alianzas conducen a tal o cual mayoría. Antoine sólo trata del episcopado «por la sencilla razón de que los obispos constituyen el grupo religioso más tipificado», pero reconoce en su clasificación un alcance más general. Los integristas son bien conocidos y dan su apoyo a los regímenes militares que oficialmente defienden a «Occidente» de la subversión y el marxismo. Esta corriente, si bien minoritaria, es real y poderosa. Los jurídicos son los obispos para quienes la institución importa más que la persona: verdad tanto en la sociedad como en la Iglesia. Cuentan con un agudo sentido político al servicio de la Iglesia como institución. En general son partidarios del mal menor, sin embargo, se hallan «en los casos graves, cuando la Iglesia como tal está a su juicio amenazada, dispuestos a correr el riesgo de un conflicto serio con el Estado». Los «pastores velan por el bien del rebaño», en el sentido bíblico del término, que se les ha confiado. Pastores antes que administradores, no juzgan una innovación teológica o pastoral desde el punto de vista institucional; *a priori* confían en los políticos dado que creen en la separación de los ámbitos, pero están listos a poner en duda las estructuras sociales cuando la justicia está en juego. Igualmente, tienden a defender al sacerdote «subversivo» frente al poder político, pues para ellos, por espíritu evangélico, «los hombres están antes que la institución». Esta tendencia pastoral es en términos numéricos la más importante, aunque no sea mayoritaria. Esto explica la evolución de algunos episcopados en Brasil y de algunos obispos hacia la llamada «izquierda». Los «pastores» apoyan frecuentemente a los «profetas»:

«El calificativo se refiere a los profetas de la Biblia, hombres de la palabra libre, a veces acusadora. Muy sensibles a la dramática situación del continente latinoamericano, estos obispos "proféticos" consideran que su responsabilidad evangélica tiene prioridad absoluta sobre la diplomacia eclesiástica. Hacen de la sociedad un análisis que se empariente con las conclusiones de los políticos de la oposición. Pero pretenden que su comportamiento esté motivado por la fe que

31

los anima. Si su análisis es también político, su objetivo no lo es.» (Antoine, 1978, pp. 249-261)

En ello se distinguen de un grupo apenas representado en el seno del episcopado, el de los clérigos y laicos revoluciona-rios. Al igual que los obispos, los revolucionarios conciben la Iglesia como «profética», mas quieren transformar radicalmen-te la sociedad a través de un cambio político. Llegamos enton-ces a la teología de la «liberación» y de la «Iglesia popular».

Teología de la liberación

Quizás habría que emplear el plural; a tal punto este co-lectivo singular abarca familias y tendencias. Es preciso in-sistir en los rasgos comunes. Su estrategia es resultado de dos corrientes: una motivación que se proclama bíblica, incluso en su compromiso más extremo, el de la guerrilla, y una in-sistencia en el carácter necesariamente político de los medios para una acción eficaz en la sociedad. Rompe con la doctrina social tradicional, calificada como «antología de principios morales y buenos consejos ajenos a la realidad sociopolítica; ahistóricos y de hecho justificadores del *status*». A esta van-guardia se la define de este modo:

1. Visión de la realidad desde la perspectiva de la lucha de clases.

2. Utilización del marxismo «como el método científico de análisis de la realidad social».

3. Opción por el socialismo que implica una opción de cla-se y una praxis política. Tal ideología rompe las reglas del jue-go de una institución que forma parte de un «sistema social capitalista».

Comulgan en esta ideología movimientos como Sacerdo-tes para el Pueblo (México), Sacerdotes para el Tercer Mundo (Argentina), GOLCONDA (Colombia), Movimiento ONIS (Perú), COSDEGUA (Guatemala), el Grupo de los 80 (Chile) y Cristianos por el Socialismo, nacido en Chile en la época de la Unidad Popular de Salvador Allende; además, claro está, los revolucionarios de la oposición clandestina armada, de

32

Camilo Torres y Néstor Paz Zamora a los guerrilleros de Guatemala y El Salvador y, en fin, los cristianos revolucionarios de la junta sandinista.

«La teología de la liberación sirve hoy de referencia intelectual a muchos cristianos. Considerada peligrosa y errónea por otros, ha sido ya motivo de alerta, incluso de condenaciones por parte de cierto número de obispos, así como de la sospecha del Vaticano.» (Antoine, 1978, pp. 249-261)

Hubo convergencia entre radicalidad política y radicalidad cristiana. Cuanto más se profundizaba el compromiso político, más aparecía la exigencia radical del Evangelio. El compromiso político con el pobre y con la clase se convierte en el lugar de encuentro con Cristo (en el contexto bíblico de Mateo 25). El pobre latinoamericano figura como mediador del juicio de Dios. La conversión interior adquiere un cariz político y la lucha política es interiorizada como una exigencia continua de conversión. La caridad y la esperanza adoptan igualmente esa tesitura. Surge, entonces, la experiencia de una nueva espiritualidad: «la política adquiere una dimensión espiritual y la espiritualidad adquiere una dimensión política [...]», en palabras de un partidario de esa línea pronunciadas en 1978.

Comienzan entonces las dificultades, ambigüedades y contradicciones que se pueden polarizar en torno a dos cuestiones: el recurso a la violencia, recurrir al marxismo. En cuanto al primero, la Iglesia, es decir, clérigos y laicos, tiene a su disposición una casuística tan antigua como eficaz, que los conduce del «in hoc signo vinces» a la revolución, pasando por las cruzadas y la guerra justa. Los guerrilleros cristianos hallan sin dificultad los textos bíblicos citados por todos los macabeos de todos los siglos, al igual que la liturgia integra sin dificultad los fusiles al ritual.

«Poco después de nuestra llegada, el padre oficia la misa de año nuevo que se ofrece a los héroes y mártires caídos en la lucha por la libertad. "Ser cristianos significa atreverse a la gran aventura de amar. Y amar en el sentido de Dios y Jesús significa aquí, hoy, tomar parte en la lucha por la liberación definitiva y total de nuestro pueblo". Es un deber que ningún cristiano puede rechazar. Estar preparado para dar la vida en la lucha por la liberación de los pobres y los oprimidos es el tema de la homilía. Después de la comunión todos se abrazan. El tradicional "la paz sea contigo" es seguido por la promesa "Juramos vencer".» (*Unomásuno*, 11 de enero de 1982)

En algunos, la violencia se vuelve, más que un instrumento, un fin en sí mismo y se descubre en ellos una cultura del apocalipsis que resulta familiar para el historiador. De la legítima defensa que hace la violencia necesaria, se pasa a la violencia central, crisol, fuego purificador, sacrificio, holocausto: no hay otro camino que el de la lucha armada y los combatientes identificados con el «pueblo» son el Mesías colectivo según una escatología muy conocida:

«Los sandinistas, marxistas y no marxistas, reconocen con humildad que las revoluciones son hoy una cuestión de teología; como los israelitas que contaban con Dios para librarse de la esclavitud, los nicaragüenses cuentan también con Dios para construir su revolución. La historia juzgará severamente a los poderosos que hoy atropellan a los pueblos pequeños en lugar de contribuir a su desarrollo y ésta es una herejía.» (*Excelsior*, 28 de diciembre de 1981)

Declara el padre Juan Vives Suria, presidente de la Fundación Latinoamericana por los Derechos Humanos y el Desarrollo Social: «Dios está a nuestro lado y nuestros enemigos blasfeman». ¿No han cantado siempre así los cristianos?

La cuestión del marxismo es más reciente, aunque éste, como el cristianismo, se encuentre en un momento en que su influencia es tan universal como difusa. Todos somos un poco marxistas, como somos un poco cristianos. Dos marxistas pueden estar tan alejados uno del otro como un jesuita progresista y un clérigo conservador. Por ello, el marxismo es un asunto difícil para los católicos. El debate sobre el marxismo quedó acantonado —y sin dificultades mayores— en la comisión de fe e ideología. En ningún momento del debate sobre la teología de la liberación, en la Tercera Conferencia General del episcopado latinoamericano en Puebla de 1979, se discutió el problema del marxismo.

En 1978 Segundo Galilea escribía que la tendencia marxista en el seno de la teología de la liberación no debía ser considerada como teológica; él la juzgaba muy minoritaria y deficiente:

«A mi juicio, no pocos críticos de la teología de la liberación (conscientemente o no) descargaron en masa sus baterías —y a justo título— contra esta corriente. Precisamente esta corriente que no tiene crédito teológico es la que ciertos críticos presentan como "la teología de la liberación que arrebatará en América Latina".» (Galilea, 1978, p. 228)

Los provinciales jesuitas de América Latina solicitaron, en 1979, al padre general Arrupe que les «ayudara a profundizar el problema del "análisis marxista" acerca del cual los obispos de América Latina acababan de dar importantes directivas». El padre general reunió setenta consultas en el seno de la compañía de Jesús y redactó una respuesta en veintidós puntos, publicada en 1981.»

El punto quince pone en guardia contra el «real peligro práctico de difundir la idea que fácilmente se podría retener», «un análisis marxista distinto de la filosofía, de la ideología, de la praxis política». Arrupe demuestra un firme apoyo a aquellos que se han comprometido «por la justicia y la causa de los pobres»: se sabe que la Compañía de Jesús ha ido muy lejos en el análisis de las convergencias posibles entre la Buena Nueva y el marxismo, y muy lejos también en el compromiso concreto, lo que le ha valido el pagar un oneroso tributo a la represión, sobre todo en América Central.

En Nicaragua los cristianos revolucionarios en el poder hacían énfasis en la ausencia de oposición entre la fe cristiana y el socialismo científico, y señalaban que «la crítica de Marx purifica la religión [...] de su función social de apoyo a los opresores». Poco faltó para que naciera la primera herejía latinoamericana.

Rodolfo Cardenal SJ, en *Historia de una esperanza*, escribiría después: «El lenguaje político funcionaba a nivel de frases hechas y no de análisis. Las palabras se volvieron casi mágicas, tenían fuerza por sí mismas y, por tanto, era posible prescindir del cotejamiento con la realidad» (p. 452).

Y después

Desde 1979, el papa Juan Pablo II ha visitado muchas veces México y América Latina; las ambigüedades se han disipado. La opción preferencial por los pobres se ha mantenido, aunque se ha restablecido la distancia entre religión y política, entre fe y recurso a las armas. Desde Juan XXIII hasta Juan Pablo II, la Iglesia católica ha levantado el estandarte de los derechos del hombre y proclamado que la democratización de la vida política y social es una meta para los cristianos. El papa venido del este no podía tolerar la menor contaminación marxista, pero, a la vez, condenaba en términos vehementes el capitalismo desenfrenado, la cultura de la muerte, el materialismo consumista. Despojó a la teología de la liberación, una expresión acuñada en la Conferencia Episcopal Latinoamericana (CELAM) de Medellín en 1968, de todo confusionismo: dejó de ser un híbrido de marxismo y cristianismo o un retoño de los delirios de Thomas Münzer, aunque Leonardo Boff siga creyendo que el Reino de Dios «es la realización de una Utopía fundamental del corazón humano, la transformación total de este mundo». En Medellín, los obispos habían señalado, en este orden, las tres tareas de la Iglesia: promoción humana, evangelización, crecimiento en la fe. En CELAM 1979, en Puebla, Juan Pablo II restableció el orden tradicional. Allí, el papa recordó la concepción cristiana de la liberación «en su sentido más profundo, más amplio, el sentido proclamado y realizado por Jesús. Esa liberación más llena es la liberación de todo lo que oprime a los seres humanos, pero especialmente la liberación del pecado y del Mal». Le tocó al cardenal Joseph Ratzinger completar la tarea, en 1984, con su *Instrucción sobre ciertos aspectos de la «Teología de la Liberación»*.

México y Centroamérica

Remítase el lector a la cronología, en los apéndices. Bastará recordar, para México, algunas fechas y determinados nombres que, hasta el presente, tienen para nosotros una resonancia fúnebre: 2 de octubre, Tlatelolco; Liga 23 de Septiembre; Genaro Vázquez; Lucio Cabañas. Y, por los mismos años, en los confines de México y de Guatemala, Yon Sosa y Turcios Lima. Terminaba el «milagro mexicano» de crecimiento sostenido y mejoría de la condición del pueblo. Empezaba la «transición democrática», el lento progreso de las oposiciones de derecha y de izquierda, la permanente zozobra económica, la interminable crisis que comenzó en 1982, las esperanzas alentadas por el presidente Salinas, las reformas a la Constitución, el Tratado de Libre Comercio (TLC); el funesto 1994, con la aparición del Ejército Zapatista de Liberación Nacional (EZLN), el asesinato de Colosio, el de José Francisco Ruiz Massieu, la caída de Salinas, «el error de diciembre»...

Comparado con la pesadilla centroamericana, lo que vivió México no pasó de ser un mal sueño, una incomodidad. El centenar de muertos causado por el levantamiento de enero de 1994, en Chiapas, es triste, pero ¿qué es frente a los doscientos mil muertos cobrados por la guerra civil en Guatemala, a los más de cien mil muertos en El Salvador?

Es preciso destacar que Chiapas está en Centroamérica, que la diócesis de San Cristóbal en la frontera con Guatemala vivió de cerca la tragedia del pueblo hermano y acogió a decenas de miles de refugiados que huían del incendio. Esa región de Chiapas estuvo en primera fila para entusiasmarse o aterrarse frente a los éxitos revolucionarios y ante las terribles victorias de los ejércitos. Gracias a Dios, contra la voluntad de los revolucionarios, el incendio no pasó a México y Las Cañadas no han conocido la suerte infernal del triángulo Ixil, esa zona devastada por el ejército guatemalteco. El presidente Salinas, y este hecho merece reiterarse, fue prudente, como Maquiavelo, y alcanzó la estatura de un verdadero estadista cuando rechazó la tentación militar y proclamó un cese al fuego unilateral. Salinas optó por la tregua porque así convenía a los intereses del sistema y de su proyecto de nación y a su imagen pública personal. La decisión de suspender las hostilidades a dos semanas de los combates obedeció a una muy compleja constelación de problemas. El primero es la necesidad de mantener la posición mexicana en el TLC de América del Norte. Para mantenerla, Carlos Salinas de Gortari ya había ignorado las advertencias de sus generales en 1993 (*Cuarto Poder*, 21 de julio de 1997). Una guerra prolongada en Chiapas habría tenido efectos desastrosos en la alianza comercial o al menos la habría obstaculizado mucho. Otra cosa habría sido si la represión hubiera podido ser sencilla, expedita, con una victoria segura y con autonomía respecto de la opinión pública internacional, pero este escenario era imposible en vista de la gran movilización civil en las ciudades que, por otra parte, también criticaba el recurso neozapatista a la violencia. En *Proceso* se señala que Joaquín Villalobos, el ex comandante de la guerrilla salvadoreña, asesoró al ejército durante los combates evaluando la capacidad militar del EZLN. Su primera sorpresa fue encontrarse con una insurgencia que combatía como ejército, no como guerrilla. La ferocidad de los combates de Rancho Nuevo y Ocosingo es poco conocida, pero muy real.

Remítase el lector a las columnas de la cronología: la llegada al gobierno de Chiapas del general Absalón Castellanos coincide —pura e infausta coincidencia— con el apogeo de los regímenes militares y de la represión en Guatemala. Muchos, en la diócesis, pensaron que iba a suceder lo mismo en ese rincón olvidado de México. Otros más pensaron que, de igual modo, de este lado se iba a encender la mecha de la revolución.

2

La diócesis de San Cristóbal y la nueva evangelización

Samuel Ruiz en Ocosingo, 1997.

Una diócesis en las Chiapas:
casi la mitad del estado

Jan de Vos (1999), gran conocedor de la historia de la region, ha señalado: «Pocas personas, al oír pronunciar la palabra Chiapas, se dan cuenta de que se trata, originalmente, de un plural: las chiapas, para referirse a las dos cabeceras de la región», San Cristóbal (Chiapa de los españoles) y la Chiapa de los indios (ahora Chiapa de Corzo). Para referir también las divisiones administrativas del imperio español: dos regiones administradas desde Guatemala, durante la Colonia, la alcaldía mayor de Chiapa (dividida en dos regiones en 1789) y la gobernación de Soconusco.

La pluralidad no es solamente léxica, sino geográfica y humana de Chiapas la entidad: diversidad, heterogeneidad, mosaico, la lengua no deja de señalar ese fenómeno que caracteriza también al vecino Guatemala. Después de la conquista de una región poblada por grupos no unificados, surgió la gran división en dos mundos, la «república de españoles» y la «de indios». Perduró la pluralidad de lenguas y su subdivisión babélica en varios dialectos. Hasta el siglo XX, la población se concentraba en un área restringida, los alrededores de San Cristóbal y de Tuxtla, rodeada por inmensos despoblados, como los del noreste selvático o de la depresión central (el Grijalva), o de la sierra que dividía radicalmente la alcaldía mayor de Chiapa de la gobernación de Soconusco.

A finales del siglo XIX, la explotación de la madera y las plantaciones de café abrieron esos «desiertos humanos» al poblamiento; a partir de 1950, en el marco de un crecimiento demográfico acelerado (quizás el más dinámico de la república, y del mundo, muy cerca de los máximos biológicos),

41

empieza la colonización de la selva (hoy, la ex selva) lacandona. Al mismo tiempo, la ciudad de San Cristóbal se «convirtió de cabecera española, en una conglomeración ladina, ya que los asentamientos indígenas se acercaron físicamente al recinto español y se volvieron barrios mestizos» (De Vos, 1999). Las cabeceras de las regiones de Chiapa, Ocosingo, Comitán, Tapachula y Tuxtla, se ladinizaron también, gracias al mestizaje sociocultural.

Desde 1950, la organización del campo se modificó radicalmente, con la disminución y progresiva desaparición de la célebre «finca» y el crecimiento de los pueblos, acompañado de la creación de ranchos, parajes y rancherías que llegaron, una o dos generaciones después, a ser pueblos. No sólo no disminuyó el porcentaje de población rural, sino que aumentó. Y, por ende, el de la población indígena también.

La finca es la versión chiapaneca de la hacienda mexicana. Como cualquier organización socioeconómica, no resiste la crítica ética desde el punto de vista de la justicia social. Pero, como la hacienda, ha sido pintada de negro. Jesús Morales (1991) lo distingue muy bien:

«La carencia de estructuras capitalistas en sentido clásico, en la selva y Altos de Chiapas, requirió en las organizaciones políticas asignar al único referente laboral concreto, la finca, toda la carga inherente a la planta capitalista europea del siglo XIX, como lo narra Zolá, o de la ciudad de México en el medio siglo XX, como lo cuenta Revueltas. La finca es identificable y superponible con las chiclerías y monterías, aun con sus capataces y obreros especializados. Los materiales accesibles de ese tiempo lo ejemplifican con toda claridad" (véase "Historia de México", en mimeo, "Hacia una política popular", "El hacha, para el descabezamiento de los capitalistas", "La verdad escrita", etcétera).

»Pero si los materiales impresos ofrecen muestras más abstractas y técnicas, la ejemplificación en reuniones y asambleas echa mano de escritos que, desde la literatura, recrean ambientes, situaciones, épocas. Los escritores son quienes en verdad construyeron el imaginario de la despiadada explotación. Traven primero y Rosario Castellanos después son pilares en esta tradición. Su impacto fue de tal manera inquietante que muchos otros escritores locales observaron sus enseñanzas para contar situaciones a cual más dramáticas por mucho de no haber estado nunca en el sitio que supuestamente cuentan (véase *La juyenda*, etcétera). Más todavía, en estos años se representa, en teatro, con adaptaciones, la obra de Rosario Castellanos creyendo a pie juntillas que la realidad chiapaneca es en verdad así y de ninguna otra manera. Esa tendencia a creer como real el hecho literario es parte también de los propios escritores. Es el caso de Ramón Rubín, quien narra su primer viaje a Chiapas y cómo a lo largo de él se empeñó en que la gente, india o mestiza, le enseñara *"el camino sembrado de las calaveras de los indios muertos a causa de la explotación inhumana de las fincas sin que esa gente supiera algo del tal camino"* (Rubín, 1992).»

El mito ha triunfado. Tanto la Iglesia católica como el neozapatismo se lo aceptaron.

Dejemos el mito y volvamos a la realidad: la selva tenía 37,000 habitantes en 1950; 75,000 en 1970; 225,000 en 1980... No hay que olvidar jamás que el número de los hombres es un dato fundamental. El crecimiento demográfico* en ausencia de una revolución económica creadora de fuentes de trabajo y de riqueza llevó a la colonización agrícola depredadora, a la destrucción del ambiente, a la nomadización permanente de una población condenada a abandonar cada tres, cuatro o cinco años las parcelas agotadas para desmontar futuras parcelas. Esa dispersión centrífuga de una población en búsqueda de tierras nuevas, en una geografía de por sí atormentada, obligaría a las iglesias a una organización descentralizada y a una pastoral ambulante. La Iglesia católica comenzó con la subdivisión de la diócesis en tres más: en 1957 se crea la de Tapachula; en 1965 la de Tuxtla Gutiérrez, la cual deja a la de San Cristóbal con la mayor parte de la población indígena: ochenta por ciento de los indios del estado vive concentrado en Los Altos y en la selva lacandona, regiones en donde repre-

---

* Chiapas tiene la natalidad más alta del país: 59.61 por mil (el promedio nacional es de 32.65), según el censo de 1990.

sentan ochenta y tres y setenta y uno por ciento de la población total (ninguna región del país tiene semejante concentración; en Chiapas ese porcentaje no pasa de veintiséis por ciento). Además, es la región con el mayor número de indios que no hablan español (230,000; pero en Oaxaca, estado con más indios que Chiapas, son 190,000).*

Chiapas es un territorio más que un estado: el plural sigue siendo necesario. No es una región política y económicamente organizada, integrada, administrada por una capital reconocida y por un grupo dominante. Chiapas es una laxa confederación de ciudades-estado, que está más bien desunida; cada ciudad cuenta con una cámara de comercio muy independiente. Por lo mismo no hay un poder local dominante, como en Yucatán. Cuando la Comisión Federal de Electricidad (CFE) lanzó en los años sesenta sus proyectos de grandes presas, el gobierno local no pudo negociar gran cosa en cuanto a la electrificación de su entidad; se hizo después, a paso de tortuga. En Yucatán, la situación es radicalmente diferente. El grupo dominante reinvierte sus ganancias en el estado; el gobernador es yucateco y no del centro de la república. El mandatario estatal, Cervera, trató directamente la llegada de las maquiladoras con los grupos locales estructurados. Los yucatecos son capaces de negociar con México, y de ganar. Por lo mismo, lo que pasa en San Cristóbal tiene a Tuxtla sin cuidado, y lo que pasa en Tapachula no interesa ni a Tuxtla ni a San Cristóbal. Así lo confirma Federico Anaya (a Jean Meyer, 30 de abril de 2000):

«En 1956, Jaime Sabines describía esto en su libro de poemas *Tarumba* (dedicado al general Francisco J. Grajales, el ex gobernador alemanista de Chiapas):
"¿Qué putas puedo hacer con mi rodilla,
con mi pierna tan larga y tan flaca,
con mis brazos, con mi lengua,
con mis flacos ojos?
¿Qué puedo hacer con este remolino
de imbéciles de buena voluntad?
¿Qué puedo hacer con inteligentes podridos

---

* Remítase el lector a los mapas 1 a 5 en los Apéndices (pp. 205-207).

y con dulces niñas que no quieren hombre sino poesía?
¿Qué puedo hacer entre los poetas uniformados
por la academia o por el comunismo?
¿Qué, entre vendedores o políticos
o pastores de almas?
¿Qué putas puedo hacer, Tarumba,
si no soy santo, ni héroe, ni bandido,
ni adorador del arte,
ni boticario,
ni rebelde?
¿Qué puedo hacer si puedo hacerlo todo
y no tengo ganas sino de mirar y mirar?
»Sabines miró y miró y en su descripción de lo que miraba nos dejó algo de su mirada. Jaime Sabines advertía, en el prólogo de *Tarumba*, que "El lamento no es dolor./ El canto no es el pájaro./ El libro no soy yo, ni es mi hijo,/ ni es la sombra de mi hijo./ El libro es sólo el tiempo,/ un tiempo mío entre todos mis tiempos,/ un grano en la mazorca,/ un pedazo de hidra". Pero en ese tiempo suyo puede verse, hasta sentirse, lo que Sabines percibía del Chiapas del medio siglo: una patria al borde de la lluvia en la cual se sentía la presión de "vendedores o políticos o pastores de almas" y se exigía al individuo consciente de sí mismo ser santo, héroe, bandido, adorador del arte, boticario o rebelde (Sabines, 1956, p. 97). Es en ese ambiente en el que la Iglesia católica del obispo Torreblanca se lanzó a Misión y es el mismo al que llegó lleno de ardor el joven Samuel Ruiz García, a quien entrevistó Fernando Benítez (Benítez, 1967, I, pp. 152-153).»

En conclusión, la debilidad del estado chiapaneco, especialmente después de 1976, ha sido un factor muy importante que, en alguna medida, ha llevado a la Iglesia a salirse de su papel estrictamente religioso. Un poder local débil no es bueno para los pueblos; México, el centro, no tenía y muchas veces no tiene con quién dialogar y negociar. Falta un interlocutor de verdad para poder imponer una reforma o una solución. Hay, en cambio, muchos poderes regionales y microrregionales que se enfrentan con el resultante incremento de la violencia.

En el marco general de los cambios sociopolíticos de nuestro país, de la revolución interna vivida por la Iglesia católica universal, de la periferia inmediata de las guerras y revoluciones centroamericanas, ocurrió la crisis política permanente en Chiapas entre 1970 y 1974. María del Carmen Legorreta precisa los antecedentes de la situación imperante:

«Las relaciones de poder en Chiapas se encontraban desde entonces en un estado de desequilibrio que se expresa en la pugna constante y creciente entre los sectores y clases más importantes de la sociedad.

»En este proceso de búsqueda de nuevos equilibrios políticos es que se inscribe la formación de las organizaciones campesinas e indígenas que han integrado el movimiento campesino en varias regiones de la entidad. Sin embargo, la respuesta de los grupos de poder tradicionales fue de resistencia permanente a establecer relaciones de respeto, o a negociar con las fuerzas populares independientes, de manera especial con el movimiento campesino-indígena, que era el que más afectaba sus intereses y más cuestionaba sus viejas lógicas de dominación.

»Con esta actitud de práctica inmovilidad de sus "estructuras ideológicas", muchos de los grupos de poder tradicionales no quisieron aceptar la nueva situación política de la entidad, se empeñaron en seguir ejerciendo el poder como cuando eran los señores absolutos de la tierra. Los grupos de poder de Comitán, cuya influencia se extendía hacia Ocosingo, Altamirano y Las Margaritas, destacaban por este tipo de conducta; se trataba ni más ni menos de la región donde se ubicó una de las cunas de la más antigua fracción de la oligarquía chiapaneca.

»Esta reacción llevó a un uso generalizado y frecuente de la violencia como forma de enfrentar el desequilibrio político, el cual se ha mantenido dado su carácter estructural, a pesar de la estrecha relación entre los gobiernos estatales y clase dominante en su esfuerzo por superarlo.

»En el contexto señalado es que cobran sentido las respuestas irracionales de los grupos de poder tradicionales ante la cuestión de la injusticia en que viven campesinos e indígenas. También cobra sentido su resistencia al diálogo, pues esta demanda afecta una de las piedras angulares de su ejercicio del poder, al cuestionar su cultura política sustentada en la violencia y discriminación de las relaciones del ladino hacia el indio.

»Las prácticas de la cultura política dominante, basadas en la exclusión y la intolerancia, han sido uno de los aspectos que más ha contribuido a la crisis política de los últimos años en Chiapas. Estas prácticas tienen sus orígenes en el periodo colonial, cuando buscan provocar una mayor fragmentación entre las etnias; sus raíces son muy profundas y generalizadas, e impiden cambios acelerados hacia actitudes de mayor tolerancia, pluralidad y respeto a las diferencias ideológicas.

»Desde esta perspectiva, si algo caracteriza a la sociedad chiapaneca es la diversidad y profundidad de sus fracturas sociales. Pues existe un intenso resquebrajamiento y distanciamiento real y muy vivo entre todos los sectores sociales y los espacios del territorio estatal: entre las etnias, las regiones, las ciudades, las localidades rurales, e inclusive en el interior de las comunidades. Los conflictos están presentes en las relaciones entre ladinos e indígenas; entre "coletos" o sancristobalenses y tuxtlecos; entre zinacantecos y chamulas; entre tzotziles evangelistas y tzotziles católicos. Se expresan también cuando cada una de las etnias, ya sea la tojolabal o cualquiera de las otras, considera que sólo sus miembros son los "hombres verdaderos", lo cual los lleva a negar o despreciar el valor cultural de los otros grupos indígenas. Son equivocadas, por lo tanto, las ideas esquemáticas que algunos análisis sostienen sobre una supuesta unidad política y homogeneidad de las situaciones sociales en que vive la población indígena chiapaneca.» (Legorreta, 1998, pp. 176-177)

Si Chiapas es plural, la Iglesia católica local lo es también, con sus tres diócesis, y la de San Cristóbal no lo es menos, con su división en siete zonas que corresponden, muchas veces, a personas y a estilos distintos: los jesuitas de la misión de Chilón, de Arena, de Bachajón (zona chab); los dominicos de la misión de Ocosingo (zona tzeltal); los franciscanos de Palenque y Tumbalá, aunque se fueron su influencia continúa; los misioneros del Sagrado Corazón, que posteriormente abandonaron Tenejapa, Oxchuc y Huistán ofrecen otra historia, muy dramática también; los maristas de San Cristóbal que se marcharon a Comitán y a esa zona de Las Margaritas, La Realidad; las hermanas del Divino Pastor, las del Buen Pastor, etcétera. Cada grupo tiene su personalidad y mantiene sus vínculos. El clero diocesano no es menos activo, a veces se siente un poco marginado, aunque el actual vicario general sea un diocesano. Éstos cuentan con Tila, Comitán, la parroquia de San Cristóbal, el seminario... no se quejan: todos conviven en la asamblea diocesana y bajo la autoridad incontestada del obispo. Esa mezcla de clero secular y regular (en igual proporción), de parroquias y de misiones, con la presencia de numerosas y activas monjas, de diáconos y subdiáconos, de miles de catequistas y laicos, ofrece un interesante modelo de iglesia.

Los mapas oficiales de las diócesis* siguen siendo los anteriores a la creación oficial del equipo chab. Hace más de diez años que se dividió la zona tzeltal, y esa censura cartográfica refleja la profundidad de la herida que causó la disputa entre dominicos y jesuitas sobre la línea pastoral preferible.

Federico Anaya lo precisa de este modo:

«Esta disputa valdría la pena al menos mencionarla, tratando de hacer un retrato mínimo de sus debates y mostrando a través de ella la pluralidad diocesana. Me parece que lo más relevante es la diferencia en la concepción de la comunidad cristiana ideal. Los dominicos la entendían como un espacio absolutamente horizontal y democrático en el cual no debía haber jerarquías. Cualquier indicio de jerarquización era entendido como fruto del pecado de egoísmo de individuos que pretendían volverse "caciques" (Iribarren, 1991). Los jesuitas, por su lado, entendían la necesidad de ciertas jerarquías en toda comunidad humana y consideraban que, para preservar la democracia comunitaria, bastaba con hacer responsables a quienes ocupasen los cargos. Simultáneamente, los dominicos sostenían la idea de que el sujeto histórico del

* Remítase el lector a los mapas 6 y 7 en los Apéndices (p. 208).

48

proceso diocesano era un "campesino semi-proletario" al que el Capital había marginado y empujado a la Selva en donde las comunidades tenían su última oportunidad de persistir y construir una sociedad realmente humana. Los jesuitas coincidían con estos últimos objeto y condición, la construcción de una sociedad más justa a partir de las comunidades selváticas, pero consideraban que el sujeto histórico era un "campesino indígena". Lo anterior reflejaría una fractura ideológica, pues al dársele mucha importancia al "volverse antropólogo" de don Samuel acaso se esté definiendo sólo el aspecto más jesuita de la cuestión. Los dominicos calificaban, derogativamente, a los jesuitas como "antropologistas" o "culturalistas" y no dejaban de recordar el papel imperialista de la antropología como ciencia. Habría que recordar que la información disponible acerca de los asesores no religiosos que llegaron al área de Ocosingo, dominada por los dominicos (Legorreta, 1998) es que estos asesores no eran antropólogos sino agrónomos (chapingueros).

»Finalmente, la disputa tenía otra dimensión que tenía que ver en mucha mayor medida con la pastoral: los dominicos, en la idea de no dejar nacer ningún "cacicazgo", insistían en cargos y ministerios rotativos no sólo entre los fieles indígenas (Iribarren, 1991, p. 19) sino incluso entre los agentes de pastoral de la diócesis. Lo anterior significaba que los sacerdotes, religiosos y religiosas de la zona tzeltal debían visitar *todas* las comunidades en el amplísimo territorio zonal, de modo que ninguna de estas comunidades dependiese de un solo agente de pastoral y así éste no se volviese "cacique". Los jesuitas se opusieron a este arreglo, con un argumento pragmático: si un sacerdote de Bachajón debía atender itinerantemente comunidades de su área, pero también de Huixtán, Oxchuc, Altamirano y del inmenso Ocosingo, el resultado era que su atención no sería buena, pues era imposible conocer los detalles de la problemática comunal, los problemas espirituales de familias e individuos y los conflictos específicos de cada municipio o microrregión. Aparte, los jesuitas sospechaban que en la misión de Ocosingo había un centro rector no público que, a través de los agentes de pastoral itinerantes en toda la zona, sí estaba haciéndose de información detallada de la región entera. La queja jesuita de la organización pastoral dominica era triple. Por un lado decían que era impráctico no dedicarse en profundidad a una región específica; por otro, sospechaban que alguien les manipulaba por debajo de la mesa; finalmente, intuían que tras la apariencia de democracia radical en el fondo se estaba negando a las comunidades indígenas el derecho de formar sus propias jerarquías religiosas autónomas de los agentes de pastoral. Los jesuitas insisten en que en varias ocasiones los hermanos les reclamaron "no dejar que nosotros nos encarguemos del Espíritu" y que esta denuncia desde abajo los decidió a romper ("descoordinarse") con la zona tzeltal.

»Mi opinión acerca de la disputa es que, vista desde fuera y desde lejos en el tiempo, es muy explicable. Los jesuitas trabajaban con una comunidad tzeltal que había preservado su organicidad ancestral (Bachajón) y que a partir de ésta habían colonizado el oriente selvático de Chilón desde los cuarenta. Los dominicos trabajaban con comunidades tzeltales desarraigadas desde hacía generaciones de sus pueblos ancestrales y que escapaban de las fincas y ranchos ladinos para salir a colonizar la Selva. La diferencia entre ambos grupos de tzeltales eran obvias desde los años veinte, cuando Basauri recorrió la cañada del Jataté en Ocosingo, el municipio de Altamirano y la zona de Sibacá y Bachajón (Basauri, 1931). Las diferencias pastorales entre dominicos y jesuitas nacían de la diversa organicidad de las comunidades que debían atender. Si en las cañadas de Ocosingo hubiese habido un tejido cultural indígena más complejo, como lo había en Bachajón, cuyas colonias respetaron las líneas de organización familiar y de barrio de San Jerónimo, acaso habrían sido tan "culturalistas" como los jesuitas.

»Por supuesto, en un sistema social complejo se imponen las afinidades electivas: los jesuitas atrajeron a Bachajón historiadores sistémicos, como Jan de Vos, y los dominicos llevaron a las selvas de Ocosingo filósofos entusiastas, como Iribarren.» (a Jean Meyer, 30 de abril de 2000)

El reto protestante: un problema
mal planteado dos veces

Dos veces, tanto en las cifras como en la interpretación. Se presentan los datos más inverosímiles (que en Chiapas los protestantes ya son mayoría) y la apresurada tesis de que «la Iglesia católica y la diócesis no pueden admitir que Chiapas es su peor derrota» (Reyes Heroles, 1999, p. 18). Estudié el tema del protestantismo en América Latina hace tiempo en *Historia de los cristianos en América Latina*, pero no lo han leído o entendido. Baste repetir que el fenómeno no es chiapaneco ni mexicano, es continental y mundial, pues en Asia, por ejemplo, es patente el mismo fenómeno.

Persiste una profunda confusión, incluso entre los protestantes, sobre las cifras y su significado. No empleo la palabra «sectas», aunque sea la usada por los anglosajones, pues entre nosotros ha adoptado un sentido denigrante. Escribo «protestantes» para designar a los miembros de cualquier grupo cristiano no católico organizado después de 1517. «Pentecostal» se aplica a las iglesias protestantes que insisten sobre los dones del Espíritu Santo, es decir, la glosolalia, la profecía y otros dones enumerados en I Corintios 12, 1-11. «Evangélicos» son los que insisten en la conversión personal, el cambio visible de estilo de vida, la evangelización y también los dones. Hoy día, evangélicos y pentecostales han sobrepasado a las viejas iglesias «históricas» (presbiteriana, metodista, menonita). Estas son críticas de la realidad social en que viven, mientras que aquellos son más bien conservadores y apolíticos. Pero cada día menos apolíticos, al grado de que se propusieron seriamente, hace poco, la fundación de un partido evangélico.

Se estima, pero la realidad es muy fluctuante y nadie sabe qué sucederá en diez años, que la tercera parte de los guatemaltecos, la cuarta parte de los chilenos, la quinta parte de los brasileños y de los argentinos son miembros de alguna iglesia protestante. No menciono a grupos como los adventistas, mormones y testigos de Jehová, pues no son cristianos. Casi todos los autores sostienen que los protestantes latinoamericanos son católicos conversos. Tal afirmación es falsa. El dinamismo protestante es especialmente intenso en las regiones antiguas o nuevas en las cuales, por alguna razón, la Iglesia católica estaba o está ausente. Remítase el lector a mi libro. ¿Cuáles son las cifras para Chiapas y para la diócesis de San Cristóbal? Científicamente es imposible afirmar algo con fundamento. La elaboración de todos los datos disponibles ha sido y continúa siendo muy deficiente. Poca gente reflexiona sobre el dato concreto que sigue: de acuerdo con el censo general de 1990, la población mayor de cinco años de Cancúc se distribuye así: 5,218 católicos (datos de la Iglesia: 4,150), 3,847 protestantes y evangélicos, 7,311 afirman no practicar *ninguna* religion y 303 no especificados.

Se volverá más adelante sobre este problema, pero es preciso señalar de antemano la dificultad de identificar, mediante nuestras categorías, la religión de la población indígena. En tzeltal, «los que tienen religión» son hoy día únicamente los católicos romanos (hay otros) y los protestantes; los tradicionalistas, los del costumbre «no tienen religión»... ¡En Cancúc son casi tan numerosos como católicos y protestantes juntos! En 1988 don Samuel aportaba estos datos en su *Informe ad Limina* (apéndice I, p. 85):

«Cifras de iglesias y sectas protestantes.

»La Iglesia Nacional presbiteriana y los Presbiterianos Independientes son probablemente los protestantes más antiguos (desde la década de los veinte) y también son los más numerosos (unos 80,000 fieles). Las diferentes denominaciones pentecostales (Asambleas de Dios, Iglesias Carismáticas, Elim, Eunecer) penetraron primero desde el vecino estado de Tabasco a la zona Chol, pero últimamente el proselitismo se ha intensificado desde Guatemala. Han aumentado considerablemente a últimas fechas (quizás lleguen a 40,000). En tercer lugar están los Adventistas del Séptimo Día y los Sabáticos (28,000) que llevan ya cincuenta años de antigüedad. Su radicalismo bíblico los ha llevado a enfrentamientos doctrinales y a un rechazo de frente de la cultura indígena. Los Testigos de Jehová (20,000) tienen también medio siglo de trabajo en Chiapas y su presencia es notable, sobre todo en las regiones

Sur y Sureste de la Diócesis. Hay otras iglesias o denominaciones menos importantes a nivel diocesano, pero a veces fuertes a nivel local, como los Mormones, los Bautistas, la Iglesia del Nazareno, la Iglesia Cristiana o Seguidores de Cristo, la Iglesia Evangélica. Últimamente han pululado más sectas carismáticas, pseudocientíficas o fundamentalistas, como la Iglesia de Dios Profecía, la Iglesia Centroamericana, la Luz del Mundo, Príncipe de Paz, Verdadera Iglesia de Cristo, Iglesia del Evangelio Completo, Alfa y Omega, Interdenominacionales y Galvanistas.

»Atención especial merecen los Pascualitos, iglesia cismática de corte tradicionalista con sede en Tuxtla Gutiérrez, pero que se ha extendido a otros lugares del estado, aprovechando el descontento de cristianos que no quieren comprometerse o que buscando una religiosidad fácil, a cambio de cierta remuneración económica, consiguen cualquier sacramento.»

En 1988, Samuel Ruiz calculaba setenta y ocho por ciento de católicos en su diócesis; en 1992, setenta y tres por ciento, de una población de 1,482,000 habitantes (*Informe ad Limina 1988-1993*). Para todo el estado, el Instituto Nacional de Estadística Geografía e Informática (INEGI) estimaba que, en 1995, había sesenta y seis por ciento de católicos, veintitrés por ciento de protestantes (a veces mayoritarios en la costa y hacia Tabasco) y once por ciento sin religión. No es posible seguir seriamente los censos a lo largo del último medio siglo, pues se emplearon, a veces, criterios diferentes, de modo que la metodología estadística paraliza al investigador. Las cifras no son siempre comparables. Por no reiterar el problema del contexto cultural que influye en las respuestas: de pronto aparecen en una comunidad muchos «judaicos» que desaparecen en el censo siguiente.

Hallamos fenómenos comparables (en su imprecisión, indefinición, dudosa concepción) en los estados y las diócesis vecinas, así que es inútil y absurdo acusar al obispo de San Cristóbal de ser responsable de una supuesta «derrota de la Iglesia católica en Chiapas». Sería más interesante preguntar, primero, si esa gente era católica, segundo, si esos conversos eran protestantes o evangélicos estables. Lo que ha sucedido en otras regiones con un desarrollo protestante más antiguo (Puerto Rico, las Antillas, Sudamérica), no lo garantiza.

Julio Ríos precisa y explica las reveladoras cifras:*

«Tanto en el país como en Chiapas, el protestantismo ha crecido a tasas significativamente mayores que el catolicismo. La población católica de Chiapas y del país siempre aumenta. Sin embargo, en Chiapas la población católica crece cada vez menos (cuadros 2 y 4). Por lo que toca a cantidades relativas, en Chiapas la población protestante va teniendo un peso relativo mucho mayor con respecto a la población total de la entidad que la población protestante de todo el país.

»Los rubros "otra religión" y "ninguna religión" en Chiapas crecen a tasas altas, pero inconstantemente. Sin embargo, tienen por lo general un porcentaje importante con respecto a la población total y llega en las últimas décadas a más de 10% (cuadro 1). La década de 1970 a 1980 es la que, tanto en Chiapas como en el país, registra el crecimiento más alto del protestantismo (cuadros 1 y 3).

»Aunque, tanto a nivel nacional como en Chiapas, el catolicismo se incrementa a tasas muy similares a las de la población y el protestantismo crece a tasas mucho mayores (cuadros 2 y 4), no se puede inferir de este hecho una conversión religiosa de católicos a protestantes. Es decir, a partir de estas cifras se puede decir que hay una tendencia a la "descatolización" (mucho más pronunciada en Chiapas que en México) pero no se puede asegurar que esto se deba a la conversión religiosa.

»El cambio de base poblacional en el censo de 1990 para el rubro "Religión" (de la población total se consideró a la población de cinco años y más), además de que impide que las cantidades sean estrictamente comparables en el tiempo, constituye un factor de incertidumbre, pues en el contexto religioso chiapaneco, los más de 500,000 niños no censados implican diez puntos porcentuales, que es necesario repartir. El problema es, justamente, cómo se reparten. El fenómeno

* Remítase el lector a los cuadros 1 a 12 y mapas 8 a 10 en los Apéndices (pp. 211-217 y 209-210).

de descatolización no es propio de la diócesis de San Cristóbal, sino de Chiapas en su totalidad (cuadros 5 y 6).

»La mayor cantidad de protestantes se encuentra en la zona chol (28% en 1990) pero la menor de católicos está en la zona tzeltal (59% en 1990). La zona tzotzil tiene pocos protestantes (12%), pero cuenta con 16% de personas que declaran "ninguna religión". La zona sur es la de menor diversidad religiosa (además de la zona centro, San Cristóbal de las Casas), con 86% de católicos. En las zonas pastorales de la diócesis de San Cristóbal, de 1970 a 1990 se ha acelerado el crecimiento de las religiones no católicas. Por otro lado, el catolicismo siempre crece en números absolutos, aunque decrece en términos relativos. Mientras que las religiones no católicas crecen tanto en números absolutos como en relativos.

»Hacia 1950, todas las zonas pastorales, a excepción de la zona chol, tienen menos de cinco por ciento de protestantes. La zona chol, sin embargo, se localiza muy cerca del límite inferior del siguiente rango de protestantes, 5 a 15% (mapa 8). En 1970 son ya dos zonas, la chol y la tzeltal, las que cuentan con más del 5% y menos del 15% de protestantes. Es interesante notar que la segunda comprende básicamente el área de la selva lacandona y que ésta, en los sesenta, fue escenario de colonización por parte de miles de familias de diversos grupos étnicos (mapa 9).

»En 1990 ya no hay ninguna zona con menos de 5% de protestantes. La zona chol y la tzeltal, por otro lado, cuentan con más de 25% de miembros de dicha religión. Empero, ninguna otra zona rebasa el tope de 15% de protestantes entre sus habitantes (mapa 10).»

¿Explicaciones de semejante dinamismo? Si se acepta la hipótesis de que católicos y protestantes empiezan desde la base, que nunca existió un cien por ciento de católicos, se aceptará la ventaja inicial, incluso temporal, que les dio el gobierno de la Revolución mexicana a los protestantes: casi una generación. Luego vienen los méritos propios del protestantismo, capaz de reproducirse por división, ventaja de un cuerpo de pastores casados, formados instantáneamente, organizado en pequeñas comunidades (un pastor por cada trescientas personas, es decir, treinta familias); una organización que descansa en un liderazgo popular procedente de las mismas comunidades. La entrada en una iglesia protestante implica un cambio radical de vida, el abandono del alcohol, del tabaco, etcétera..., lo que causa una verdadera revolución en la vida y la economía de la familia. El beneficio inmediato es visible y comprobado. La crítica contra las fiestas religiosas, con sus gastos y despilfarro, es parte del embate radical contra el costumbre. En ese sentido, el protestantismo resulta muy atractivo en zonas indígenas y también en zonas culturalmente diferentes, pero con los mismos problemas socioeconómicos. La conversión es un factor de promoción social y de mejoría económica.

Por lo mismo, los protestantes son vistos por los defensores del costumbre como un factor de división (aunque los de «la religión católica» no son menos divisionistas). Jesús Morales, en *Ceremonial* (1992), narra sencillamente el hecho:

«Peor todavía cuando llegaron los predicadores y una tras otra cobraron forma las iglesias y abundaron las religiones y el rechazo de unos hacia otros. A todo volumen en una casa puede escucharse la música de los adventistas, en la de al lado a todo volumen también los himnarios de pentecosteses, en la otra los cánticos de católicos.» (p. 178)

¿Cómo respondió la Iglesia católica al reto? El obispo de Chiapas, entonces única e inmensa diócesis, don Lucio Torreblanca, revivió a partir de 1952 el antiguo sistema, brevemente resucitado por monseñor Orozco, de los «fiscales», ayudantes laicos en siglos anteriores. Don Samuel sistematizó y perfeccionó la práctica al fundar, en 1961, dos escuelas para formar catequistas, hombres y mujeres: setecientos en 1970, entre siete y ocho mil en la actualidad. La figura ortodoxa del subdiácono permitió promover a los mejores catequistas, de modo que poco falta para alcanzar a las iglesias protestantes respecto de la participación indígena en el cuerpo protoeclesiástico. Ese poco es la ordenación de hombres casados... pero todo indica que no se ha cerrado aún el expediente en Roma.

La otra respuesta fue la del idioma. Es de todos sabido que el ariete de la dinámica protestante fue el Instituto *Lingüístico* de Verano. Esos sabios y misioneros se dedicaron a traducir la Palabra de Dios a las diversas lenguas, a editarla en libros y a alfabetizar a los indígenas. Estas innovaciones propiamente religiosas venían acompañadas de programas de salud, vivienda, mejoras agrícolas, etcétera.

El obispo Torreblanca había llamado a los jesuitas para luchar contra los presbiterianos de Bachajón. Los primeros jesuitas no deseaban aprender otras lenguas. Según el padre Mardonio Morales, Indalecio Chagolla SJ, el primer misionero en Bachajón, pensaba que el tzeltal desaparecería en dos décadas e insistía en que la prédica y la formación de catequistas se diese en castellano. Este religioso trabajaba en un contexto en que la liturgia seguía celebrándose en latín. Ejercía una vocación sincera y un espíritu genuino de entrega a los demás. Fue el primero en recorrer los caminos lodosos y en llevar la presencia de la Iglesia a cada una de las rancherías de los bachajontecos. Llegaba a ellas andando o en su bestia, pero siempre llegaba. Esto le ganó el respeto de los tzeltales quienes no dejan de recordarlo con bien. Pese a lo anterior, Mardonio Morales refiere que su hermano, Ignacio Morales, tenía que aprovechar sus días libres para aprender tzeltal a hurtadillas. Los principales de Bachajón, por supuesto, permitieron gustosos que el padre Nacho aprendiera. Cuando Chagolla se enteró hubo amenazas y un grave conflicto, que finalmente se resolvió al dejar a la nueva generación las riendas de la misión. En 1968 el padre Chagolla se marchó a Jethá.

En la segunda etapa, los jesuitas decidieron entonces rivalizar con los protestantes en el terreno de las lenguas. Y con éxito. Se empezó también, después de 1968, a promover la salud, la vivienda, el desarrollo, etcétera. Así pues, se puede afirmar que los protestantes despertaron felizmente a los católicos y que la emulación fue saludable. Pero no fue sólo positiva. El ecumenismo, el amor entre cristianos, no es algo natural, y muchos sacerdotes no comparten esa voluntad ecuménica aprendida poco a poco por don Samuel. Cuando acontecieron las primeras expulsiones de católicos y protestantes ordenadas por las autoridades tradicionalistas de Chamula, el obispo ayudó exclusivamente a los suyos. Después, con la gran oleada de refugiados guatemaltecos, ordenó que la ayuda fuese equivalente para todos. Se acercó a las iglesias históricas, las únicas abiertas al diálogo, y en 1992 se fundó la Fraternidad Cristiana, que reúne a nueve confesiones, incluyendo la católica. Muchos sacerdotes piensan que don Samuel es demasiado tolerante y que todo protestante es un enemigo. El odio es fácilmente compartido y sobra:

«En Chiapas se tiene el peor escenario de conflicto interreligioso en el país, que empezó hace 30 años con el desplazamiento de miles de evangélicos [las expulsiones de Chamula]. Ahora ya se salió de las manos del gobierno: católicos y protestantes están armados.» (Carlos Garma, *El Universal*, 13 de octubre de 1999)

El pastor Arturo Varela, presidente de CONFRATERNICE, organismo que agrupaba, hasta hace poco, a setenta y nueve comunidades pentecostales y neopentecostales, señala:

«Tenemos la defensa de 87 indígenas implicados en el caso Acteal, entre ellos hay pentecosteses, presbiterianos, bautistas y algunos católicos. Recientemente, la Comisión Episcopal visitó a los presos, pero nomás a los católicos. Es cruel que un ministro de culto visite a unos presos y a otros no, porque la fe está encima de toda la mugre de este mundo.» (*El Universal, idem*)

Chamula, Zinacantán y Amatenango son los municipios más afectados por la «guerra santa», pues los tradicionalistas negaron a los evangélicos el derecho de hacer proselitismo, ya que amenazaban el costumbre. De ahí parte la persecución contra los protestantes, así como contra los católicos de la diócesis y los testigos de Jehová. Más tarde, con el levantamiento neozapatista, se presentó una nueva dinámica de expulsión, esta vez desde las zonas dominadas por el EZLN, ya que, en su mayoría, los protestantes no aceptaron la opción armada. Cuando los católicos de la diócesis han denunciado que los paramilitares de Paz y Justicia son protestantes, olvidan o no quieren reconocer que no faltan católicos en sus filas y que esa violencia ha sido muchas veces una reacción a la violencia del EZLN. Federico Anaya comenta al respecto (a Jean Meyer, 30 de abril de 2000):

«Paz y Justicia es efectivamente una reacción al EZLN entre los choles. En *Ni paz ni justicia* hicimos mención de esto y tratamos de entender los «motivos del lobo». Alejos García hace un análisis muy interesante del modo en que se perciben a sí mismos los choles de ambos bandos (filo EZLN y filo Paz y Justicia): *wen ch'ej wiñikob wäle*, donde *wiñikob* es hombres-humanos, y *ch'ejl* denota una persona fuerte, valiente y brava. "Cuando los humanos andan bravos" o "alzados", si se le ve desde el punto de vista *kaxlán*. Es el ambiente de la guerra (*kera*) y del conflicto civil (pleito) (Alejos, 1997). ¿Quién empezó? Nadie lo podría dilucidar en detalle. Yo sostengo lo que concluí en el capítulo tres de *Ni paz ni justicia* (CDHFBC, 1996, pp. 44-46).

»He de confesar que, por más equilibrado que traté de ser como editor y redactor final de *Ni paz ni justicia*, hay muchos pasajes claramente antiprotestantes. Corrigiendo estos pasajes debería de haber salido una segunda edición del reporte en 1997 (en la que yo esperaba aclarar los créditos de autoría de cada capítulo). De hecho, la Iglesia Nacional Presbiteriana y otras reclamaron oficialmente por estas secciones del reporte (Presbiterio chol de Chiapas, *et al.*, 1997). Los recibimos junto con don Samuel en la curia, en el verano de 1997. A mí me tocó explicar y reconocer los errores (cosa que no gustó mucho a Pablo Romo OP, ni a la directora del Centro de Derechos Humanos, una ex religiosa). Valió la pena ser sincero, no sólo porque es bueno, sino porque cesaron los ataques de los presbiterianos por un rato. Lo malo es que nosotros no cumplimos con sacar la segunda edición.»

Si se quiere confundir paramilitares con evangélicos se corre el riesgo de asimilar católicos al EZLN. Ninguna de las dos afirmaciones es cierta. Ese panorama confuso, en que se dividen hasta las familias, permite al historiador entender cómo fueron las guerras de religión europeas en los siglos XVI y XVII y cómo perduran hasta hoy en Ulster. Pero no es consuelo. Así lo reconoce el pastor Abdías Tovilla, líder religioso en Chiapas: la división está por doquier. Este presbiteriano condenó desde el primer día la matanza de Acteal en diciembre de 1997: «Fue un acto de venganza muy lamentable porque ahí se les pasó la mano; sacrificaron a inocentes, mujeres y niños»; pero agrega que «para hacer un trabajo completo, integral, imparcial, con justicia había que ver las dos caras de la moneda», por lo que eleva un reclamo contra la parcialidad del Centro de Derechos Humanos Fray Bartolomé de las Casas. Precisa que si bien el presidente municipal de Chenalhó había sido presbiteriano, en esas fechas había vuelto al catolicismo tradicional; y que desde julio de 1997 los evangélicos y los católicos priistas de Chenalhó habían sufrido unos diez asesinatos al mes (entrevistado por Gaspar Morquecho, en *Chiapas: el factor religioso*, tomo II de la *Revista Académica para el Estudio de las Religiones*, 1998, pp. 95-116). Entre otras consecuencias, semejante violencia, que dista mucho de ser sólo religiosa, ha llevado a los evangélicos a pedir la permanencia del ejército en la región. CONFRATERNICE afirma que le teme mucho a los denominados municipios autónomos (neozapatistas), pues violan los derechos religiosos de las personas (*El Universal*, 2 de septiembre de 1999).

El despertar católico a partir de 1950

La fecha simbólica del comienzo de la nueva evangelización es 1952, cuando monseñor Torreblanca dio inicio al sistema colonial de los «fiscales», hoy día denominados catequistas. Desde los años cincuenta se había establecido en la zona una misión franciscana. Se destacaba en esta campaña la catequesis tradicional, pero de todas maneras impulsó a los religiosos a salir de los centros urbanos y a visitar continuamente las comunidades indígenas. El contacto con la realidad marginada de éstas influiría mucho en su evolución posterior.

De este modo, los franciscanos de finales de los años sesenta comenzaron con un proyecto de profunda *inculturación* en Tumbalá y Palenque. La intención de los hermanos menores de San Francisco era formar una comunidad de franciscanos choles. Para el efecto, se fundó un convento anexo a la antigua parroquia de Tumbalá. A partir de esta labor surgen las propuestas en la reunión *Cholombalá Tumbalá*, de 1972. Allí, tanto los religiosos como los choles y *kaxlanes* que se relacionaban con ellos, señalaron la necesidad de organizar a las comunidades en torno a proyectos concretos de desarrollo social. La idea rectora, además de las herencias discursivas de los participantes, era ya clara: convertir a las comunidades en los actores y forjadores de su propia Historia.

Las políticas internas de la orden franciscana impidieron el desarrollo ulterior de este proyecto de inculturación radical. La pretensión de los hermanos de formar una provincia autónoma en la región llevó eventualmente a la remoción de los responsables de la experiencia tumbalteca. No debe desestimarse, sin embargo, la influencia que ésta ha ejercido, pues, a guisa de ejemplo, aún es posible entrevistar en la región norte a varios novicios choles que participaron en el convento de Tumbalá y mantienen una profunda espiritualidad franciscana. Muchos continuaron como catequistas en Palenque y Tumbalá durante los siguientes veinte años. Cabe mencionar que, abandonada la región Tumbalá-Salto de Agua-Palenque, sacerdotes diocesanos se hicieron cargo de las parroquias y continuaron, con mayor o menor énfasis, proyectos similares de acompañamiento eclesial. Paradójicamente, al tiempo que los franciscanos se retiraron, llegaron a Sabanilla y Tila monjas franciscanas que dieron inicio a un trabajo muy intenso de inserción en las comunidades.

En su carta pastoral de 1993, *En esta Hora de Gracia*, don Samuel ofrece la cronología, aceptada universalmente, de esa historia. De 1960 a 1968 se continuó la línea de la Acción Católica y de las innovaciones de don Lucio. En 1968, debido al impacto del Concilio y a la luz de la nueva experiencia andina de don Samuel, se realizó una evaluación del camino recorrido teniendo en cuenta la opinión de los setecientos catequistas. Según don Samuel, así empezó la segunda etapa, de una década (1968-1978), la de la «revalorización de las culturas indígenas», incluido el parteaguas de 1975 cuando se confirmó de manera solemne y pública el compromiso de la diócesis con «el pobre entre los pobres», el indio, un año después del Congreso Indígena de 1974, en cuya organización los católicos tuvieron un papel decisivo. Don Samuel distingue luego doce años (1979-1991) dedicados a la «captación de la dimensión socio-política de la extrema pobreza», y después, de 1992 en adelante, una defensa de los derechos de los indígenas frente a «la amenaza de la modernidad neoliberal». Esta última división cronológica no es muy útil, pues debería precisar lo sucedido en 1992 (cuando los neozapatistas —todavía Fuerzas de Liberación Nacional— toman la decisión de levantarse en armas y la diócesis lucha para impedirlo) u ofrecer la más formal, de enero de 1994, cuando el EZLN sale a la luz pública.

Para los fines de este estudio, 1968 (Medellín, Tlatelolco, San Cristóbal) es el año decisivo, cuando don Samuel innova de verdad, cuando la Iglesia católica se distingue de la protestante entrando al ámbito socioeconómico primero y político después. Es en ese entonces cuando la situación concreta de los indígenas en cuanto campesinos pobres, despreciados en su cultura por ellos mismos y por los demás, se convierte en la obsesión de la diócesis; es cuando Samuel Ruiz empieza a convocar a religiosos y a laicos de fuera que comparten su punto de vista y cuando abandonan la diócesis los que no confían en esa nueva estrategia pastoral. Ambos movimientos se realizan sin escándalo.

Los agentes de pastoral extranjeros, en la actualidad, no son más del diez por ciento del total en la diócesis. Me parece que ésta ha sido una constante durante las cuatro décadas. Su presencia seguramente era notoria, pero nunca excesiva. Engendró una leyenda negra de invasión extranjera en la diócesis que probablemente se origina en el regionalismo chiapaneco, que muchas veces adopta un sesgo nacionalista. La impresión de que hay una mayoría extranjera se confirma si consideramos «extranjeros» a los mexicanos no chiapanecos. Jacinto Arias, antropólogo tzotzil y político priísta (y por ello testigo hostil), en su estudio sobre la espiritualidad en Chenalhó distingue las diferencias entre los «nuevos intentos» de acercar la fe católica a los indígenas (escribía en 1975), que realizaba el padre Chanteau en esa parroquia, y cuya sinceridad elogia en varios pasajes, y la falta de interés de los «sacerdotes diocesanos» (generalmente chiapanecos) por aprender las lenguas. (Arias, 1991, pp. 50-52 y 67 n. 7). Jan de Vos (1999, p. 21), por su parte, señala:

«Para Samuel Ruiz y su equipo, la inspiración vendría en adelante de dos "lugares teológicos", es decir, realidades en donde según los cristianos, Dios se hace particularmente presente según "los signos de los tiempos": el Evangelio de Jesucristo redescubierto como anuncio liberador a los pobres; y las comunidades indígenas que, desde su pasado negado y su presente doloroso eran, al mismo tiempo, los mensajeros y destinatarios de este anuncio liberador. En ellas hablaba además ese mismo Dios a través de los valores de su cultura y los acontecimientos de su historia, según lo establecido recientemente en el Concilio Vaticano II y la Asamblea Episcopal de Medellín. En las propias palabras de Samuel Ruiz, "toda la vida de la comunidad: su realidad social, económica, política y cultural, se nos reveló como un lugar teológico que señalaba, con sus varios elementos, las necesidades —de los oyentes, sus deseos, su manera de hablar, de pensar, de juzgar y de interrelacionarse con sus prójimos— el contenido del anuncio".

»En la misma carta, el obispo menciona también la importancia de tres aspectos que, al inicio fueron percibidos como separados pero que, al correr el tiempo, se fueron conjuntando hasta formar un solo enfoque: 1. La necesidad de "encarnar" el mensaje evangélico en la cultura indígena; 2. La certeza de que la tradicional "redención" cristiana es una "liberación" integral del hombre, a nivel comunitario igual que a nivel individual; 3. La obligación de trabajar, más allá de los intereses de la propia iglesia, para la construcción del "Reino de Dios", que ya se inicia en este mundo a través de la lucha por la justicia y la paz.

»Reino de Dios, Palabra de Dios, Redención, Liberación, Encarnación, Buena Nueva, Anuncio, Evangelio. Todas estas palabras son términos bíblicos y teológicos, y así deben ser entendidas e interpretadas. La carta pastoral de Samuel Ruiz García es un texto impregnado de conceptos propios a la esfera del pensamiento religioso de la Iglesia Católica.»

La referencia a un horizonte «liberacionista» de la Iglesia católica es posible. El catecismo *Estamos buscando la libertad. Los tzeltales de la selva anuncian la buena nueva* (1979) busca rescatar la memoria del pasado en cuanto recuerdo de los tiempos de opresión. A partir de este ejercicio de memoria, que es también la elaboración de un mito ya mencionado, los indios de la selva (Ocosingo-Altamirano) hablan del tiempo de la opresión y del tiempo presente en busca de la libertad. Antes era el Egipto de la finca, lugar de esclavitud y, quizá con las ollas de carne, luego vino el Éxodo para llegar por fin a una tierra prometida. A la luz de las promesas bíblicas, la selva se convierte en el espacio de la libertad, en la nueva Israel de las comunidades indígenas, especialmente de Las Cañadas.

«La tierra prometida lo es porque el proyecto de la propia historia coloca en el futuro un hecho de la memoria, un hecho del pasado: el despojo, un despojo memorioso pacientemente reconstruido por los jesuitas de la misión de Bachajón y recogido en un documento llamado "La denuncia tzeltal" (Mardonio Morales, 1972). Los indios de la selva, y por extensión ahora los indios de Chiapas, hablan del despojo llevado a cabo por los finqueros (y, en general —ahora que se puede comprobar por lo menos estadísticamente la ausencia de terratenientes—, por los mestizos). Ideológicamente se resuelve la cuestión con la acotación coyuntural de los *500 años*, acotación que atribuye al apelativo "finquero" y mestizo el suceso histórico de la conquista de América por parte de los europeos, de modo que finquero o mestizo carga sobre su conciencia el fardo pesaroso de aquel ayer, de alguna manera ajeno a sí mismo. En términos demarcativos, el despojo ocurrió cuando las leyes de Reforma en el siglo pasado. Merced a ellas ciertamente se despojó a muchos pueblos de los bienes comunales que les fueran titulados por la Corona, pero, sobre todo, se despojó a la Iglesia, que fuera poseedora, para entonces, de un tercio del territorio chiapaneco actual, al que detentaba como haciendas, al interior de las cuales recreó la vida comunitaria de los indios que le trabajaban como peones.» (Jesús Morales, 1998, p. 155.)

Parece que fueron las propias comunidades, estimuladas por la propedéutica comenzada en 1952 y respondiendo a la palabra del obispo, las que determinaron ejercer presión para que don Samuel nombrara prediáconos, ordenara diáconos y hasta sacerdotes indígenas (casados, forzosamente, considerando los valores culturales de la comunidad). Así pues, fueron ordenados unos cuatrocientos prediáconos (*tuhunel*, en plural *tuhuneletik*; en tzeltal), con la esperanza de verlos algún día convertidos en sacerdotes. Junto con los siete u ocho mil catequistas (hombres en su gran mayoría) integran los cuadros de una «Iglesia autóctona» presente en más de dos mil quinientas comunidades, rancherías y parajes. La decisión adoptada por don Samuel, bajo la presión de la feligresía indígena, de concederles una amplia autonomía al interior de la Iglesia, ha tenido imprevistas consecuencias que no es posible ponderar en estas páginas. La impresión es como la de un miembro de la Iglesia de Hipona, cuando el obispo Agustín evangelizaba a los antepasados de los kabilos y ordenaba prediáconos... sin saber que iba a ser uno de ellos.

A lo largo de esos años y a partir de su experiencia conciliar y en la CELAM, don Samuel había tejido una red internacional de amistades ajenas al mundo eclesiástico. Esa base de apoyo le serviría a la hora de la crisis, de 1993 en adelante.

3
Chiapas conflictivo

Mujeres de X'oyep impiden el paso del ejército, 1998.

La diócesis y el Estado hasta 1993

Es preciso reiterar determinados antecedentes. Samuel Ruiz, como joven obispo, pertenece a una generación nacida durante la época más conflictiva del enfrentamiento de la Iglesia con el Estado, cuando se suspende el culto durante la Cristiada y se desata la persecución religiosa de los años treinta, y que llega a la edad adulta cuando termina la guerra mundial y se viene abajo la cortina de hierro. Para esos hombres lo natural es la desconfianza absoluta y visceral frente al Estado mexicano y sus representantes. Añádase que los orígenes sociales y geográficos de don Samuel lo ligan aún más a la corriente de la intransigencia católica, pues nada puede esperarse de un Estado heredero del liberalismo decimonónico: Reforma, jacobinismo, anticlericalismo, carrancismo, Constitución de 1917, ley Calles, educación socialista, Garrido Canabal, Instituto Lingüístico de Verano; sin olvidar el intento cismático del gobierno en 1925 con la Iglesia Católica Apostólica Mexicana (ICAM), que Samuel Ruiz vuelve a encontrar en Chiapas con los «pascualitos», durante un tiempo afiliados a esa ICAM.

A la hora de la gran batalla por el libro de texto gratuito en el sexenio de Adolfo López Mateos, de la gloriosa decepción que causó la revolución cubana confiscada por los hermanos Castro, cuando los católicos habían sido vanguardia en la lucha contra Fulgencio Batista, don Samuel participa, como toda la Iglesia, en la cruzada anticomunista: cristianismo sí, comunismo no. Ese es el tema de su primera carta pastoral (2 de octubre de 1961):

«Detrás de una doctrina que toma como bandera la justicia social, el Comunismo se ha infiltrado al esgrimir la antigua arma de la falsedad, la hipocresía, el engaño y la calumnia; habiendo logrado que muchos miren la hoz y el martillo como símbolo de libertad y reivindicación social, sin que perciban el fondo *rojo* de iniquidades y crímenes sin cuento con que este destructor sistema se ha impuesto donde ha colocado su garra opresora, ni el fondo *negro* de su verdadera doctrina que, partiendo de la negación de Dios, niega constantemente todo lo que a Él conduce: religión, libertad, justicia...»

Y en la más pura línea de la doctrina social de la Iglesia, prosigue:

«Y de la misma manera la Iglesia reprueba un régimen capitalista en cuya concepción el hombre es un instrumento de lucro y la legislación liberalista en que so pretexto de tutelar la libertad del hombre, no se reprimen los abusos de los poderosos sobre los débiles.»

Desde el primer momento su condena al capitalismo y al liberalismo es radical. Así se mantendrá siempre. Juan Pablo II, en *Centesimus Annus*, no lo manifiesta de otra manera: justifica el mercado pero reprueba su absolutismo y al capitalismo desenfrenado.

Durante los primeros años Samuel Ruiz no tuvo más problemas con el Estado que los demás obispos de la república. Las fricciones empezaron en el lapso de 1968 a 1970, cuando su decisión preferencial por los indígenas no dejó lugar a dudas. La tensión fue creciendo, en la ciudad de San Cristóbal, con la antigua elite de los «coletos» (aunque nunca con todos, por cierto); después, con las autoridades estatales y, finalmente, con el gobierno federal. ¿Cuál es la explicación de ese enfrentamiento gradual y sostenido que terminó haciendo de don Samuel el *coco* y la obsesión de la Secretaría de Gobernación, por decir lo menos?

La Iglesia liberada y dinámica de los años 1950-1999, fue, en esa región del país —pero en otras también—, la única institución capaz de sustituir a un Estado ausente o desertor: un centro demasiado alejado e incapaz de hacer otra cosa que verter un caudal de dinero mal invertido a partir de 1970, un poder estatal débil, fragmentado, corrupto y violento. Por eso, como en las sociedades europeas de la Edad Media, la Iglesia desempeñó y desempeña un papel decisivo en todas las actividades socioeconómicas, educativas y políticas. Como en los primeros siglos de la cristiandad, al igual que en la alta Edad Media, el obispo detentó y detenta una posición central, tiene y ejerce un poder muy real, lo que provoca celos, miedos y odios. ¿Clericalismo? De acuerdo. ¿Cómo podría ser de otra manera, si por *defecto* le corresponde al clérigo entregarse a funciones de sustitución, la del *tribunus plebis* romano, la de defensor de los pobres medieval, la de procurador de los indios virreinal? Empleo adrede términos del pasado porque la situación de vacío y de lucha de todos contra todos, en ausencia de un Estado fuerte, legítimo y respetado, evoca tiempos pretéritos.

Acaso no sea muy científico, pero es difícil resistirse a la tentación de evocar la situación de Chiapas en el siglo XVI, así como la lucha, en aquel entonces, de los dominicos contra los encomenderos, que constituían el sector poderoso. El indio fue la manzana de la discordia entre la Iglesia y los pudientes por igual. Aunque con una diferencia sustantiva: los religiosos recibieron todo el apoyo del virrey y de Madrid, mientras que don Samuel tuvo que enfrentar tanto a la coalición de las elites locales como al gobierno federal.

La desaparición del Estado en Chiapas, referida más arriba, explica la centralidad de la diócesis, no sólo en las negociaciones de paz, después de 1994, sino antes, en calidad de mediadora y articuladora de las elites criollas con los pueblos indígenas (véase Congreso Indígena de 1974). Por supuesto, como la desaparición del Estado chiapaneco tradicional se sucedió en varias etapas, las relaciones entre la diócesis y los gobiernos federal y estatal se constituyeron de diversas formas a lo largo de los años. Anaya se refiere a un triángulo de alianzas y oposiciones en el que los tres actores, según los temas y las circunstancias, cambiaban de aliado para enfrentar los intereses particulares del opositor. Por ejemplo, en materia de mayores participaciones fiscales para Chiapas, la diócesis y el gobierno estatal se unen contra la federación, pero en cuanto a derechos humanos, la federación y la diócesis

71

coaccionan juntos al gobierno estatal. Respecto de los problemas políticos, que involucran a los nuevos actores sociales, la federación y el gobierno estatal se alían contra la diócesis (Anaya, 1993).

Jan de Vos (1999, p. 26) escribe al respecto:

«Desde hace tiempo, las autoridades civiles de Chiapas y México se encuentran atrapadas en una gran contradicción de la cual no parecen poder salir. Por un lado, no han sido capaces de ganar la confianza de los indígenas, ni de sanar de raíz las estructuras de explotación y de desprecio racista que imperan en la sociedad chiapaneca. Por otro lado, no permiten que la diócesis asuma ese papel, porque consideran a la Iglesia católica como una competidora molesta e indeseable en el asunto del desarrollo social. Y menos aún cuando se trata de una diócesis cuya pastoral está encaminada hacia la liberación integral de los indígenas y a su transformación en sujetos políticos con iniciativa propia.»

En las últimas páginas se vuelve sobre esta discutible afirmación final. «Pero —continúa Jan de Vos— no puede negar su presencia y su actuación, porque es una institución que, por su larga experiencia y su amplia inserción en las bases populares, constituye un interlocutor indispensable en la solución de cualquier conflicto.» Tanto peor, exclamarían muchos políticos de alto rango. Se entiende su irritación, aunque no debieron, como efectivamente sucedió en varias ocasiones, perder los estribos, dado que, es preciso insistir en ello, el «clericalismo» en tales condiciones era inevitable, un mal menor. Allí ha respondido muy bien el viejo reflejo anticlerical del grupo político en el poder: «El clericalismo: ahí está el enemigo». ¿Es casualidad que Patrocinio González, ex gobernador de Chiapas y ex secretario de Gobernación encargado de solicitar la remoción de don Samuel a Roma en 1993, sea pariente del célebre opresor tabasqueño Tomás Garrido Canabal?

La hostilidad de las diversas instancias gubernamentales es anterior a esa fecha y se remonta a los setenta, inmediatamente después del Congreso Indígena de 1974, y antes en San Cristóbal y Comitán y del gobierno del doctor Velasco. Esa mala voluntad, de pronto activa y, luego, agresiva, se debe al hecho de que la intervención de la Iglesia iba en contra de los intereses establecidos. María del Carmen Legorreta, de quien nadie puede sospechar que alberga simpatías por don Samuel, escribe a este propósito (1998, pp. 60-61):

«Se puede afirmar que después de la colonización de la Selva, el factor más decisivo en el desarrollo de los pueblos indígenas y campesinos de Las Cañadas [...] fue la influencia ideológico-política de los agentes de pastoral de la diócesis [...]. Es cuando su presencia resultó más favorable al desarrollo de las comunidades.»

En la página 21 del mismo libro afirma que «El papel de la diócesis [...] representó un aporte fundamental a favor de las tendencias de modernización en el estado de Chiapas, dada su función de contrapeso al discurso racista y a la división estructural de la sociedad chiapaneca sustentada en gran parte en la etnicidad.» Esto, al igual que la promoción de la mujer y del niño, la revolución matrimonial, la toma de conciencia de los actores sociales y la «revolución de las expectativas crecientes», se debe atribuir a la Iglesia.

Por supuesto, los actores políticos tradicionales lo tomaron a mal muy pronto: el Partido Revolucionario Institucional (PRI) del estado, los caciques tradicionales, el Instituto Nacional Indigenista (INI), entre otros, emprendieron, con los actores económicos amenazados por la movilización de los indocampesinos, una lucha contra la Iglesia y, lógicamente, el blanco más visible resultó ser el obispo. Sin embargo, en varias ocasiones, el gobierno se vio obligado a reconocer que de algo servía el hombre. Debido a la larga crisis provocada por la llegada en masa de refugiados guatemaltecos a México, la diócesis organizó con eficiencia la ayuda material y la complementó con ayuda psicológica, con colegios y con la organización social de los campamentos. De tal modo que la instancia del Alto Comisionado de las Naciones Unidas para los Refugiados (ACNUR) adoptó el modelo de los campamentos chiapanecos organizados por la diócesis, en estrecha y ecuménica colaboración con los protestantes. Además, Samuel

Ruiz, apoyado por la ACNUR, logró establecer buenas relaciones con la Comisión Mexicana de Ayuda a Refugiados (COMAR) y su homóloga guatemalteca (CEAR), convirtiéndose así en útil mediador de un conflicto de posibles repercusiones internacionales.

En su diócesis, en muchas oportunidades, fue instancia pacificadora. Sirva de ejemplo el 8 de julio de 1977, cuando en Betania (ejido Nueva Providencia, en Las Margaritas) seis policías y un cacique fueron muertos por los miembros de una comunidad enfurecida debido a una injustificable agresión. Los policías ejecutaban órdenes de un influyente individuo, pero se toparon con la inesperada resistencia de Fuenteovejuna. Don Samuel, prevenido a tiempo de la tragedia, logró comunicarse con el gobernador, Jorge de la Vega Domínguez, y lo convenció de no castigar a la comunidad con una represión indiscriminada.

El triunfo de la revolución sandinista en 1979, la guerra en Guatemala con sus muy visibles incidencias en la diócesis y el auge de la guerrilla en El Salvador contribuyeron a ensombrecer el ambiente político en Chiapas, por lo que las simpatías no disimuladas de don Samuel y su clero hacia esas revoluciones lo convirtieron en «el malo», en «el subversivo», en el agente del enemigo para los servicios de seguridad.

En 1985, el obispo afirmaba: «Hoy nuestra diócesis queda, sin que lo hayamos pretendido, como un enclave importante de lo que se llama América Central, sintiéndonos parte de ella y en la mira de la discordia». Mientras que en 1987 señaló:

«En Nicaragua la historia de la salvación pasaba por el sandinismo y en un gesto profético, lamentablemente no repetido, la Conferencia Episcopal Nicaragüense dijo que los cristianos podrían participar sin tribulaciones de conciencia, inclusive en la lucha armada del movimiento sandinista, para que surgiera una nueva sociedad. Los cristianos pueden estar ahí, porque ahí pasa el Reino.» (Ruiz García, 1987, p. 17)

En su *Informe ad Limina* de 1988, redactó estas líneas contundentes:

74

«Hasta hace poco tiempo las relaciones con las autoridades civiles, tanto a nivel de la diócesis como a nivel de la Región del País, eran inexistentes. Las relaciones que se daban procedían de una amistad personal o eran relaciones "nicodémicas".

»La visita hecha por S.S. Juan Pablo II a nuestro país y el contacto con el pueblo en diversas regiones del mismo, así como la obligada presencia de las autoridades gubernamentales y la autorización prestada, condujeron a otra situación: al reconocimiento de hecho de una Iglesia que carece de personalidad jurídica en la Constitución mexicana.

»La acción pastoral y el enfoque de la misma, dentro de una búsqueda de congruencia con el espíritu del Concilio Vaticano II, ha devuelto a la gente humilde y sencilla un sentido de cristiana dignidad, que le ha hecho sentir que dentro de la Iglesia tienen un lugar. Contra esto surge primero una actitud de indiferencia, luego agresiones verbales y aun físicas por parte de personas que sintieron haber dejado de ser los "poseedores" de la Iglesia; finalmente se acude a la calumnia en los medios de comunicación, a acusaciones a "Roma" y a las autoridades gubernamentales presionando para que sea removido el Obispo. Este esquema se repite en nuestra zona con otros hermanos Obispos, con el agravante de que en algunos casos ha conllevado para ellos amenazas e intentos de asesinato.

»En nuestra Región pastoral Pacífico-Sur como fuera de ella, ha sido doloroso que la Delegación Apostólica haya tomado posiciones que, por no haber mediado una información menos unilateral ni un diálogo verdadero, fueron negativas para el pueblo de Dios y causaron razonable malestar en algunos Obispos. En lo particular nos apesadumbró la manera menos evangélica de proceder con los Obispos del Norte de la república. Más nos dolió ver el desprestigio posterior que esa intervención provocó para la Delegación Apostólica, la que apareció como un instrumento de presión en manos del Gobierno en el momento en que intervenía —aunque fuera involuntariamente— para apoyar al partido oficial (PRI) en unas elecciones que fueron calificadas públicamente como fraudulentas. Igualmente nos ha sorprendido la forma negativa con que la Delegación Apostólica ha procedido en nuestra Región

Pacífico Sur debilitando nuestra acción pastoral en momentos en que más bien esperaríamos apoyo y consuelo del representante del Santo Padre. Unido todo esto a otros casos recientes, se tiene una extrañeza creciente en el seno de la Conferencia Episcopal que lamentablemente no se despeja tratando las cosas específicamente, tal vez por no herir personas o por no tocar asuntos de ámbito personal.

»Todas estas situaciones, sin embargo, no cortan la amistad verdadera, ni el respeto y auténtica estima que al Delegado Apostólico se le tiene en lo personal, en un clima de caridad cristiana. Sin embargo, nuestra responsabilidad episcopal nos obliga a expresar estas dificultades, para que, previniéndolas en un futuro, se eviten mayores males a la Iglesia de Dios.

»El paso de unas relaciones "nicodémicas" a una relación más orgánica, hasta cierto punto "amistosa" con el Gobierno, sin dejar de tener conflictividad, se dio con la llegada de los refugiados de Guatemala. A pesar de la detención de dos sacerdotes, el secuestro de dos religiosas y de una seglar, el diálogo no se rompió. La solidaridad con que contaron los refugiados en el momento en que fueron reubicados forzadamente y no sin cierta represión, nos mereció aprecio y respeto. Durante todo el tiempo que los refugiados han permanecido entre nosotros se han sentido respetados, acompañados y respaldados además en sus peticiones legítimas. Por otra parte, debiendo de tener en el diálogo con las autoridades, "sencillez de paloma y astucia de serpiente", jamás se ha perdido de vista un deber evangelizador a ese nivel.

»En el estado de Chiapas, tras el sexenio más represivo que hayamos conocido, vemos avecinarse tiempos nuevos, en los que el Gobierno buscará a la Jerarquía en un afán de recuperar el prestigio perdido entre el pueblo chiapaneco. Entraremos a una fase que no ha tenido antecedentes después de la Revolución Mexicana: la del apoyo crítico por parte de la Jerarquía a las acciones que el gobierno emprenda en auténtico beneficio del pueblo, sin que la Iglesia del Señor, que va mucho más allá de planes sexenales y de identificación partidista, quede comprometida, identificada, o peor aún, sometida a un régimen determinado por óptimo que éste sea.»

Don Samuel había sostenido excelentes relaciones con el delegado apostólico Raimundi, que le había brindado todo su apoyo; no sucedió lo mismo con monseñor Girolamo Prigione, que obsesionado por el proyecto de lograr el establecimiento de relaciones diplomáticas entre Roma y México (y en segundo lugar la reforma de la *Constitución Política de los Estados Unidos Mexicanos*), no tardó en diagnosticar que el obispo era un estorbo para las óptimas relaciones con el Estado y sus políticos. Volvamos a Patrocinio González Garrido. Es, en efecto, nieto de Garrido Canabal, pero su padre fue Salomón González Blanco, un prominentísimo político chiapaneco elevado al poder federal en la administración cardenista. De 1940 en adelante se convirtió en uno de los agentes chiapanecos en la capital federal y buscó siempre regresar como gobernador a su estado. Lo consiguió sólo al final de su vida, ya viejo y cuando su grupo político era una oligarquía osificada. En diciembre de 1976 tomó posesión el gobernador electo Jorge de la Vega Domínguez, representante del grupo comiteco en la formación estatal de Chiapas. Frente al reformista Velasco Alvarado, impuesto desde el Distrito Federal, de la Vega representaba el regreso de los grupos estrictamente locales al poder estatal, aunque deja el cargo sólo un año más tarde, en diciembre de 1977, para formar parte del gabinete presidencial. Sólo entonces González Blanco es electo sustituto y el péndulo se vuelve a mover a favor de los grupos de poder en el Distrito Federal. González Blanco gobierna dos años, hasta noviembre de 1979, cuando es sustituido por Juan Sabines, que concluirá el sexenio en diciembre de 1982. Sabines, borracho, populista, dicharachero y «folclóricamente» represivo, sería un regreso más del péndulo a favor de los grupos estrictamente chiapanecos. Con todo, su gestión resultó evidentemente superficial y su gobierno únicamente administró, no resolvió, crisis campesinas y agrarias a lo largo y ancho del territorio. Cuando toma posesión el general Absalón Castellanos Domínguez en 1982, la federación recupera el control superior de la política chiapaneca para no abandonarlo más.

Los dos años de González Blanco (1977-79) representan —en opinión de Federico Anaya— el quiebre de la coalición chiapaneca posrevolucionaria:

«Por lo que me han contado, González Blanco era tan viejo que en realidad gobernaba su hijo, Patrocinio. Aparte, parece ser que el grupo de González Blanco tenía más raíces en el Distrito Federal que en Chiapas. Por lo mismo, su control sobre el gobierno era muy inestable. La gran corrupción patrocinista habría comenzado aquí: no teniendo lealtades locales, había que comprarlas. Juan Sabines tuvo la ventaja sobre Patrocinio y su padre, la ventaja de ser un político local, además, su estilo populachero le ganaba apoyos espontáneos entre las masas y cinismos muy útiles entre las elites. (Hay mil anécdotas que retratan a su hermano Jaime riéndose, entre bambalinas, de las puntadas que salvaban a cada instante la gubernatura de su hermano. ¿Qué tanto el poeta Jaime intuía que el régimen chiapaneco agonizaba? ¿Había concluido que ante el desastre lo mejor era reír con elegancia? Es el mismo Jaime de *Tarumba*, después de todo.)

»La sustitución de González Blanco por Sabines en 1979 fue, por lo que me han contado, muy dolorosa. Cuando en 1988 Patrocinio gana la candidatura chiapaneca allá, en el Distrito Federal, su regreso se ve en Chiapas como una venganza familiar. Un detalle lo delata y confirma a Patrocinio como "vengador": Patrocinio usa un apellido compuesto, Patrocinio González Blanco Garrido. Muchas veces eliminaba el Garrido. Confirmando la idea de que era él, y no don Salomón, el jefe durante el bienio 1977-79. Patrocinio se presenta a sí mismo con los apellidos de su padre.

»En mi opinión, la candidatura de Patrocinio y su administración ya no representaban, sociológicamente, a nadie en Chiapas. Por ello debía recurrir tanto a la represión de las masas como a la corrupción de las elites. Por supuesto: lo mismo podría decirse de su predecesor Castellanos. La crisis del estado chiapaneco es estructural y las camarillas que se montan sobre ella son anécdotas.

»Pese a todo, durante el sexenio salinista el gobierno federal asumía posiciones no homogéneas frente al gobernador de Chiapas. En una ocasión, un Patrocinio, borracho, confesaba a don Samuel que sólo por respeto a su pariente Carlos Salinas aguantaba a Gutiérrez Barrios. La Comisión Nacional de Derechos Humanos, en aquel tiempo dependencia desconcentrada de la Secretaría de Gobernación, emitió una recomendación tras otra en contra del gobierno de Patrocinio, antes de 1993. Don Samuel jugaba, en beneficio de las comunidades y organizaciones indias asediadas, con esta oposición entre Patrocinio y don Fernando.» (a Jean Meyer, 30 abril de 2000)

Sólo en 1993, cuando Patrocinio González sustituye a Fernando Gutiérrez Barrios como secretario de Gobernación, se termina de conformar el bloque contrario a don Samuel. Así fue como en ese año de gracia de 1993, hubo coincidencia de voluntades entre el nuncio —con la *Constitución* reformada y las relaciones diplomáticas establecidas— y el recién nombrado secretario de Gobernación, el chiapaneco Patrocinio González Garrido.

La diócesis y los revolucionarios hasta 1993

La fuerza de las circunstancias obligaba a la Iglesia a participar en la política. En una sociedad como la de Los Altos, de Las Cañadas o de la Sierra todo es política; hablar en lenguas indígenas, inaugurar una estación de radio, organizar cooperativas, alfabetizar, luchar contra el costumbre, tomar al pie de la letra la instrucción de *Gaudium et Spes* de optar de manera preferencial para los pobres...

Don Samuel no ha militado a favor de ningún partido, aunque algunos de sus sacerdotes sí, pero se le ha acusado de estar directamente involucrado, con su equipo pastoral, en el movimiento armado neozapatista, el EZLN. El asunto es complejo.

Los primeros maoístas

A diferencia de Guatemala, en donde se había empezado la evangelización del Quiché apoyándose en la Acción Católica veinte años antes, la diócesis de San Cristóbal empezó en el vacío. Sin organizaciones, sindicatos, comunidades de base ni orden terciaria de San Francisco. En el medio indígena tradicional, en el de las poderosas comunidades de Los Altos, se topó con la muy eficaz resistencia del costumbre, de los principales, los cofrades, los chamanes; eso provocó el cisma de Chamula, cuando después de la expulsión del sacerdote católico, el obispo puso a la comunidad en un entredicho a medias. Tuvo éxito en la zona de colonización reciente, en Ocosingo y particularmente en Las Cañadas, donde se mezclaban diversos grupos indígenas, ladinos y hasta campesinos mexicanos procedentes del Bajío, de Guerrero y otros lugares, atraídos por la propaganda del gobierno.

A falta de organizaciones, la evangelización se realizó a partir de la lectura literal, fundamentalista, del *Éxodo*: los sacerdotes enseñaron a la gente a identificarse con los hebreos peregrinos y a esperar, como los hebreos, con impaciencia, la llegada del Reino en la tierra prometida. Se despertó así la conciencia intensa de una nueva identidad colectiva y de unas esperanzas que la Iglesia no tenía que satisfacer ni podía satisfacer. La conferencia de Medellín en 1968 reiteró los mandamientos conciliares, confirmó al obispo en la línea por seguir y así se llegó al ya mencionado Congreso Indígena de 1974, en San Cristóbal, patrocinado por don Samuel y por el mandatario estatal Velasco, pero organizado por el padre Mardonio Morales, de la misión de Bachajón, y por el hermano marista Javier Vargas. Samuel Ruiz nos aclaró que la «historia oficial» de dicho congreso podría ser engañosa. Velasco Suárez era un gobernador priista y, por lo mismo, oficialmente anticlerical. De ahí que el gobernador *no* pidiera ayuda directamente a don Samuel, sino que lo hiciera al Patronato Fray Bartolomé de Las Casas, del que era miembro el obispo. En el Patronato la diócesis tomó el control de la iniciativa; por ello, en los resultados del proyecto se le menciona como gestora principal de la reunión. No fue un caso de clericalismo, pues el congreso realmente lo llevaron a cabo campesinos indígenas, fue suyo. Para asombro de las autoridades religiosas y civiles, el Congreso produjo un catálogo de quejas y exigencias, un diagnóstico de todos los males de la mayoría de la población.

La siguiente etapa no debió haberle correspondido a la Iglesia, sino a nuevos movimientos políticos, sindicales, cooperativos y agrarios. En un ámbito de crecimiento económico y de democratización muy posiblemente habrían surgido y prosperado, pero, por desgracia, México entró en una espiral de crisis económicas y los gobiernos locales, a diferencia de la tónica federal, se endurecieron hasta el clímax del gobernador y general Absalón Castellanos (1982-1988). Todo esto brindó una oportunidad a los radicales, que habían puesto la mirada en Chiapas, considerado «el eslabón más débil de la cadena» luego del 68 mexicano. Es preciso recordar que las Fuerzas de Liberación Nacional (FLN), matriz del EZLN, llegaron a Chiapas en 1972.

Adolfo Orive, ingeniero de la Universidad Nacional Autónoma de México (UNAM), arribó a Chiapas en una fecha aún no determinada, pero anterior a 1976. Casualmente, el obispo Samuel Ruiz lo conoció en Torreón, Coahuila, ese mismo año, durante una visita para ayudar al obispo del lugar en el caso políticamente difícil del padre Batarse. De cualquier modo, el Congreso Indígena había llamado la atención de activistas y radicales del centro, los cuales habían empezado a llegar a San Cristóbal junto con antropólogos y organizaciones no gubernamentales del mundo entero. La extrema izquierda mexicana, así, escogió a Chiapas definitivamente, sin que don Samuel tuviese la menor responsabilidad en esa elección. Adolfo Orive, al descubrir la fuerza de la Iglesia y sus bases populares, decidió, para ganar tiempo, apoyarse en ella.

El 17 de septiembre de 1977 Orive dijo a los sacerdotes reunidos en la vicaría de la diócesis, palabras más, palabras menos: «Ustedes son unos magos de la pastoral pero no tienen nociones políticas. ¿Por qué no trabajamos en comandita? Nosotros pasamos después de ustedes y nos encargamos de la formación política» (padre Mardonio Morales a Jean Meyer, Bachajón, 9 de junio de 1999). «Nos apantalló con su proposición sencilla y salvaje. Habíamos sido rebasados por el movimiento de organización de las comunidades.» En efecto, después del congreso, que debía de transformarse en una institución permanente, los catequistas comenzaron a buscar una salida política a los problemas, de los cuales habían hecho conciencia gracias a la Iglesia. Pero en ese momento la Iglesia no tenía nada más que proponerles. En 1977 don Samuel disolvió el congreso y se trabajó un tiempo con Orive y su gente, aunque el padre Mardonio insistiera en que la mayoría de la asamblea diocesana rechazó «entregarse a la gente de Orive».

«Sin embargo, sí se trabajó, en Ocosingo, se vino una cantidad de "promotores" que se montaron en los catequistas. No se hizo en Bachajón, acá seguimos nuestro camino (la lucha legal, agraria y judicial). Eso creó tensión entre nosotros. Don Samuel no cierra caminos, apoyó tanto a ellos como a nosotros, deja mucho a la responsabilidad de los equipos.»

Jorge Santiago, ex seminarista, director de Desarrollo Económico y Social de los Mexicanos Indígenas (DESMI), cercano a Samuel Ruiz, relató exactamente lo mismo (San Cristóbal, 11 de junio de 1999) sobre la llegada de Orive y la reunión de septiembre de 1977, sobre las divisiones eclesiásticas, la confusión subsecuente, así como sobre la expulsión final de los «brigadistas» de Orive por órdenes terminantes de don Samuel.

Orive no olvidó nunca esa experiencia y conservó la impresión de que ni una sola hoja se mueve en la diócesis sin el permiso del obispo. Por eso, cuando el EZLN salió a la luz pública, Adolfo Orive, muy cercano al presidente Salinas y después asesor del secretario de Gobernación, quedó convencido de que el EZLN y la Iglesia eran una y la misma cosa. No pudo aceptar que los maoístas rivales, los de las FLN (EZLN), habían tenido éxito, cuando él había fracasado, en penetrar la red de catequistas, en aprovecharse del pueblo católico de la diócesis.*

Ese episodio fracturó la unidad y confirmó la existencia de dos bandos al menos, los cuales podemos representar con dos topónimos, Bachajón y Ocosingo. Bachajón concentraba sus esfuerzos en la pastoral, sin abandonar la lucha cívica y agraria por la ingrata vía legal; Ocosingo, fascinado por el

* Remítase el lector a la Carta de Adolfo Orive en los Apéndices (p. 219).

activismo político, mantenía contacto con el relevo radical que ya estaba operando.

La segunda ola maoísta

A tal punto estaban ya instalados en Chiapas que todas las izquierdas parecían haberse dado cita, todas las variedades del maoísmo; hasta los «albaneses» trabajaban en esa vanguardia de la modernidad revolucionaria en que se había convertido la Lacandonia. Precisamente las comunidades de reciente creación, aún frágiles, recibían de la Iglesia católica (y de las protestantes) una valiosa asistencia en la medida en que les permitía estrechar los lazos sociales por medio de la religión y del movimiento sindical y cooperativista de las uniones, de la Unión de Uniones y de la Asociación Rural de Interés Colectivo (ARIC), entre otras. Pero se volvía a presentar un problema semejante, o comparable: los cuadros católicos, catequistas y prediáconos, eran, al mismo tiempo, dirigentes de ese sindicalismo etnocampesino y, al participar en la política del estado y nacional, despertaban los intereses de las izquierdas, legal y clandestina, así como del PRI. Es decir, la Iglesia una vez más despertaba a la gente, la «concientizaba», pero no podía, puesto que no es su papel, satisfacer su aspiración a resolver problemas concretos, a mejorar su vida. Se estableció un círculo vicioso en una región sin desarrollo económico, con un crecimiento demográfico muy alto y una expansión de la educación primaria que fortalecía el deseo de sustraerse a la difícil condición campesina. Ello explica la seducción ejercida por el canto de las sirenas maoístas. No es posible decir a la gente: «A ustedes los explotan; dense cuenta, organícense», sin ofrecerles nada más. Ese fue el drama de la diócesis.*

¿Y cuál fue la oferta concreta para satisfacer las *rising expectations* que había logrado despertar? Cuando las FLN-EZLN, después de una paciente y larga incubación de diez

---

* Remítase el lector a la encuesta respecto de la guerilla en los Apéndices (p.225).

años de trabajo preparatorio ofreció la utopía revolucionaria, es decir, resolver todo rápidamente por la vía armada, los mejores cuadros de la diócesis atendieron el canto de las sirenas.

En 1979 la victoria sandinista (contrastante con el horror y la pepetuidad de la guerra guatemalteca), el progreso guerrillero en El Salvador, el asesinato de monseñor Óscar Arnulfo Romero, la matanza de los jesuitas de la Universidad Centroamericana, la represión sistemática en Chiapas. Parecía que se colmaban los tiempos y el apocalipsis era inminente, para bien y para mal. A finales de los años setenta se comenzaron a discutir las ventajas y desventajas de la lucha armada.

En esas fechas el relevo de los militantes radicales procedentes de otras regiones (o inmersos en Chiapas desde quién sabe cuándo) se había efectuado. Se integraron a las comunidades del valle de San Quintín, en oleadas sucesivas, ayudando a organizar las uniones (en 1978 la Quiptic, pero también la Unión de Ejidos Lucha Campesina en Las Margaritas). Estos «asesores» no inquietaron a la diócesis al principio. De hecho, empezaba a aplicarse, con gente distinta, el pacto ofrecido por Orive. La instalación (¿o reinstalación?) oficial de las FLN en Las Cañadas sucedió en 1983, pero desde 1979 habían colaborado con personas de la diócesis, lo que dio inicio a la creación de una organización de masas, la futura Unión de Uniones.

Ante esta situación, los sacerdotes y laicos presentes en Las Cañadas, consideraron tres opciones:

«1. Se frenaba el proceso del pueblo, sujetándolo a una dirección de la Iglesia que en su estructura y función probablemente no iba a dar una respuesta política adecuada; o 2. asumía la Iglesia una dirección netamente política, con todo el riesgo que dimana de su propia limitación estructural y experiencial; o 3. se transmitía al pueblo su propia responsabilidad. Se optó por este tercer modo y así se compartió la reflexión con Quiptic.» (*Quiptic Ta Lecubtesel*, p. 34.)*

* *Quiptic Ta Lecubtesel* o *Kiptik ta lekubtesel* significa «nuestra fuerza es la unidad para mejorar» o «unidos para el progreso».

La diócesis y la gestación del EZLN en Las Cañadas

Los sacerdotes participaban en las luchas revolucionarias de Centroamérica y algunos eran funcionarios del gobierno sandinista; después de la muerte violenta (el martirio, al decir de algunos) de monseñor Romero, no faltó quien profetizara un destino semejante a don Samuel. Algunos sintieron la tentación de seguir el ejemplo revolucionario, pues era difícil no ver en el gobierno del general Absalón Castellanos el equivalente de los regímenes militares vecinos. Otros, en cambio, como los jesuitas de Bachajón, «pintamos la raya. La violencia, no. La guerra puede ser justa, especialmente con la amarga experiencia del fracaso de la lucha legal, pero el remedio resultaría peor, desproporcionado con los resultados, suicida e irresponsable». (Padre Mardonio Morales a Jean Meyer, Bachajón, 9 de junio de 1999.)

Los maristas de Comitán y los dominicos de Ocosingo trabajaban en una zona ya bien infiltrada por las FLN-EZLN (Las Margaritas, Ocosingo), mientras que los jesuitas no tuvieron que enfrentar semejante reto. Si los jesuitas, los dominicos y los maristas «dejaron entrar o no a las FLN-EZLN» —tesis voluntarista muy común que destaca el papel del clero— es una cuestión sobre la cual se precisa lucidez. La variable independiente eclesiástica es un factor necesario para explicar las opciones políticas de los indios en Chiapas, pero esas opciones son resultado de la conexión de muchas variables entre sí, por lo que aquella no basta.

Las comunidades con las que trabajan jesuitas y dominicos eran (¿son?) muy distintas, y esas diferencias explican, en parte, las distinciones de la «línea pastoral» de las dos órdenes. La diferencia eclesial y la añeja rivalidad entre los hijos de San Ignacio y los hijos de Santo Domingo no explica todo. La circunstancia geopolítica de cada lugar y la personalidad de cada comunidad explican otro tanto, si no es que más. Todos los que intentaron cambiar algo en Chiapas en el siglo XX, revolucionarios, obispos, misioneros, otros revolucionarios y, finalmente, guerrilleros, encontraron un mosaico. Sus éxitos y sus fracasos, la infiltración o el rechazo, dependieron no sólo de sus acciones, sino también de la reacción popular, que dependía a la vez de diferencias socioculturales en las comunidades.

Federico Anaya ofrece un ejemplo:

«Vale la pena aquí describir a vuelo de pájaro la situación en la zona sureste (tojolabal) de la diócesis. El padre Ramón Castillo, de Comitán, me explicaba que el primer reto pastoral entre los tojolabales era *constituir las comunidades*, no evangelizarlas. Para el padre Castillo, la mentalidad tojolabal era la del esclavo que se acepta como tal y no puede imaginarse un orden social en donde él no esté subyugado. La causa de esto era, de acuerdo con Castillo, que la finca comiteca había sobrevivido intacta hasta bien entrados los años cuarenta. Hay indicaciones más o menos claras de que las fincas comitecas mantuvieron su orden social de manera más exitosa y prolongada que sus contrapartes en Altamirano y el primer valle de Ocosingo. (En Bachajón el centro de la vida cultural siempre fue el pueblo indígena y sus dos barrios, mientras que los finqueros se concentraban en Chilón y Yajalón.) De hecho, la colonización de la zona selvática o Cañadas de Las Margaritas, al oriente de Comitán, la comenzaron los finqueros de apellido Castellanos (los mismos de Rosario; los mismos de Absalón). La colonización de las cañadas de Ocosingo, en cambio, sería un fenómeno sobre todo indígena. Javier Vargas me ha dicho que, de hecho, los tojolabales no fueron grandes colonizadores, "para colonizadores, ¡los tzotziles!", me insistía, haciendo referencia a las grandes (y hasta hoy prósperas) colonias tzotziles en Nuevo San Juan Chamula y Nuevo Matzam y Las Margaritas (Calvo, *et al.*, 1989). Por otra parte, Mario Humberto Ruz ha propuesto que la finca comiteca tuvo un papel cultural similar al de las comunidades indias cerradas de Los Altos a la hora de preservar el idioma y la cultura tojolabales (Gómez y Ruz, 1992, pp. 18-19). O sea, el "ser indio" se preservó dentro de la estructura criolla por antonomasia y bajo el yugo político y económico de los ricos de Comitán. Por ello, la mentalidad tojolabal parece a los misioneros católicos la de un esclavo que no ha tomado conciencia de sí en tanto esclavo. He recibido informes de algunas comunidades en las que el viejo respeto a los patrones se reproduce aún hoy de maneras paradójicas. Hay, por ejemplo, una comunidad zapatista que preserva para su pueblo el nombre del abuelo del general Castellanos. Esto, en una época cuando el padre Ramón mismo dice que los tojolabales han levantado orgullosos, y hasta en excesos radicales, su cabeza contra los ladinos. Una prueba bien conocida de esto, aunque poco valorada y menos entendida, es el relato de la captura del general Castellanos por las tropas insurgentes del comandante Tacho, tojolabal.

»Me parece que fue *La Jornada* el medio que la relató en 1994. Los insurgentes tocaron a la puerta de la casa grande del rancho del general (quien seguía viviendo en la zona, pese a todo lo que de él se dice y se sabe, por cierto); y ante la asustada reacción de la señora Castellanos, que abrió la puerta de la casa grande, le dicen algo así como: "No se preocupe, no venimos a matar". Y parece ser que luego de capturar al general, avisaron, corteses, que también se llevaban unas vacas. Estamos lejos, obviamente, del orgullo bachajonteco, del autonomista espíritu de los tzeltales ocosingueros y de la demolición con marros y picos del palacio municipal de Altamirano.

»La infiltración zapatista en las cañadas de Ocosingo, Altamirano y Las Margaritas tuvo que ser, por lo mismo, diferenciada. No creo que tengamos datos suficientes ahora para evaluar este fenómeno de manera definitiva, pero hay suficientes datos dispersos, aquí y allá, incluso algunos de ellos ya publicados y otros en la prensa diaria esperando ser interpretados.» (a Jean Meyer, 30 de abril de 2000)

Quizá con la esperanza de detener la penetración maoísta don Samuel haya efectuado algunos contactos indirectos con el estado mayor de las FLN, sin embargo, eso no permite afirmar que el obispo alentó o apoyó el movimiento; de igual modo, el hecho de que los revolucionarios hayan, sin duda alguna, aprovechado bien, muy bien, el apoyo que recibían de las comunidades de la selva —y, por lo mismo, aprovechado los recursos aportados por la diócesis a éstas: un célebre camión rojo, por ejemplo, comprado con recursos de DESMI—

no permite aseverar que la diócesis otorgara financiamiento a la guerrilla con el dinero procedente de las Iglesias europeas o norteamericanas.

«Las Fuerzas de Liberación Nacional no encontraron un pueblo fragmentado, desorganizado y depauperado por la pobreza extrema. Encontraron una *región cohesionada*, organizada, con cierta experiencia política y esperanzas por alcanzar mejores condiciones de vida, que se había dignificado en su proceso organizativo; además de la herencia de una dinámica de apropiación y participación real de las bases, es decir, donde se había impulsado la participación de las comunidades en la solución de sus propios problemas sociales.

»La infiltración de estas redes ya existentes dio la posibilidad a las FLN de conformar al Ejército Zapatista como una organización amplia, aprovechando el carácter de masas con el que se había mantenido la Unión de Uniones. Esto hizo más fáciles y rápidas, en un momento dado, la comunicación y la extensión del proyecto, a cambio de sacrificar la calidad en el entrenamiento militar y en la formación ideológica, porque no tuvieron capacidad de atender a toda la población que ingresó de repente. Asimismo hizo posible encontrar una población sensible, politizada y dispuesta a imponerse el esfuerzo físico y económico que exigía el proyecto militar, bajo las aspiraciones legítimas y justas que ya habían desarrollado las comunidades de la región por mejores niveles de vida.

»Las Fuerzas de Liberación Nacional se encontraron con una estructura interregional que establecía la comunicación y participación política de la mayor parte de los pueblos, en un vasto territorio que aglutinaba a por lo menos doce mil familias, con capacidad de convivencia y permanencia pacífica entre todas las comunidades, y luego de haber alcanzado un mínimo nivel económico, lo cual permitió canalizar excedentes para el esfuerzo que implicaba tratar de desarrollar una lucha armada. Sin llegar a ser la solución total a las condiciones de marginación y pobreza que padecen estas comunidades, lo anterior sí constituía una situación económica, política y cultural excepcional, condición que de hecho no existía en ninguna otra región de Chiapas.» (Legorreta, 1998; p. 189)

Después, la incapacidad de México para limitar la represión practicada por el gobierno estatal alentó la expansión del EZLN en Las Cañadas. Desde Ocosingo, el padre Pablo Iribarren, responsable de la misión dominica desde 1987, seguía con inquietud ese desarrollo. Se había pasado de un reclutamiento hormiga, hombre a hombre, a un crecimiento enorme, como bola de nieve. Una vez comprometidos numerosos prediáconos y catequistas, toda la estructura creada por la Iglesia pasó al dominio del EZLN. El hecho adicional de que el líder indígena religioso de la zona, Lázaro Hernández, *tuhunel* de *tuhuneles*, promoviese el reclutamiento, fue muy importante. Y es que a la gente, insisto, cansada de la lucha pacífica y vana, la promesa de una mejoría radical al día siguiente del levantamiento resultó casi irresistible. Aunque no para todos, pues la cuestión de la lucha armada dividió a las comunidades, católicos contra protestantes (minoritarios en la selva, pero opuestos a la violencia por razones teológicas) y católicos contra católicos. El año 1988 fue de apogeo para el EZLN. En 1989 comenzaron las deserciones.

La ruptura entre la diócesis y las FLN-EZLN

Ese proceso se debió a tres factores: el autoritarismo revolucionario propio del EZLN, la impaciencia de la gente que se cansa de esperar un levantamiento y la ruptura entre la diócesis y los ex asesores, convertidos en poderosos rivales. Las transformaciones en el ámbito internacional ejercieron, por supuesto, influencia en la decisión de Samuel Ruiz. En 1989 cae el muro de Berlín; pocos meses después los sandinistas dejan el poder al perder en las urnas; las negociaciones comienzan en toda Centroamérica y, en 1992, la paz vuelve a El Salvador.

A la Iglesia le preocupaba la intransigencia de los neozapatistas:

«Los católicos del EZLN gustaban citar el ejemplo de los macabeos y nosotros les contestamos que los macabeos tenían la posibilidad de vencer. Aquí no hay victoria militar a la vista como en Nicaragua. Ya no la hubo en El Salvador y fue el pueblo quien pagó. La violencia no resuelve nada, sino agrava.» (padre Mardonio Morales a Jean Meyer, Bachajón, 9 de junio de 1999)

Le preocupaba también el hecho de que, en Las Cañadas, había quienes negaban los servicios religiosos a los que no aceptaban la lucha armada.

La diócesis ensayó diversos recursos. Sin romper de un modo patente, apoyó a Slop para contrarrestar la influencia del EZLN. *Slop* (raíz, en lengua tzeltal) había sido fundado a principios de los años ochenta para fortalecer la etnicidad de las comunidades en contra de la figura del *caxlán* (el no indígena). El grupo, secreto, estaba dirigido por catequistas, entre ellos Lázaro Hernández, *tuhunel* de *tuhuneles*. Slop operó, por algún tiempo y sólo en la cañada de Las Tazas, como grupo de autodefensa. Se volvió a la promoción de la etnicidad india contra los *caxlanes* para atacar las ambiciones del subcomandante Marcos (que es criollo). También se consideró (quién y en qué categoría, no se sabe) la compra de armas teniendo en cuenta un eventual enfrentamiento con el EZLN. Fue decisión de Lázaro Hernández y no de la diócesis. La posición del obispo era clara antes del incidente: «Había que confiar en que el Espíritu se manifestase en la Historia». ¿Providencialismo? Para don Samuel era respetar la libertad de los laicos. «La responsabilidad es de los hombres cuando sacan conclusiones de las inspiraciones que el Espíritu les da.» A la pregunta de cómo procedería si los hombres confundieran sus inspiraciones, sus errores, con el soplo del Espíritu Santo, el prelado contestó que había que pedir el don de discernimiento (Samuel Ruiz a Jean Meyer, junio de 1999). Según el padre Felipe Toussaint la diócesis intervino precisamente en el caso de la guerrilla de Slop en Las Tazas para evitar una tragedia, ya que la inspiración había sido mal interpretada y podía llevar al desastre.

Después del fracaso de esos dos intentos, no hubo manera de disimular las discrepancies entre la diócesis y su rival. Hacia la navidad de 1989 las cosas quedaron claras. Una comunidad no zapatista de Ocosingo protestaba contra la tiranía de los católicos neozapatistas con el padre Pablo Iribarren; en los primeros meses de 1990 la ARIC dejó de ser útil al EZLN y Lázaro Hernández no tardó en alejarse de Marcos. Además de los cambios internacionales y del fin de la guerra fría, en México el clima político se transformaba. Con la candidatura de Cuauhtémoc Cárdenas Solórzano a la presidencia de la república en 1988 y con la fundación posterior del Partido de la Revolución Democrática (PRD), la vía electoral se estaba abriendo. En Chiapas, tanto el clero como los dirigentes campesinos católicos empezaron a creer en las elecciones. La campaña contribuyó a la deserción en las filas neozapatistas y por eso el EZLN no pudo ver con buenos ojos la movilización a favor de Cárdenas. Dio inicio entonces un debate entre los «militaristas» y los que vieron que se presentaba una apertura política real, la posibilidad de llegar al poder por medio de las urnas. Este debate se sostuvo tanto en Las Cañadas como en la diócesis; la simpatía eclesiástica por la vía electoral consagró la ruptura definitiva, entre 1988 y 1993, con el FLN-EZLN, y al interior de éste una división entre «militaristas» y «civilistas».

Don Samuel dio instrucciones, sin ambigüedades, de predicar contra Marcos y cualquier levantamiento armado:

«La orientación de cada domingo sobre la palabra de Dios fue el instrumento más eficiente de la diócesis, en su propósito de restarle presencia a los militantes de las FLN. De manera similar a como fue promovido, comenzó a cuestionarse al movimiento armado en las reuniones de análisis dominicales, pero ahora en lugar de retomar el Apocalipsis, se retomó el Evangelio según San Marcos, argumentando que "el proyecto armado es un proyecto de muerte contrario a Dios, quien quiere un camino de vida".»*

No fue únicamente la labor realizada por catequistas y *tuhuneles* todavía cercanos a la diócesis lo que propició la

---

* Testimonio de catequista de la región Amador, confirmado por catequistas y *tuhuneles* de todas las regiones.

deserción de aquellos años; un factor no menos importante fue cómo el subcomandante Marcos respondió a la ofensiva diocesana, pues empezó a combatir no sólo las formas que adoptaba la influencia política de los agentes de la teología de la liberación, sino a la propia palabra de Dios:

«Después del problema de Patathé y de San Miguel, Marcos nos juntó en el campamento y entonces ahí dijo: 'Andan diciendo que Dios los va a apoyar en la lucha. Eso no es cierto compañeros. Dios, dice, sí vino en el mundo, pero lo mataron, por eso no hay Dios ahorita. Ahorita Dios vale madres. Ahorita vale madres esa *Biblia*, esa pendejada. Nuestro único Dios ahora es el arma'; y levantó su arma. Dice: 'Este es nuestro Dios. Porque están aquí porque queremos que salga la liberación a nuestra comunidad, así es compañeros.' 'Así es', contestan los altos mandos. 'Estamos aquí porque queremos que nos liberen. ¿O quieren vivir siempre como están, como pinches animales? Por eso vamos a luchar', dice, 'y el que no está de acuerdo que diga y de una vez que se vaya.' Y nos empezó a correr ahí, pues hay alguien que no aguantó. 'Compañeros, de todo eso no estoy de acuerdo y yo me voy.' 'Se va compañero, que se vaya', dice Marcos. Se quitó el uniforme, se lo aventó y se vino".» (Legorreta, 1998, p. 4-5)

Los dirigentes del EZLN eran ateos, y este hecho, que no había implicado contradicción alguna con la diócesis, en ese momento —en el combate franco— los llevaba a suponer que la población debía sacudirse la tutela religiosa. Plantearon que la lucha por la liberación tenía que separarse de la Iglesia. Cientos de jóvenes abandonaron el movimiento armado:

«Yo me salí del EZLN en 1989, porque entonces Marcos nos empezó a decir que "la palabra de Dios vale madres". Algunos de los que se salieron tomaron como un engaño la orientación de los zapatistas, porque se dieron cuenta que sólo utilizaban la palabra de Dios para llevar a la gente a lo que ellos querían y que no les hablaban la verdad. La mayoría se había metido convencido que era una orientación de la *Biblia*, pero entonces el mismo Marcos empezó a hablar mal de la palabra de Dios, que Dios no existe y cosas así. La gente se confundió mucho.» (Legorreta, 1998, pp. 4-5)

El golpe fue duro para el Ejército Zapatista de Liberación Nacional, que perdió por lo menos cuarenta por ciento de sus militantes, si bien quedó todavía mucha gente que no aceptaba el discurso de la diócesis: «Ustedes nos metieron en la organización y ¿ahora se salen?». Además, al parecer, pues no hay datos fiables, algunos agentes de pastoral continuaron su labor con los rebeldes al menos hasta 1991. Quizá por eso el ejército y Gobernación estaban convencidos de que la Iglesia apoyaba al EZLN. Las crisis de 1993 tensaron las relaciones entre los militantes y la diócesis, después, esas tensiones llevaron al general Godínez, comandante de la VII región militar, así como al obispo Samuel Ruiz, a publicar cartas conciliatorias. En cuanto a la Secretaría de Gobernación, es preciso distinguir entre un relativamente benévolo Fernando Gutiérrez Barrios y un agresivamente hostil Patrocinio González Garrido. ¿Se le puede reprochar a don Samuel no haber hecho pública su lucha contra el levantamiento? Se puede contestar, sin duda alguna, que habría sido contraproducente.

En todo caso, si su prédica afectó al EZLN, éste se hallaba muy arraigado, pues su paciencia había dado frutos y los indígenas manifestaron su voluntad de mantener una decisión político-militar *contra* la diócesis. Los agentes de inteligencia y de seguridad no pudieron entenderlo. El anticlericalismo encarece siempre a su adversario y le supone un poder que no tiene.

«En 1993 tuvo lugar una asamblea diocesana para examinar esa situación inédita. ¿Qué hacer frente a un movimiento armado que se venía de manera ineluctable, contra la voluntad del obispo? Desde 1991-1992, los rumores de levantamiento eran constantes. El asesor teológico de la diócesis, el padre Carlos Bravo SJ, condenó el recurso a la violencia y don Samuel estuvo muy claro en su condena de todo levantamiento. Concluyó que si el pueblo decidía la guerra y se equivocaba en esa forma, no quedaría más camino que estar con él, como monseñor Romero.» (Jorge Santiago a Jean Meyer, San Cristóbal, 11 de junio de 1999)

«Con todo, el obispo sí deseaba que la diócesis hiciera un deslinde público y formal respecto de la guerrilla, en 1993. Ésta fue su posición en la Asamblea Diocesana de ese año. La Asamblea, con todo, decidió en contra de la opinión y petición del obispo. El argumento era que si el mismo gobierno de Carlos Salinas estaba negando la existencia de la guerrilla, la diócesis se vería forzada a probar su dicho y ello desencadenaría con seguridad una represión cruel contra todos los pobres.» (padre Felipe Toussaint, 10 de junio de 1999)

Aquella asamblea fue difícil y dolorosa. Hubo agentes de pastoral cuyos compañeros o compañeras habían apoyado al movimiento armado o, cuanto menos, habían simpatizado con él. Esto provocó gran aflicción, si bien parece que incidió en una consecuencia conveniente, pues todos tomaron conciencia de las dimensiones que la crisis social chiapaneca tenía entonces. Hacia 1988 y 1989, cuando estaba por formarse el Centro de Derechos Humanos de la diócesis, una agente de pastoral agradeció a un luchador social de la ciudad de México que no mencionara la no violencia, pese a que este luchador se distinguía por seguir dicha corriente; ya en 1993 la inclinación gandhiana y no violenta de la diócesis era mucho más acendrada y casi lograron que la asamblea resolviera condenar en términos muy enérgicos el recurso a las armas. Cuando los zapatistas declararon la guerra la diócesis pudo coincidir —sin mayor problema— con el obispo en su decisión de que el deber de la Iglesia era acompañar al pueblo, estuviese o no equivocado (Felipe Toussaint y Jorge Santiago a Jean Meyer, 10 y 11 de junio de 1999).

Añade puntualmente Federico Anaya:

«Si bien la verdad histórica sólo podrá esclarecerse definitivamente pasados más años, me parece necesario hacer público y mostrar desde ahora esta faceta extraña de la Iglesia de San Cristóbal: pese a las taras medievales y hasta más antiguas que ha tenido esta Iglesia particular, pese a los fundamentalismos más o menos graves en que ha incurrido e incurre, al menos ha encontrado un mecanismo de discusión y debate que le permite socializar, deliberar y digerir muchos temas complejos y ardientes que habrían quebrantado a otras congregaciones.

»La cuestión de la guerra no fue sólo debatida en los altos círculos diocesanos. Las organizaciones sociales, que fueron invitadas a la Asamblea del Pueblo Creyente de 1993 lo hicieron también. La declaración final del obispo en esta Asamblea, y en la diocesana del mismo año, indican que el tema de fondo era la inminente guerra. Por otro lado, desde 1992, las asambleas comunitarias en Las Cañadas y otras regiones con presencia zapatista, habían discutido el tema. Varias fuentes me confirman que Pablo Iribarren recorrió las cañadas de Ocosingo detrás de Marcos, predicando en contra de la guerra y que, en una comunidad, el caudillo militar se detuvo a esperar al fraile y ambos sostuvieron frente a la asamblea del lugar un fascinante debate sobre la guerra y la paz. En el área tojolabal, los hermanos maristas se opusieron también a la guerra. Lagrange y Rico narran parte de esta historia, siguiendo los testimonios que les proveyó el hermano Petul, de la misión de Guadalupe. He hallado que el superior de dicha misión, David Méndez, sostuvo un debate similar al de Iribarren con Marcos, en una comunidad de Las Margaritas, en donde los mandos zapatistas eran presididos por Tacho. La diócesis, como se ve, se enfrentó con todo lo que pudo a la opción "guerrerista". Es destacable que Samuel Ruiz haya llevado a San Cristóbal de Las Casas, en 1991, la celebración de la Primera Asamblea del Movimiento Ciudadano por la Democracia (MCD), que el doctor Salvador Nava acababa de fundar en San Luis Potosí. Me parece que ésta era una manera de demostrar a los "guerreristas" que había otras opciones y que la diócesis y sus posiciones antiguerreras tenían apoyos en todo el resto del país.» (a Jean Meyer, 30 de abril de 2000)

¿Estaba perdida toda esperanza de evitar la guerra? A lo largo de 1992 se multiplicaron los acontecimientos favorables a la vía opuesta: los salvadoreños habían signado, por fin, los acuerdos de paz en Chapultepec, comunidades enteras abandonaban el EZLN luego de la ruptura entre Marcos y Slop, en marzo se llevaba a cabo la gran marcha pacífica XiNich, organizada por el jesuita Jerónimo Hernández (encarcelado en varias ocasiones), y acaso los jesuitas estaban considerando la idea, aunque no está comprobado, de fundar un partido indígena que habría dirigido las energías al terreno electoral. Sin embargo, en 1993 los acontecimientos tomaron otro rumbo. Patrocinio González Garrido dejó el gobierno del estado para adoptar, en enero, en la Secretaría de Gobernación, una política de mano dura y hostigamiento contra la diócesis, justo cuando ésta hacía lo imposible para detener al Ejército Zapatista. La reforma al artículo 27 constitucional, que convenció a muchas personas de alistarse con Marcos, la disminución constante del precio del café durante tres años, la crisis de la ganadería local, una veda forestal que no afectaba a las compañías madereras pero sí severamente a las comunidades, constituyeron otros tantos factores negativos.

En marzo de 1993 dos oficiales fueron muertos y sus cadáveres descuartizados y quemados. Lo que siguió es aún muy confuso para el historiador. El ejército arrestó a varios indígenas, los cuales, si no eran culpables, sin duda conocían a los culpables. Don Samuel actuó enseguida afirmando su inocencia y acusando al ejército de violar los derechos humanos. Su intervención logró la libertad de los presos, lo que provocó la indignación, en privado, de algunos amigos del prelado, quienes sabían, pues era un secreto a voces en San Cristóbal, de la existencia de la guerrilla y de su responsabilidad en el crimen (aunque después estas mismas personas se entusiasmaran con Marcos). Precisamente en esa época Samuel Ruiz estaba renovando la composición del equipo del Centro de Derechos Humanos Fray Bartolomé, despedido en febrero de 1993.

Este incidente tuvo muchas consecuencias: la comprensible irritación del ejército y la precipitación de los acontecimientos. En efecto, entre otras, la reacción de los militares en un campamento del EZLN, en Las Calabazas, sierra de Corralchén, el 23 y 24 de mayo de 1993*. Casualmente ese suceso coincidió con un encuentro campesino convocado por la ARIC, cuyo presidente era Lázaro Hernández, el

* Remítase el lector a la descripción puntual de este suceso en los Apéndices (p. 227).

líder religioso de Las Cañadas ya mencionado. Allí, públicamente, ante mil quinientas personas, en el ejido La Unión,
el *tuhunel* de *tuhuneles* confirmó el deslinde absoluto entre
la diócesis y el movimiento armado. La reunión había sido
alentada y apoyada por Pablo Iribarren. Ya en esa fecha se
sostiene que don Samuel visitaba personalmente las comunidades acompañado de otros sacerdotes para ordenar a la
gente que no alimentara a la guerrilla. Se trataba de impulsar la vía del diálogo como solución a los problemas.
Después sobrevino el escándalo ocasionado por el relato
del padre Mardonio, dado a conocer en *Proceso* el 13 de septiembre de 1993.

«En 1993 escribí un texto, antes de la guerra, tratando de
salvar a don Samuel, falsamente acusado de meter armas a
Las Cañadas. Me eché encima toda la diócesis, hasta la fecha.
Don Samuel no se molestó con el artículo; pero él estaba justo buscando el registro de la diócesis y el secretario de Gobernación, Patrocinio, no quería y lo apoyaba Prigione. Don
Samuel se quedó preocupado porque con este artículo su proyecto se le venía abajo. Acá el equipo me apoyó, pero los otros
me consideraban traidor.» (Mardonio Morales a Jean Meyer,
Bachajón, 9 de junio de 1999)

¿Qué sostenía el padre Mardonio en su deseo de defender
al obispo, y desesperado por impedir el levantamiento?

«Lacandonia. Desde el corazón de la selva chiapaneca, el
sacerdote jesuita Mardonio Morales, quien lleva más de treinta años en la región, asegura que la existencia de guerrilleros
es un hecho no de ahora, sino por lo menos de hace ocho
años. Cuenta que la semilla ideológica fue sembrada desde
1974 por el Grupo Torreón y dividió a la Iglesia.
»Menciona que hubo grupos "ideologizadores", que siempre actuaron con dos caras, y entre ellos estaban el Partido
Socialista de los Trabajadores (PST); la organización *Quiptic
ta Lecubtesel;* la Unión de Uniones Ejidales y Grupos Campesinos Solidarios de Chiapas; las Asociaciones Rurales
de Interés Colectivo (ARIC), formadas por la Unión Nacio-

nal de Organizaciones Regionales Campesinas Autónomas (UNORCA); la Organización Campesina Emiliano Zapata (OCEZ) y la Alianza Nacional Campesina Independiente Emiliano Zapata (ANCIEZ).

»Todos ellos, explica, influidos por el grupo norteño de Política Popular, conocido como los *Pepes* o Línea Proletaria, cuyas cabezas fueron Adolfo Orive, actual director de Capacitación de la Confederación Nacional Campesina (CNC), y Hugo Andrés Araujo de la Torre, diputado del PRI y líder de esa central.

»El padre Mardonio, que ha pasado la mitad de su vida entre los indígenas de la selva, no tiene dudas: el origen del movimiento armado en Chiapas está en el grupo que se dio en llamar también "Línea de Masas", el cual infiltró a la Iglesia, aunque después les hicieron a ellos lo mismo organizaciones más radicales.

»Dice que hay sacerdotes que optaron por el camino violento, pero explica que la clave está en la forma en que se originó la mentalidad de la guerrilla, a la que no se debe sacar de un contexto de extrema pobreza, de cercanía con los guerrilleros guatemaltecos y de actividad cada vez más fuerte del narcotráfico en la selva.

»El jesuita, de barba blanca y gruesos lentes, teme que utilizando el pretexto de la existencia de grupos armados, el gobierno vaya a desatar una represión generalizada contra los indios para destruir las organizaciones pacíficas independientes y toda la labor que ha hecho la Iglesia comprometida con los más pobres.

»"La preocupación es cómo va a quedar la imagen de don Samuel Ruiz, obispo de San Cristóbal de las Casas, quien siendo una figura que mantiene la denuncia sobre la explotación de los pobres, es acusado de ser el autor de todos estos procesos. Ahora, con la campaña publicitaria de Solidaridad, han querido calmar el descontento, pero como don Samuel mantiene su actitud, es difamado con mayor fuerza para deslegitimar su trabajo, aprovechar la nueva relación Iglesia-Estado y descalificar a los obispos comprometidos.

»"El mensaje es que Solidaridad es mejor que la Iglesia comprometida. Se está aprovechando esta situación de conflicto para descalificar la actividad pastoral del obispo, quien por llevar treinta años generando procesos de organización y de rescate del indígena, es visto como peligroso".

»Precisa que Samuel Ruiz ha denunciado la existencia de los grupos violentos, "pero es muy cuidadoso y no puede dar nombres. En conversaciones que tenemos, nos transmite su preocupación, y dice que están equivocados, y que su pensamiento es totalmente contrario al de ellos".

»Mardonio Morales cuenta los antecedentes de lo que en este año ha desembocado en ataques al ejército, y se refiere al hallazgo, en la selva, de campos de adiestramiento de guerrilleros. (*Proceso*, 866 y 877).

»"Al no estar yo ahí, el movimiento agrario fue entregado al PST y las cooperativas, más de ochenta, fueron dadas a la Conasupo. A mí me hicieron a un lado; incluso estaban planeado sacarme de la diócesis. Fue cuando en junio de 1980 se produjo la matanza de Golochán, en la que por lo menos murieron cuarenta campesinos. Su política consistía en entrar a todas partes. Primero lo hicieron en Ocosingo, luego en la región de Las Margaritas, que es el sureste y paralelamente, en Sabanilla, donde estaba el sacerdote que había coordinado el congreso de los choles. Toda esa región la fueron metiendo en lo que ellos llamaban 'la organización'.

»"Su objetivo era controlar a todos los agentes de pastoral. La zona tzeltal llegó a estar totalmente dirigida por ellos. Tenían sesiones secretas en la región de Ocosingo y Comitán. Ahí estaban Jorge Santiago, de los nuevos de Bachajón; Chema Castillo, Carlos Tapia, Alejandro Buenrostro. En esas reuniones secretas organizaban la manera de controlar las asambleas de la diócesis.

»"Seguían el sistema de Política Popular, es decir, que partían del principio de que la asamblea era la que resolvía todo. No había jefes, ni directores; incluso cuestionaban la autoridad del obispo. Lo que resolvía la asamblea era lo que se hacía.

»"Lo que nosotros no sabíamos era que se ponían de acuerdo para manipular las asambleas, incluyendo a jesuitas, dominicos, misioneros del Sagrado Corazón y el clero secular.

»"Rápido se extendieron a toda la selva. Si una comunidad católica que entraba a la Iglesia no estaba de acuerdo en su totalidad con 'la organización', la excluían, le negaban los sacramentos. Para poder recibir el bautismo o el matrimonio, tenían que pertenecer al grupo fundado por los norteños. Esto dividió a las comunidades y muchas se hicieron protestantes. Con este sistema de control de las asambleas sacaban acuerdos que eran sacrosantos y que se debían seguir. Por lo pronto, a nosotros, para alejarnos, nos llamaban 'discordinados', porque no nos sujetábamos a sus indicaciones."

»Según Mardonio Morales, uno de los puntos que más atacaron los infiltrados fue el de la Iglesia autóctona. El obispo Samuel Ruiz preguntó a las comunidades cómo veían la acción pastoral, qué tan opresora la notaban. Los integrantes de las comunidades respondieron que se sentían excluidos del sacerdocio, que ellos no podían conducir su propia Iglesia, pues siempre estaban sujetos a gente de fuera.

»Los indígenas lo formulaban así: "Ustedes acaparan al Espíritu Santo y no dejan que ningún indio entre a formar parte de los encargados de la comunidad cristiana". Ante ese reclamo, en 1975 se inició el proceso del diaconado indígena.

»En un principio, los integrantes de Política Popular respaldaron la idea, pero como ellos proponían una Iglesia más horizontal, sin autoridades que impusieran sus puntos de vista, dijeron que el diaconado venía de arriba, que era como darle poder al indígena sobre su comunidad, y era lo que había que evitar. A lo más que se podía llegar, según ellos, era a ministerios temporales y rotativos, para que todos tuvieran la opción de ejercer el cargo. Se les respondía: "Bueno, entren también ustedes como sacerdotes y dejen el poder", lo que nunca aceptaron.

»Los norteños combatieron el movimiento, pero la Iglesia autóctona siguió, aunque ellos trataron de que se apagara, no atendiendo a los prediáconos: "No se les daban cursos, jamás se les indicaba cómo hacer las ceremonias o trabajar. No tenían ninguna asistencia. Se les trataba como simples catequistas", recuerda Mardonio Morales.

»En 1979, Morales tuvo que salir por un año de la selva para traducir el Nuevo Testamento a la lengua tzeltal. Al regresar, el prediaconado marchaba y había más solicitudes para que el obispo nombrara a gente con la suficiente autoridad para administrar los sacramentos. Sólo que la asamblea tzeltal era la que decidía.

»"Esa era su forma de pensar y esos los métodos que se seguían. Nos expulsaron de la zona tzeltal. Pero desarrollamos nuestra labor en otras zonas".

»Mientras tanto, la labor económica y política en las regiones selváticas de Ocosingo y Las Margaritas seguía adelante.

»"No sabemos en qué momento exacto entraron la Organización Campesina Emiliano Zapata y la Alianza Nacional Campesina Independiente Emiliano Zapata, que son de tendencia extremista y se apoderaron del movimiento de los norteños. Supimos que poco a poco los asesores del norte se fueron retirando. Parece que la OCEZ y la ANCIEZ son lo mismo, con distintos nombres y frentes".

»De acuerdo con el jesuita, dentro de estas organizaciones hay dos tendencias: una muy radical, y otra que señala que todavía no es el momento del levantamiento armado. Asegura que a principios de este año tuvieron una reunión para resolver las diferencias en la concepción. La consigna era no separarse, cualquiera que fuera la resolución:

»"Si se resolvía que todavía no era el momento adecuado acataban la orden, y si era lo contrario, entonces todos jalaban parejo. Y la resolución fue que era el momento."

»–¿Cómo sabe eso?

»–Bueno, pues se sabe por lo que se ve y los datos que da la gente.

»–¿Qué dice la gente?

»Habla de "la organización", de la OCEZ, y también de que estaban esperando a ver cómo se resolvían las diferencias.

»"Puede que la OCEZ y la ANCIEZ hayan tenido trayectorias distintas, pero finalmente se unieron. De hecho son las máscaras que utilizan los más radicales, como la *Quiptic ta Lecubtesel*, la Unión de Uniones, las ARIC, organismos de tipo más económico y social. Ese es el medio por el cual involucran a la gente en la organización.

»"Se van desarrollando como cooperativas, uniones ejidales o centros de producción, según las necesidades de la región. Y sobre esto viene ya toda la ideologización de la lucha política, particularmente violenta, y la preparación para eso.

»"Cuentan con una red de asesores de tipo económico y de organización. Con ello tienen a la gente en la mano. Y con esta careta han organizado también toda la cuestión de las radios, que es la forma en que se encuentra comunicada la selva entera, hecho al que, sin querer, también contribuyó don Samuel".

»–¿Por qué el obispo Samuel Ruiz nunca se dio cuenta de esto?

»–Mi pensamiento personal es que don Samuel veía en todas estas organizaciones un avance real en el mejoramiento de la gente. Él sólo observaba la máscara, no lo que había detrás. Creo que en gran parte se fue con la finta. Es decir, pensó que era una organización económica, social, con base en la pastoral de la diócesis. Y de repente se dio cuenta de que existía toda una organización militar.

»"Lo ha denunciado claramente: 'En la diócesis hay gente comprometida con la cuestión política, con la cuestión armada. Agentes de pastoral que están —nunca dice nombres— comprometidos en cuestiones políticas, y eso es algo que yo no puedo aceptar'. Lo ha dicho claramente. Ahora, yo creo que la situación lo rebasó. Pero de ahí a concluir que él fue el organizador, es otra cosa."

»–¿O sea que fue toda una estrategia para aprovecharse del trabajo que había realizado la Iglesia?

»–Sí, y contar con el apoyo de la Iglesia también. Engañaron a don Samuel y a otras personas. De hecho, ahora, los padres de Ocosingo también están ya muy alarmados y no saben cómo hacerle, porque el pueblo les dice: 'Ustedes nos metieron en la organización, y ahora se salen, pues qué sentido tiene'.

»Dice que también se produjo una gran división entre jesuitas y dominicos, y entre los jesuitas mismos: "Eran dos líneas totalmente opuestas, irreconciliables. Los culpables de esta fragmentación son los del Grupo Torreón."

»Sostiene: "Creo que las actividades de tipo guerrilla vienen desde entonces. Reflexionando, se da uno cuenta desde cuándo se estaba preparando todo para una organización violenta".»

En el número siguiente de *Proceso* (20 de septiembre) el padre Gonzalo Ituarte, responsable de la misión de Ocosingo y hasta 1987 vicario general de la diócesis, desmintió al padre Mardonio Morales en el sentido de que algunos sacerdotes y agentes de la pastoral social estaban involucrados en actividades guerrilleras en la selva. «Hay noticias de gente armada en Chiapas, pero este hecho no puede atribuirse a quienes hemos participado predicando el Evangelio, que está fundado en la entrega, la solidaridad y la hermandad.»

El ejército había recibido la consigna de negar, ya entonces y contra toda evidencia, la aparición de la guerrilla. Durante esos días precisamente, Marcos desbancaba al comandante Germán y quedaba como jefe único del EZLN; también en esas fechas el nuncio Prigione comunicaba a la prensa nacional la noticia de que la Santa Sede se disponía a investigar la conducta del obispo Samuel Ruiz a causa de sus posibles faltas graves a la disciplina, doctrina y concepción pastorales. La Conferencia del Episcopado Mexicano hizo pública su inconformidad y muy pronto se gestó un movimiento nacional e internacional de apoyo al obispo. El día que el cardenal Echegarray, secretario de Estado de la Santa Sede, recibió a don Samuel, resultó claro que el nuncio y el secretario de Gobernación habían perdido. Marcos se hallaba presto para el levantamiento, previsto al término de la cosecha. El 28 de diciembre dio inicio la movilización en Las Cañadas. Los acontecimientos posteriores son de sobra conocidos.

¿El comandante Sam?

Se ha dicho y escrito repetidamente que don Samuel es responsable del todo, o al menos en parte, del levantamiento. Emilio Rabasa, coordinador del suspendido diálogo con el EZLN y vocero del gobierno federal, así como otros analistas gubernamentales deslizan que la guerra se debe menos al Ejército Zapatista que al obispo y a sus «agentes de pastoral» (*La Jornada*, 6 de mayo de 1999). El presidente Ernesto

Zedillo, en su gira por Chiapas, hizo referencia, el 29 de mayo de 1998, a una «pastoral de la división» y a una «teología de la violencia» como factores determinantes. El primer mandatario aludía quizás, pues no ha sido entrevistado, a un texto anónimo que circulaba entonces en Chiapas y que justificaba la lucha armada con citas de *La Biblia*. Se afirma que el obispo Felipe Arizmendi escribió a Samuel Ruiz (aunque no tengo copia del documento) a propósito de dicho texto, señalando que se difundía en la zona de la Sierra Madre de la diócesis de Tapachula, que provenía de San Cristóbal y que, con base en él, cierta gente intentaba fundar municipios autónomos. Recomendaba a don Samuel declarar públicamente que se deslindaba de ese folleto ya que no tardarían en atribuírselo. Así fue.

La campaña contra el obispo Samuel Ruiz no ha cesado. Marco Levario afirmó recientemente en *Chiapas, la guerra en el papel* (1999) que «el obispo guanajuatense, insisto, también es responsable de la mística revolucionaria, de la justificación de la violencia que cobraría la ilusión de no pocos indígenas chiapanecos» (p. 181). Baste decir que una sección se intitula: «Luego, como Poncio Pilatos».

María del Carmen Legorreta Díaz (1998), si bien incluye la religión en su título, es más equilibrada en sus juicios:

«Es imposible explicarse la penetración de una organización político-militar en esta región sin el apoyo de la estructura religiosa; igualmente, resulta imposible explicarse el porqué dicha estructura y el mismo discurso evangelizador se pusieron al servicio de una propuesta de insurrección armada, fuera del contexto político e ideológico internacional y centroamericano.» (p. 163)

Propongo responder «sí» a la primera y a la tercera proposiciones y «no» a la segunda («se pusieron al servicio...»). La propia autora distingue cinco condiciones que «determinan» la integración del Ejército Zapatista en las comunidades de Las Cañadas: 1. La oferta de la lucha armada; 2. la cerrazón y el autoritarismo del gobierno estatal; 3. «el respaldo de los agentes de pastoral al trabajo político-militar de las FLN, que llevó a que el mismo discurso evangelizador se pusiera al servicio de la propuesta de insurrección armada»; 4. la crisis de la dirección de la Unión de Uniones; 5. la integración del movimiento armado organizada por caciques; etcétera (pp. 164-165). Sin embargo, la acción de la diócesis, en todo caso, sólo es un factor entre cinco y no está en primer lugar. En descargo se podría citar al nuncio Justo Mullor:

«Rechaza Mullor que Samuel Ruiz haya sido el creador de la guerra en Chiapas.

»Es falso que el obispo de la diócesis de San Cristóbal de las Casas, Samuel Ruiz, haya sido el creador de la guerra en Chiapas, señaló el nuncio apostólico en México.

»Justo Mullor García advirtió que la guerra tiene cinco años y el obispo tiene cuarenta en aquella diócesis, entonces, en treinta y cinco años no la ha hecho él, "esto ya es seguro".

»Durante un desayuno con representantes de diversos sectores de la sociedad huasteca, el representante del papa Juan Pablo II en el país explicó que "hay testimonios escritos de que (por los años setenta) el maoísmo propuso a don Samuel Ruiz que ellos harían la labor política y que él efectuara una obra religiosa de transformación en el país, y lo escogieron porque él forma catequistas, había formado gente con mayor conciencia, esto lo tiene por escrito", aseguró.

»"Y uno de los que le proponían a don Samuel Ruiz, esto es, un señor que ha ocupado un cargo importante oficialmente; "no hablamos de nombres por no hacer política, pero ese señor sabe muy bien que don Samuel rechazó esto", dijo.

»"Luego llegó alguien que ha nacido por estas tierras, un poquito más abajo, más hacia Tampico, los zapatistas, y también lo mismo, y se creó, pues, lo que se creó", denunció Mullor García.

»Comentó que, después, el Estado y los zapatistas quisieron que don Samuel fuera intermediador, y le ha pasado lo que le pasa a todo intermediador: "Se ha puesto en medio, como un sándwich, y le han dado palos por una parte y por otra".

»Reconoció que después de lo que pasó se le recomendó a don Samuel Ruiz que se separara un poco de esas cosas políticas, dejando entonces la Comisión Nacional de Intermediación, y han pasado varios meses desde que él no habla al respecto y el problema está insoluto; entonces, el problema no es solamente de él.

»Consideró que la Iglesia católica contribuyó a calmar un poco las aguas, y que "estamos de acuerdo en ayudar, pero deben contribuir el gobierno y los zapatistas, y hay otros actores que están en la penumbra que también deben contribuir", expresó.»

Sin embargo, como se podría poner en duda el valor de tal declaración o, al menos, menoscabar su relevancia, dada la función diplomática y la línea irenista de quien la pronunció, baste citar al subcomandante Marcos en el mismo sentido:

«El campo político en donde entra el zapatismo a construirse es un campo ocupado, no hay vacíos; lo dejó vacío el poder del Estado y lo llenaron la Iglesia y las organizaciones no gubernamentales (ONG), pero las ONG cristianas [...]. Esta es una influencia que las comunidades *permean y filtran* para producir otra cosa que *no tiene nada que ver con la catedral*, ni siquiera con la parroquia.» (subrayado por Jean Meyer; Le Bot, 1997, p. 326)

El historiador no puede dejar de recordar a Francisco «el Grande», monseñor Orozco y Jiménez, el controvertido arzobispo de Guadalajara durante los años del conflicto religioso, puesto que antes, como obispo de San Cristóbal, había sido acusado de provocar el levantamiento chamula instigando al jefe de sus catequistas. Este historiador no ha investigado personalmente dicho episodio y por eso no es posible desarrollar una comparación con el otro obispo de la misma diócesis, también acusado de organizar un «ejército catequístico...». Sin embargo, parece justificado traer a guisa de ejemplo la Cristiada. Resulta que el gobierno federal quedó tan convencido de que «el Chamula» era el comandante supremo de la Cristiada, el superior del general Gorostieta, una suerte de «templario», que pidió, a la hora de los acuerdos de junio de 1929, que saliera del país por un tiempo.

¿Fue responsable don Francisco del gran levantamiento cristero? ¿Su discurso evangelizador se puso al servicio de una propuesta de insurrección armada? No cabe duda de que el impulso entusiasta y eficiente que confirió al desarrollo de la Acción Católica, del sindicalismo católico y, finalmente, de la Unión Popular (UP, lo que María del Carmen Legorreta llama «la estructura religiosa»), contribuyó en buena medida a la superioridad de organización de los cristeros en el occidente de la República Mexicana. Él también contribuyó a crear, entre 1913 y 1925, «un amplio movimiento social» del que se aprovechó después la guerrilla. Se manifestó en contra de la suspensión de los cultos y explicó a sus colegas que eso podía orillar al pueblo a la guerra y le dio instrucciones terminantes al maestro Anacleto para impedir que la UP participase en ella. Pero una noche Anacleto llegó corriendo, sin aliento, a decirle: «¡Se nos fueron los bueyes!». La UP participó en la guerra contra la voluntad de su dirigente (el *tuhunel* de los *tuhuneles* de Jalisco) y la del arzobispo. ¿Acaso es culpable de que la «concientización» haya alcanzado tanto éxito? ¿De que los laicos, bien organizados, hayan elegido su propio camino? ¿No existe un paralelo impresionante entre Jalisco en 1926 y Chiapas en 1994? Don Francisco, lanza en ristre, entró en conflicto con los gobernadores y se ganó la fama de beligerante paladín de la Iglesia, aunque estuvo en contra del levantamiento. Sin embargo, cuando empezó la guerra decidió que era deber propio y de su clero acompañar al pueblo. Lo hizo a lo largo de toda la Cristiada.

En suma, se puede afirmar con María del Carmen Legorreta:

«Es claro que toda la clase política chiapaneca es la principal responsable de la situación de violencia y de conflicto que se vive. Es la responsable de propiciar lo que llevó a los indígenas de Las Cañadas y Los Altos a la adopción de una oferta violenta […]. Lo que se debe remediar son las condiciones que llevaron a la población indígena a involucrarse en semejante proyecto suicida. En esto el Estado mexicano tiene una responsabilidad total.» (*Enfoque*, 7 de marzo de 1999)

1994-1998: la mediación

«La violencia no resuelve nada sino agrava. Por desgracia, se ha confirmado esto. Hoy, el EZ está en la resistencia no bélica, la nuestra, nos da la razón. Nosotros nos metimos de lleno al diálogo. El padre Jerónimo Hernández, el organizador de esa maravilla que fue la marcha XiNich, una maravilla que no consiguió nada,* fue nombrado por Marcos asesor en los diálogos de San Andrés. Seguimos, los jesuitas, en la resistencia contra los métodos del EZLN, sin entrar en choques, sin dividir a las comunidades. Eso le ha costado la cárcel al padre; no es cosa personal, es línea de la compañía de Jesús.» (Mardonio Morales a Jean Meyer, Bachajón, el 6 de junio de 1999)

Al día siguiente del levantamiento Samuel Ruiz ofreció su mediación y aceptó presidir la Comisión Nacional de Intermediación (CONAI), acompañado por el padre Gonzalo Ituarte OP. Se encontró, entonces, en la situación de aquellos prelados de los siglos X y XI que inventaron la paz de Dios, la tregua de Dios y las denominadas instituciones de paz.

¿Clericalismo, otra vez? Sí. En ausencia de Estado, como en la alta Edad Media, le corresponde al obispo luchar para la concordia. Es preciso recordar que, en ese entonces, el movimiento de la paz que se gesta en Elne, país catalán del sur de Francia, recibió el apoyo de Roma. Se ha reprochado

*«La declaración del padre Mardonio acerca de jXel (Jerónimo Hernández) debe meditarse, pues "esa maravilla que no consiguió nada, XiNich, es la organización de base que le disputa al EZLN la hegemonía en las comunidades del Palenque oriental, al este de Chilón y el corredor de Santo Domingo en Ocosingo. Era interesante ver cómo, entre 1995 y 1997, mientras jXel era asesor del EZLN, en las comunidades xinicheros y zapatistas se disputaban el poder local. En más de una ocasión a mí me tocó ver casos en que los zapatistas cometían alguna "acción directa" y luego se retiraban, dejando que las fuerzas policiales o militares arrestasen a los de XiNich. Esta contradicción entre una alianza en la cumbre (Marcos nombra a jXel asesor) y pugnas en las bases explicaría la frase de Mardonio en sentido de que "seguimos, los jesuitas, en la resistencia contra los métodos del EZLN" aunque no me queda claro que esto sea "sin dividir a las comunidades".» (Federico Anaya a Jean Meyer, 30 de abril de 2000)

al obispo Samuel Ruiz haberse comprometido en ese intento, vano, de mediación y de haber implicado, igualmente, a la Iglesia. Quiso detener la represión, una ofensiva del ejército que se antojaba inevitable y que habría devastado a la diócesis, como la guerra que había asolado al vecino Quiché unos años antes. Ese día actuó con responsabilidad, al igual que el presidente Carlos Salinas de Gortari que, al instante, decidió no aniquilar a los rebeldes, los cuales se hallaban, en ese preciso momento, a descubierto, en situación de sufrir bajas atroces. Semejante éxito militar le habría costado tanto a Chiapas y al país que es mejor callar. El obispo, el presidente de la república y Manuel Camacho Solís, en esos días de enero y febrero de 1994, hicieron lo que debía hacerse. Después..., después sobreviene el desastre que ya es imposible historiar, pues transcurrirán muchos años para conocer lo que sucedió. Un silencio denso impera.

«La obsesión gubernamental (contra la Iglesia) ha crecido al paso de la actuación de don Samuel como presidente de la Comisión Nacional de Intermediación y la interpreta como parcial, por estar a favor del EZLN. Hubo, en efecto, cierta ambigüedad en la posición de don Samuel, porque éste, además de fungir como cabeza de la CONAI, no dejaba de ser obispo de su diócesis. Y, en esta calidad, estaba obligado a defender las ideas y opiniones que habían sido suyas durante los últimos veinte años y estaban expresadas con toda claridad en su carta de 1993. Le era imposible no identificarse con las demandas de los rebeldes porque eran las de los indígenas», escribe Jan de Vos (1999, p. 28).

Participó en la CONAI para defender a la diócesis y a su grey; se retiró por la misma razón cuando su presencia resultó obviamente perjudicial; además de que la Comisión no servía de nada, ya que, como le contestó en alguna ocasión Adolfo Orive a un hombre de buena voluntad según cuenta Carlos Montemayor, «¿Pero, quién quiere la paz?». La renuncia devolvió al obispo al ámbito eclesiástico, al que pertenece por vocación y oficio. Lo cual no implica que haya dejado de intervenir en la arena política. Lo quiera o no, él representa un poder político, la Iglesia católica y las iglesias protestantes siguen ocupando espacios políticos, dado que no existe lo que pueda llamarse un gobierno y tampoco una sociedad civil. No es una situación ideal que los pastores (católicos y protestantes) se ocupen de lo que debería hacer el pueblo laico. Ya tocará el turno a éste. Pero culpar de semejante situación a un solo hombre, al obispo, es honrarlo en exceso y cometer cierta injusticia. Por honradez se debe ejercer otra suerte de crítica. Si bien es verdad que Samuel Ruiz y la mayoría de sus colaboradores hicieron lo imposible por prevenir el levantamiento, no es menos cierto que la opción armada, como ya se ha señalado, entusiasmó a varios. Uno de ellos señala:

«La mayor parte de los agentes de pastoral apoya al EZLN, no lo rechaza. Se busca un México diferente. El sentir general nuestro, desde 1991 y los rumores, era que las guerrillas habían pasado a la historia y que no había salida por ese lado. Castrismo, sandinismo, decepciones. Nadie de nosotros incitó, predicó a favor del levantamiento. Sin embargo, los indígenas mostraron cuan tercos son. Nos dicen que sí, por falta de argumentos intelectuales, pero hacen lo que quieren. Así fue y nos dieron una lección. Lo hicieron con un mínimo de muertos, de violencia. Fue una cosa enormemente positiva, pero la apuesta era que iba a ser corta la cosa y ya la gente se cansa. Las comunidades están terriblemente divididas, desde 1995-1996. Sí, hay deserciones, lo digo con los pelos de la burra en la mano y me duele. Creo, creemos en colaborar con ese movimiento apoyado por gente lúcida, como Galeano, Pablo González Casanova, Saramago, nada de estalinismo. Es cierto que muchos católicos piden sacerdotes en una línea que no sea la de la diócesis, no quieren esa línea del compromiso con los pobres, por lo mismo pueden fácilmente pasar al protestantismo. El gobierno los apoya con escuela, carreta, clínica.» (X a Jean Meyer)

A la pregunta sobre la acusación de que olvidan a los no indígenas, el mismo interlocutor responde:

«Entiendo su molestia, porque nuestro discurso termina amenazando su situación. Nos convertimos en enemigos de ellos, sin quererlo. Ellos no se vuelven protestantes, son católicos conservadores, no practican porque cada homilía habla de justicia, de dignidad. ¿El levantamiento de 1994? Nuestra responsabilidad es indirecta y si es culpa, yo diría "feliz culpa" de la Iglesia.»

Otro participante señala en este mismo tenor que

«Nos acusan de haber formado los cuadros del EZ: De hecho, formamos todo, los cuadros del PRI, del gobierno, del Partido del Trabajo (PT), del PRD, hasta los pastores de las sectas, todo en Chiapas es o ha sido de la Iglesia. El Ejército Zapatista se llevó nuestros mejores cuadros, es cierto. Todo había sido en vano, el PRI, las cooperativas, las marchas, la línea maoísta. Me admiré de la fecha, cuando Centroamérica abandonaba la guerrilla, no lo podía creer; pero sí, funcionó. Treinta años de trabajo pastoral despertaron el espíritu crítico en las comunidades y, luego, ellas no nos hicieron caso cuando se les dijo de no seguir al EZLN.» (Y a Jean Meyer)

Carlos Tello (1995, p. 205) no está equivocado cuando escribe:

«Los vínculos de Marcos (en enero de 1994) con el exterior comenzaban a crecer con el apoyo de la diócesis. La diócesis, distanciada de las FLN desde fines de los ochentas, estaba ahora cautivada por el éxito del EZLN. Le tenían un poco de envidia a los guerrilleros. Negaban en público sus lazos con ellos, pero en privado...»

Aunque fueran patentes las fricciones —como cuando concluyeron los encuentros para la paz en la catedral de San Cristóbal y don Samuel creyó, con razón, que todo quedaba resuelto y que Marcos lo había dejado «colgado de la brocha»—, la actitud del obispo contribuyó mucho a reforzar la simpatía internacional por el Ejército Zapatista. Su mera neutralidad

111

permitió la llegada de cuantiosos fondos católicos para Marcos procedentes de Alemania, y los campamentos de la paz organizados por el Centro Bartolomé de las Casas, que no eran una mala idea en sí misma, atrajeron a toda una muchedumbre internacional. Quizás el obispo previó utilizar la amenaza zapatista con objeto de presionar al gobierno, hacer expeditas las reformas y cumplir con su proyecto social; sin embargo, lo único que consiguió fue irritar (¿aún más?) al gobierno, el cual era incapaz de distinguir qué hacía Marcos y qué la diócesis. Por ejemplo, en el caso de los invitados a las negociaciones de San Andrés, el gobierno no sabía con quién estaba tratando, quién era invitado de quién. Esa ambigüedad, tácticamente comprensible, molestó a algunos colaboradores del obispo:

«¿Cómo, después de haber predicado tan duramente contra el EZLN, encontrarse de repente a su lado? ¿Por qué haber atacado a Lázaro Hernández, entonces presidente de la ARIC, el ex *tuhunel* de *tuhuneles*, cuando se presentó por una diputación federal por el Revolucionario Institucional? ¿Por qué no haber denunciado públicamente las exacciones del EZLN, cuando expulsó a decenas de miles de personas de su zona? ¿Cuando maltrató y hasta mató a compañeros que diferían? División y más división, es lo único que se logró.» (Z a Jean Meyer)

María del Carmen Legorreta ofrece su interpretación: la «alianza entre Marcos y la diócesis», después del levantamiento, se debe al hecho de que eso le permitía «golpear al Estado y preservar e incluso acrecentar su espacio político» (1998, p. 322), y continúa:

«Para la diócesis y el movimiento armado, los municipios autónomos representan una posibilidad de "salvaguardar" a las comunidades en resistencia, no sólo de la acción del Estado mexicano, sino también y sobre todo de las dinámicas del mercado, la globalización y todo lo que pueda representar el neoliberalismo en general.» (1998, p. 323)

Es un secreto a voces desde hace tiempo que esa alianza se ha roto, pues la diócesis, en varias oportunidades, manifestó su disgusto por el hecho de que el EZLN hubiera saboteado cuanto pudo los procesos electorales, facilitando así la victoria del PRI. Entonces, ¿por qué el obispo no manifiesta públicamente esa diferencia esencial? ¿Por qué Marcos no denuncia a don Samuel? Marcos se expondría a perder la mayor parte del apoyo internacional y una parte (¿cuánta? Ni él lo sabe, y por eso no se atreve a hacerlo) de sus bases. ¿Y don Samuel? Quizás ignora asismismo la posible reacción de la gente, y además no quiere que se le achaque la responsabilidad de una eventual derrota o del asesinato de Marcos. Por lo pronto, se desarrolla un áspero pleito por el dominio de las organizaciones populares y de las ONG de apoyo (Henri Favre a Jean Meyer, México, 14 de octubre de 1999).

Esta situación recuerda las perplejidades y divisiones de la Iglesia mexicana frente la guerra chichimeca entre 1550 y 1585 (véase el III Concilio Provincial Mexicano de 1585). Un grupo presionaba para que se declarara lícita la guerra sin cuartel; otro abogaba a favor de la pacificación mediante la aplicación de la justicia a los indígenas insurrectos. Lo que nos conduce al asunto de la «iglesia autóctona» y de la «teología india».

4
La diócesis y el indio

Samuel Ruiz en Las Casas, 1997.

¡Qué hermosos son los indios!

Padre Gonzalo Ituarte

«Tenemos que ser antropólogos»

«El obispo tiene que ser teólogo, especialmente en la ley, sociólogo, y ahora tenemos que ser antropólogos» (Samuel Ruiz a Jean Meyer, San Cristóbal de las Casas, 10 de junio de 1999).

«Hace treinta y cuatro años, desde que asumí la responsabilidad como pastor, encontré ya un caminar que el obispo anterior, monseñor Lucio Torreblanca, había iniciado principalmente en el trabajo de catequesis o Doctrina Cristiana, como se decía entonces.

»Estos fueron los preámbulos de la situación presente en donde se fue generando un camino muy diferenciado: primeramente se llamaba a aquellas personas que se juzgaban con cierta competencia —particularmente porque hablaban español— para una preparación, a fin de que regresaran después a sus comunidades; posteriormente, fueron las propias comunidades las que escogieron a estas personas e inmediatamente después las comunidades contribuyeron, diciendo —primero— lo que les hacía falta conocer y después colaborando ellas mismas en el desarrollo del propio contenido.

»Después del Concilio pasamos a una etapa de respeto a la lengua y a la cultura, así como a la búsqueda de gente que, desde las propias comunidades, emergiera con su propia participación. Actualmente nos enfilamos más seriamente —con los diferentes ministerios laicales y el diaconado— hacia la instauración de una Iglesia y de un clero autóctonos.

»Todo esto ha sido un proceso ligado al caminar histórico del estado de Chiapas, particularmente cuando después del Concilio mi preocupación, más que enseñar solamente la

117

doctrina, fue responder, desde la Palabra de Dios, a las inquietudes, preocupaciones y necesidades que la gente sentía.

»Desde el Congreso Indígena, en 1974, donde los indígenas vaciaron las reflexiones de sus comunidades diciendo cuáles eran sus necesidades en distintos rubros: en cuanto a la tierra, a la salud, en el comercio, en cuestión de la educación, así como en otros aspectos de su vida, vimos entonces, que como agentes de pastoral no estábamos respondiendo a las necesidades, que nuestra evangelización estaba desencarnada y no apuntaba hacia las respuestas que la gente necesitaba. Desde ahí la evangelización empieza evidentemente a tocar la historia y, por lo mismo, a hacerse parte de la misma historia de Chiapas, no solamente incidiendo en que haya ciudadanos que son cristianos, sino en cristianos que quieren ser ciudadanos transformadores de su propia comunidad.» (véase *Gaudium et Spes* 4)

«Así, pues, surgió de esta manera, en las distintas comunidades: gente consciente, mayor participación en los asuntos comunitarios, reflexión continua en cuestiones de tipo religioso en cuanto a los ministerios, etcétera. Y en temas tales como la democracia, la tierra y su posesión en común o en particular, sobre la necesidad de una transformación de la sociedad, así hasta llegar a un discernimiento eclesial iluminado por la reflexión de la Palabra de Dios.» (*Informe Ad Limina 1988-1993*, p. 18)

En los años cuarenta, coincidiendo con la implantación del Instituto Lingüístico de Verano, empezaron a llegar antropólogos norteamericanos y mexicanos del grupo de Sol Tax, de la Universidad de Chicago, a Los Altos de Chiapas; en los cincuenta el grupo del Departamento de Antropología de Chicago y ya en los años sesenta, la gente de Harvard. Todos se han consagrado a la tradición de la antropología más clásica, la funcionalista, que estudia al indígena tal cual, aislado de la sociedad regional y nacional, apartado del tiempo histórico. Un ejemplo extremo sería el de aquel antropólogo de Harvard que hablaba muy bien tzotzil y no sabía una palabra de español. Esa vertiente antropológica parecía agotada, fuera de moda a fines de los sesenta, cuando, quizá por el impacto de los movimientos negro y chicano en Estados Unidos, cobró un nuevo ímpetu bajo el aspecto de la corriente etnicista, tan influyente hasta la fecha. Para ésta el campesino indio es visto como indio, no como campesino, y menos aún como mexicano.

Dicha corriente es mayoritaria en el mundo académico chiapaneco, mexicano y mundial: la etnicidad es considerada la última instancia de la realidad social, una instancia perenne, intocable, casi eterna. Don Samuel no leyó a esos autores, pero ha recibido su influencia y el del cambio de paradigma en la década de 1970, desde *Eso que llaman antropología mexicana* de Arturo Warman y otros hasta *México profundo* de Guillermo Bonfil Batalla publicado en 1984. Samuel Ruiz llegó a esa antropología por la vía de la Iglesia católica y del Concilio, recobrando una vieja tradición, tan antigua, como la llegada de la Iglesia al nuevo mundo.

El Concilio se refirió a la necesaria «inculturación» del Evangelio a fin de responder a la interpelación de los obispos africanos:

«¿Cómo hacer para que dejen de identificarse el mensaje cristiano y su vestidura cultural? ¿Para que el anuncio del contenido no imponga la cultura occidental? Vaticano II (*Ad Gentes* 21) nos dio una lección pedagógica formidable que nos da pistas para responder a las dificultades que nos pone la antropología. Eso no lo entendí sino hasta la preparación de Medellín y, luego, la declaración de Barbados. Soy invitado a Melgar, para preparar Medellín, con misioneros, y tenemos dos charlas antropológicas con Gerardo Reichel-Dolmatoff. Vimos que "evangelización" significaba destrucción de culturas, etnocentrismo, atropellos culturales tremendos. Ese discurso nos impresionó mucho.» (Samuel Ruiz a Jean Meyer, 10 de junio de 1999)

En aquel entonces Samuel Ruiz fue designado presidente del Departamento de Misiones de la CELAM y con ese nombramiento conoció a monseñor Leónidas Proaño y la Iglesia andina. En México promovió un encuentro con antropólogos, presidido por Ángel Palerm (diciembre de 1969; enero de

119

1970), con la asistencia de Guillermo Bonfil, Arturo Warman, Mercedes Oliveira, Margarita Nolasco, Salomón Nahmad, etcetera: la flor y nata de los «antropólogos críticos». Gonzalo Aguirre Beltrán envió una ponencia, pero no asistió para guardar su distancia con esa escuela. El propósito era pasar a la antropología misma, al gobierno y a la Iglesia por el tamiz de la crítica antropológica. Después se organizó el segundo encuentro de Xicotepec, esa vez con representantes indígenas (CENAPI, 1970).

El encuentro de Barbados confirmó la nueva convicción de don Samuel de promover una pastoral indígena, rescatando su cultura y valores. Como consecuencia, los religiosos asistieron a cursos de antropología y se dieron a la tarea de convivir de cerca con las comunidades. Lo señalan, en un documento, algunos misioneros:

«Quiero decir que una labor antropológica es la primera acción misionera. Conocer a fondo una cultura para descubrir sus valores, y esto por motivos no antropológicos sino teológicos, porque yo tengo que saber qué es lo que Dios ha hecho allí. Él es el primer misionero.

»Esto no puede hacerse sin un proceso personal de encarnación en el seno de una cultura. Encarnación personal que significa una convivencia, una comunidad con aquel hombre para ser aceptado como miembro de aquella comunidad cultural, compartiendo su propia vida para ser capaz, así, no solamente de entender —como se da en una primera etapa— cuáles son las cosas que suceden, cuáles son los factores culturales; sino descubrir las razones de ese modo de proceder, hasta llegar —en una tercera etapa— a una acción global de lo que significa una cultura. Y entonces sí puedo, dentro del seno de aquella cultura, y con la vivencia de mi propia cultura, de mi propia experiencia religiosa, vivida en un ser cultural diferente, entrar en un diálogo iluminador para ayudar a descubrir aquel Cristo presente ahí, y hacer que surja entonces una iglesia encarnada en una situación cultural, con su propia vestidura, dinamizando aquella cultura en un sentido de humanización, es decir, de liberación del hombre. Tiene esto que realizarse dentro de su propio ser cultural.

»La antropología, sentimos que debe ser una antropología del pueblo, no una antropología profesional que los explote, y que no lleguen a ser nuevamente, como ha sido hasta ahora, el objeto de la investigación de todos, sino el objeto de la investigación de sí mismos. O sea, la toma de conciencia de sí mismos. Y en este sentido, el proceso antropológico se torna proceso educativo.» (Ruiz García, *Pasión y resurrección del indio*, 1972)

Semejante labor no era ni la única ni estaba circunscrita a México y América Latina. En Bolivia, en Ecuador y en Brasil tenía equivalentes gracias al apoyo de los misioneros norteamericanos Maryknoll. En México, el Centro Nacional de Misiones Indígenas (CENAMI), dirigido por el catalán Clodomiro Siller, y el Centro Nacional de Pastoral Indígena (CENAPI) apoyaban a la diócesis de Tehuantepec y a la misión jesuita de la Tarahumara, que había seguido esa línea desde antaño. Se situaba en la propia tradición lascasiana y jesuítica, en la línea de Vaticano II, que no implica la creación de una teología india ni de una iglesia autóctona. Esta última es una idea europea y estadunidense que no entusiasma al clero latinoamericano de las localidades. Quizá por eso don Samuel empezó con canadienses, estadunidenses, franceses, españoles y belgas, para continuar después con regulares mexicanos.

Al clero le atraía la noción antropológica de ver en la sociedad indígena a *la comunidad*, una comunidad milagrosamente intacta después de sobrevivir a la Conquista y a cinco siglos de historia. Era fácil adoptar esa idea porque, para ellos, evocaba la comunidad cristiana de los tiempos primigenios, la evangélica de la mesa compartida, de los recursos compartidos. ¡Aquí está la Iglesia primitiva! ¿No reaccionó así Mendieta en los primeros años de la Iglesia novohispana, cuando calificó a los indios de «*gens angelicum*»? Refundar la Iglesia en Chiapas para el mundo... Hermoso programa, hermosa tentación. Los franciscanos veían la bondad natural del indio corrompida por el demonio; por tanto había que reconstruir enteramente la sociedad indígena sobre una base nueva —que no tenía por qué seguir el modelo europeo—, protegiéndola de los españoles. Los dominicos fueron más confiados, conservadores: predicar el Evangelio y evitar todo contacto entre los indios buenos y los malvados europeos era suficiente. Los jesuitas llegaron más tarde, pero con el mismo ímpetu de crear una nueva cristiandad protegida de todo contacto con Europa: fueron originales al recuperar las lenguas, pero su proyecto implicaba la transformación absoluta de la sociedad basada en el modelo renacentista de la ciudad utópica.

¿No se sitúa don Samuel en esa tradición católica, aunque haga uso del vocabulario de la antropología contemporánea? Al igual que esos especialistas, el obispo no tiene en cuenta la historia y olvida la ciudad, mejor dicho, no le gusta la ciudad. Se inscribe así en la antigua tradición cristiana que va de los atletas de Dios, en el desierto de la Tebaida, hasta la simpatía de la Iglesia moderna, por lo menos la preconciliar, por el mundo rural. Caín fundó la primera ciudad, Babilonia, que simboliza todos los pecados, mientras que el Antiguo Testamento, citado con predilección en la pastoral de la diócesis, es de inspiración patriarcal y rural.

Cuando Samuel Ruiz afirma que los indígenas, al convertir San Cristóbal en una ciudad propia, ya no son indios, ya que dejan traje y costumbres, olvida que la ciudad es el crisol del futuro. Acaba lenta, suave, pero inexorablemente con las solidaridades tribales, es plural por definición y favorece el individualismo, mientras que la comunidad es unánime, colectiva, autoritaria, tanto en terminos religiosos como políticos o del costumbre. La ciudad ve morir la solidaridad clánica colectiva y ve nacer la individual. El individuo deja de definirse por su pertenencia a un grupo e incorpora la simultaneidad, la pluralidad de identidades: se es parte de una nación, una ciudad, una familia, una iglesia, una profesión, un partido, una clase, un sexo, una cultura, un club... Ese nuevo principio de la identidad plural, tan distinto de la antigua y amplia definición de pertenencia única y absoluta, ha sido difícil de entender y de aceptar para la Iglesia católica. Le ha sido arduo comprender que la referencia a *una* identidad, sea cual fuere, es un error. Con una sola excepción decisiva: todos somos hijos de Dios.

El tema de la cristiandad es relevantísimo. A Jan de Vos le atemoriza la resacralización de los espacios político y social de Chiapas en nuestros días. A su vez el padre Toussaint ha insistido mucho en el peligro de una «nueva cristiandad zapatista» que se gesta en muchas comunidades dominadas por el EZLN. La Iglesia de San Cristóbal ve en las pretensiones de estas comunidades, para las cuales ser cristiano católico, zapatista y miembro de la comunidad es una y la misma cosa, un peligro al que es preciso combatir prudentemente pero con estricta firmeza. ¿Cómo se presenta el debate al interior de las comunidades? Sencillo: el conflicto se origina al momento de nombrar catequistas y prediáconos que deban atender cierta congregación. Los zapatistas insisten en que haya un servidor por cada grupo político, identificando así el cargo espiritual con la oficina del poder político en la localidad. La postura del obispo y de todos los agentes de pastoral es que los diversos grupos políticos deben atender los servicios de un solo servidor y que éste no debe negarlos por causas ajenas a lo espiritual. Es natural que la tendencia *holística* de la comunidad dé al traste con semejante política diocesana, pero ésta no se ha abandonado, incluso en casos en los que la congregación cristiana estaba tan dividida que se aconsejó separarla temporalmente, como en Taniperla en 1998.

«La falta de entendimiento de esta complejidad eclesiástica ha llevado al Estado mexicano a cometer muchas injusticias. La más clara de ellas es la expulsión del padre Chanteau en 1998. El Instituto Nacional de Migración arguyó que el padre había aceptado su involucramiento con el zapatismo, porque el padre dijo que los zapatistas de su congregación insistían en que se nombrasen catequistas y prediáconos para ellos. El padre claramente explicó a los agentes de migración que él no estaba de acuerdo con esta separación de la congregación por motivos de filiación política, pero que los coordinadores de catequistas de todas las zonas pastorales dentro de su parroquia habían accedido a la petición zapatista para evitar más broncas. El poder del Estado, incapaz de comprender estos detalles reveladores de las diferencias y colisiones entre diócesis y zapatismo a nivel comunitario, simplemente expulsó a quien creía ser un chivo expiatorio adecuado. Paradójicamente, el Estado debilitó así a quienes insistían en detener la creación de una cristiandad zapatista en esas comunidades tzotziles.» (Federico Anaya a Jean Meyer, 30 de abril de 2000)

El «problema indígena» y el proyecto social de la diócesis*

Antes de continuar, una advertencia al lector:

«En 1997 me tocó facilitar el trabajo a Michelangelo Bovero, para incluir el pensamiento de don Samuel en una colección de libros sobre los nuevos actores políticos, que estaba preparando. Traté el asunto con Gonzalo Ituarte y con don Samuel mismo, aprovechándome para hacer yo personalmente algunas preguntas más académicas al obispo. Me sorprendió que la única condición de Samuel Ruiz para la entrevista era que no le volvieran a preguntar sobre la "teología de la liberación", con lo que explicó que siempre se pensaba que la teoría (teológica) era previa y causal de la acción liberadora. *jTatic* decía que era exactamente al contrario, la experiencia del pueblo era la que llevaba a la reflexión teológica. Acaso por ello, don Samuel llegó a declarar alguna vez que "la teología me importa un bledo" (en Levario, 1999, p. 183). Es extraño, pero *jtatic* es en ese sentido un tanto antiintelectual, pese a ser el mismo profesional y, creo, doctor, en teología. Me parece que el antiintelectualismo de don Samuel es muy sano, pues viene de quien sabiendo la teoría, sabe usarla con humildad. Creo que él nunca ha dejado de ser un académico y un teórico, pero se ha cuidado mucho de no prejuzgar la realidad a partir de la reflexión filosófica. Ésta, en cualquier caso, le sirve para entender y explicarse la realidad, pero no es conformadora de la realidad *en sí*. Por lo mismo, nosotros podemos obtener mucho de las entrevistas con él y el análisis

---

* Los textos de Samuel Ruiz citados en este apartado han sido recopilados por Julio Ríos en su tesis de licenciatura (Ríos, 2000).

124

de sus discursos es indispensable para entender tanto la praxis liberadora de la diócesis como la creación teórica que a partir de la praxis se ha ido haciendo.

»Ahora bien, no todos los agentes de pastoral de la diócesis han tenido la humildad académica de *jtatic* frente la realidad. Por ello, es que se tuvo que votar quién era el "sujeto histórico" del quehacer diocesano en una asamblea. Don Samuel, buen príncipe, *ha dejado hacer* también en el terreno de la creación intelectual. Toussaint me decía que el libro *Teología bíblica de la liberación*, que Enrique Krauze utiliza para demostrar la radicalidad del obispo (*Letras Libres*, enero de 1999), en realidad no fue escrito por él, sino por dos teólogos jóvenes, que en aquellos años setenta no se atrevían a publicar esas ideas con sus propias firmas. Don Samuel consideró importante divulgarlas y aceptó, por lo mismo, dar su paternidad al texto. Por ello es que la curia normalmente no cita este trabajo como parte de la bibliografía de *jtatic*. Me parece que este caso es el más extremo de liberalidad por parte de don Samuel en materia intelectual, y que, por supuesto, el obispo debe considerarse responsable del contenido del texto, pues lo asumió como suyo. Con todo, la anécdota nos plantearía la necesidad de discernir entre el pensamiento estrictamente personal de Samuel Ruiz y la creación intelectual del *colectivo diocesano*. Las citas que se usan en su texto, por lo mismo, deberían ser evaluadas no sólo como parte del pensamiento de don Samuel, quien las suscribió, sino como parte de un discurso colectivo. En ellas habla el príncipe de la Iglesia de San Cristóbal, pero es un príncipe rodeado por su cabildo y sus fieles.

»Otro ejemplo: el "Documento Pastoral sobre el aborto" (Ruiz García, 1991) es un texto de Pablo Romo.» (Federico Anaya a Jean Meyer, 30 de abril de 2000)

En 1960 tuvo lugar, en la ciudad de México, un Congreso Nacional Indigenista por iniciativa del delegado apostólico, Luigi Raimondi, y de la Comisión Episcopal Pro-Indígenas; en el siguiente año se fundó el CENAMI, con escuelas radiofónicas y para promotores indígenas. En 1968 se celebró en Melgar, Colombia, el primer encuentro continental de misiones en América Latina.

Don Samuel, al llegar a San Cristóbal, en 1959, consideraba que los indígenas y su situación constituían un «problema». Esta concepción la mantuvo hasta después del Concilio; su «camino de Damasco» se sitúa entre Melgar y 1972, cuando aparecen, ya patentes del todo, nuevos temas en su pastoral: la pastoral indigenista, la teología india y la iglesia autóctona. También a partir de esas fechas Samuel Ruiz hace hincapié en las consecuencias negativas (la «occidentalización») de la pastoral tradicional, la necesidad de fortalecer la identidad indígena, la denuncia de la «explotación interna» causada por los caciques indígenas, la defensa y apología de los valores y de la «memoria» indígenas. Se cita a continuación una serie de escritos de don Samuel que ilustran estas posturas:

«Entre los múltiples y variados problemas que existen... se halla el problema indígena. Asciende a millones el número de aquellos hermanos nuestros indígenas que, aún hoy, no disfrutan... de los beneficios de la civilización cristiana. Las deplorables condiciones de su vida están caracterizadas por una extrema e inmerecida pobreza; por una religiosidad y moralidad imperfectas; por una falta total de cultura y educación; por una completa carencia de higiene y por un cúmulo de enfermedades, algunas de ellas endémicas, que hacen que su vida sea inevitablemente infeliz.» («Exhortación», 1961)

«Los indígenas, aunque son treinta millones en América Latina, son marginados económica, social, política y pastoralmente. Lo último es lo más grave.» («La Evangelización en América Latina», en CELAM II, *La Iglesia en la Actual Transformación de América Latina a la Luz del Concilio*, 1968, pp. 159)

«Esta destrucción es perpetrada [debido a la evangelización occidentalizante], consciente o inconscientemente, tanto por la acción pastoral de la Iglesia como por la incontrolada consecuencia caótica que surge del impacto de una cultura dominante sobre las sencillas culturas aborígenes que, a pesar de todo, han logrado conseguir, de modo extraño, una inexplicable supervivencia.» (*Pastoral Indigenista*, 1970, p. 12)

«No podemos impedir los beneficios de un avance de la llamada civilización con todos sus aplastamientos, que tiene también ciertas ventajas de las que se ha beneficiado, en cierto aspecto, la humanidad; todos sus lastres que también vemos. El indígena no ha sido tocado. Hay una etapa, que podría tener el aspecto de un mejoramiento indiscutible del indígena ¿a costa de qué? ¿A precio de qué? De realizarse fuera de su ser cultural. A costa de dejar de ser él mismo, para poderse beneficiar. Ahí es donde está el cuestionamiento. Por tanto, la posición no es una oposición a lo que trae de beneficio sino al aplastamiento que conlleva [...] La posición no es crear una especie de aislamiento de las comunidades indígenas [...] sino que trataría de encontrar, desde el fondo mismo de la cultura indígena, los mecanismos que le sirvan para poderse relacionar mejor con la sociedad de consumo, que está también en cuestionamiento.» («El Problema Indígena, Encrucijada de Toda Nuestra Sociedad», entrevista de Enrique Maza en *Christus*, 1972, p. 47)

«Hermanos indígenas y campesinos de todas las comunidades de nuestra diócesis [...], les extendemos nuestro afectuoso saludo agradeciéndoles su presencia física hoy y su presencia histórica desde el ayer de su existencia que se remonta más allá de tres mil años.» (Homilía con motivo de los «500 Años de Evangelización en el Continente», 1992)

«Estamos convencidos de que la emergencia continental del indio (consciente de su papel histórico) tiene un destino no reconocido: darle a América Latina *valores comunitarios* que no ha poseído. En efecto: la irrupción del individualismo económico inherente al presente modelo de progreso humano, nos conduce a una autodeterminación, al requerir el consumo de elementos no renovables y que son necesarios para la supervivencia planetaria. Por eso mismo requerimos de las comunidades indígenas que mantengan su verdadera identidad. El enemigo fundamental es la penetración de un modelo económico que divide ya en clases sociales y en grupos de poder a los grupos étnicos, atentando así contra su identidad comunitaria. El desarrollo económico armonizado con el desarrollo comunitario dejó ya de estar en la entraña de muchas comunidades indígenas.» («Consideraciones a tenerse en cuenta en el proyecto de Tipificación en el Delito de Expulsiones», 1992)

«Fray Bartolomé de las Casas defiende al indio, a su legítima forma de ser y de vivir dentro de sus propias culturas, a su dignidad humana, y en muchos aspectos, la superioridad de su condición. Así nos dice: "Los naturales de América no sólo son seres racionales y libres, sino que reúnen las condiciones presupuestas para un tipo de vida superior, no sólo tienen clarísima la noción del derecho natural, sino que en su accionar demuestran la virtud de la prudencia".» (Homilía con motivo de los «500 Años de Evangelización en el Continente», 1992)

«La tierra, mirada desde la fe por este pueblo fuertemente influenciado por la reflexión de la Palabra de Dios (especialmente por parte de los indígenas) es tierra prometida, es tierra de Dios, es Madre Tierra..., para los indígenas y para los campesinos inmersos en la cultura maya, es la madre que los alimenta y que les manifiesta concretamente el amor de Dios.» (*Informe Ad Limina Apostolorum*, 1993)

«Permítanme, finalmente, suplicar a todos ustedes, hermanos campesinos y hermanas indígenas, que no pierdan su identidad; a pesar de las agresiones no pierdan su manera y su forma de ser. Porque esta es la base sobre la cual está asomando en el continente la posibilidad, después de quinientos años, de una Iglesia Autóctona, encarnada en la cultura y con la capacidad de enriquecer a toda la Iglesia Universal. Nos comprometemos, por otra parte, como iglesia, a no dejar caducar ni desaparecer los restos de su cultura, desgarrada pero aún existente a pesar de todas las agresiones. Estaremos al lado de los ancianos y los principales para fortalecer su manera de vivir, de ser y de percibir, a fin de que pueda darse el verdadero encuentro y diálogo que en quinientos años no se dio entre la religión adveniente y las religiones de las culturas aborígenes.» (Homilía con motivo de los «500 Años de Evangelización en el Continente», 1992)

«Son varios los elementos indicativos de que los pueblos indígenas ahora reencuentran o fortalecen su identidad. En primer lugar, la palabra, su lengua que se recrea... La Palabra de Dios ha sido también factor determinante en la dignificación del indígena..., sin la Palabra de Dios no es posible pensar el cambio que han experimentado los pueblos indígenas... Otro elemento es la comunidad. Los pueblos indígenas ahora ven nuevas posibilidades en su ser comunitario... Es en comunidad donde los valores del individuo pueden defenderse y donde cada uno de sus integrantes aporta su propia riqueza. Así también han revitalizado ciertas tradiciones propias: vestido, música, narraciones, y su pertenencia a la tierra, la "madre tierra", de la cual se les sigue desarraigando.» (*Informe Ad Limina Apostolorum*, 1993)

Para comprender las acciones de don Samuel es necesario insistir en la luz que lo guía y que les confiere sentido: la construcción del Reino de Dios en la tierra. Lo menciona en repetidas ocasiones, busca la utopía, construir el hombre nuevo que habrá de contrarrestar la dominación de los fuertes sobre los débiles y que tiene como misión combatir al mundo «homogeneizador y etnocida».

Las comunidades indígenas chiapanecas son para él grupos que «no han sido tocados» por la civilización y, por tanto, se preservan inmaculados de los pecados del mundo moderno. Sin embargo, él no se esfuerza en recuperar un pasado indígena idílico que nunca existió, sino en construir una nueva cultura. La arcadia indígena le sirve para sustentar la «recuperación» de los valores no occidentales que requiere el hombre nuevo en la nueva sociedad. Pero, ¿cómo estará configurada?

Ante todo debe ser una comunidad. Los valores principales que don Samuel destaca son el comunitarismo, la solidaridad y la integridad *versus* el individualismo, el egoísmo y la división. Puesto que son los indígenas quienes detentan los primeros y los no indígenas los segundos, se sigue que dicha comunidad deba ser indígena.

También debe ser homogénea. Samuel Ruiz rechaza el pluralismo político y religioso, porque «desune» a las comunidades y es contraria a su «identidad». Las comunidades serán católicas, sin considerar su signo político, a condición de que las decisiones sean unánimes, «por acuerdo». El modelo de la nueva sociedad es entonces una comunidad indígena católica. El último elemento, la catolicidad, da cabida al mismo don Samuel y a los sacerdotes en la nueva sociedad, puesto que la Iglesia cumple una función mediadora.

Esta propuesta de la diócesis para la comunidad indígena cuenta con antecedentes mexicanos en los siglos XVI y XVIII, pero el historiador no resiste la tentación de establecer un paralelo más moderno con la fascinación que ejerció la comunidad campesina en la segunda mitad del siglo XIX en las elites rusas y los intelectuales, con la sola excepción de la pequeña minoría liberal. Alejandro Herzen, que no era eslavófilo, veía en ella una maravilla social, idealizaba a la comunidad campesina, a su pueblo, «hilera ennegrecida de modestas casitas de madera, estrechamente apretadas, dispuestas a quemarse juntas antes que a derrumbarse» (*Obras Completas* —en ruso—, tomo XII, p. 97). «Nuestro pueblo es comunista por instinto y por tradición», escribió Piotr Tkachev (1844-1885) a Engels. Para Tolstoi y algunos otros, esa comunidad era la depositaria de las virtudes peculiares del pueblo ruso; ese campesino, el *Muzhik* (el hombrecito) con mayúscula, era «la encarnación del pueblo elegido de Dios». Así lo propugnaba la Iglesia rusa, atemorizada por la urbanización, la industrialización, la lucha de clases y la pérdida de los valores tradicionales; opinaban de igual modo muchos antropólogos (en ese entonces no existía el término, pero sí la práctica). Basta sustituir la palabra «indio» por la palabra «campesino». Esa comunidad campesina rusa ideal se encontraba amenazada por «caciques» y por elementos «infiltrados», en particular los comerciantes y campesinos ricos, los cuales deseaban liberarse de las obligaciones solidarias. Lo mismo sucede en la comunidad indígena:

«No pudimos a tiempo dilucidar, detrás de la bondad del indígena y de su religiosidad multitudinaria, la dominación que sobre él ejercía el mestizo en lo económico, en lo político y aún manipulando la religión para facilitar su despojo. Sin haberlo descubierto, ni menos analizado, estuvimos del lado de quienes lo oprimían [...]. No hemos logrado encontrar (si lo hay) un método pedagógico para llegar al corazón de quienes, geográficamente cercanos al indígena y al campesino, lo están lejos con el corazón [...]. La conversión del llamado «caxlan» o mestizo, tiene que pasar, en algunos casos, por una restitución que supone la salida de todos ellos de la comunidad, por haberse adueñado de casas y terrenos indebidamente.» (*En esta hora de gracia*, 1993, pp. 35-36)

Ese proyecto de comunidad indígena católica apartada está sustentada en una idealización que se remonta a Motolinía, uno de los «doce primeros», el cual escribió:

«Estos indios casi no tienen estorbo que les impida para ganar el cielo, de los muchos que los españoles tenemos y nos tienen sumidos, porque en su vida se contentan con muy poco, y tan poco, que apenas tienen con que vestir y alimentarse. Su comida es muy paupérrima, y lo mismo es el vestido. Para dormir, la mayor parte de ellos no alcanza una estera sana, no se desvelan en adquirir ni guardar riquezas, ni se matan por alcanzar estados ni dignidades. Con su pobre manta se acuestan, y en despertar están aparejados para servir a Dios.» (citado por Baudot, 1996)

Lo que nos lleva a:

La teología india y la iglesia autóctona

La teología

En este ámbito tampoco don Samuel innova. Constan los antecedentes de los primeros años de la Nueva España y la corriente contemporánea de la Iglesia católica en América Latina y en otras regiones del mundo; por no mencionar, al paso, la célebre disputa entre jesuitas y dominicos sobre la cuestión de los ritos malabares y chinos. Don Samuel recuerda:

«Nuestra diócesis es una Iglesia en medio de una población mayoritariamente indígena, y el resto (particularmente los campesinos) están fuertemente influenciados por las culturas de origen precolombino, y son realmente pocos quienes tienen un nivel de vida económico que les permite satisfacer todas sus necesidades básicas. Por ello, nuestra Iglesia preferentemente se ha caracterizado, desde su creación el 19 de marzo de 1539 (hace ya más de cuatrocientos cincuenta años), y desde su primer obispo efectivo, fray Bartolomé de las Casas, como una Iglesia misionera y profética.

»Desafortunadamente, durante los siglos que duró la Colonia, disminuyó el ímpetu misionero y la Iglesia perdió fuerza en su carisma profético. El anuncio del Evangelio se diluyó en un catecismo aprendido a la fuerza, en oraciones que el pueblo recitaba en latín, en gran número de asociaciones piadosas que, en el campo, practicaban una religiosidad sincretista. La práctica sacramental se redujo prioritariamente a algunas cabeceras parroquiales, donde se concentraron la mayoría de los frailes. El clero secular fue siempre escaso.

»Las dos grandes persecuciones religiosas (mediados del XIX y principios del XX) dejaron al obispado de Chiapas casi sin agentes de pastoral.

»Las estructuras coloniales heredadas mantuvieron también las injustas relaciones sociales. La Iglesia se vio muy limitada en su capacidad profética. Es más, algunas veces dio su apoyo a los poderosos.

»A mediados de este siglo, el Espíritu Santo suscita un nuevo movimiento apostólico, que se encarna en las misiones de Tenejapa, Bachajón, Ocosingo, Tumbalá, Margaritas, etcétera, las cuales dan un rostro diferente a la diócesis. Fue también el tiempo cuando el mismo Espíritu Divino inspiró a Su Santidad Juan XXIII para que convocara el Vaticano II.

»Nuestra Iglesia reforzó su presencia en los caseríos y montañas encontrándose en esa inserción con el pueblo mayoritariamente pobre e indígena de la Diócesis. El amor a ese pueblo nos llevó a entender su sufrimiento, sus carencias, su necesidad de Dios y la injusticia en que vivía sumido. Ante una realidad así no es posible callar.» (*Informe Ad Limina, 1988-1993*)

En opinion de Jan de Vos (1999, pp. 24-25), Samuel Ruiz y su equipo han sabido introducir en su pastoral

«un elemento clave de la teología de la liberación, que parece muy novedoso pero que en el fondo tiene sólidas raíces bíblicas y patrísticas: la convicción de que Dios se manifiesta no sólo en la Sagrada Escritura y en el Magisterio de la Iglesia, sino además en la historia de un pueblo, en especial en la de un pueblo oprimido. Fue de su parte una decisión de imprevisibles consecuencias, ya que abrió a los indígenas la posibilidad de conquistar un alto grado de autonomía religiosa dentro de la Iglesia Católica. Si el pasado, presente y futuro de los indígenas eran declarados como posibles espacios de revelación divina, hasta los acontecimientos más terrenales podían recibir un significado sagrado y llenarse así de una enorme fuerza espiritual.

»Esta nueva perspectiva teológica no es exclusiva de la diócesis de San Cristóbal, sino que lleva más o menos diez años de presencia entre los pueblos indígenas de todo el continente. Inspiró a muchos de ellos para empezar a reflexionar sobre su propia cultura como portadora de revelaciones divinas, desde la época prehispánica hasta la actualidad. Nació así un movimiento religioso muy *sui generis* cuyas dos principales expresiones son: la Iglesia Autóctona y la Teología India. La primera se articula en Chiapas con base en las diversas etnias: Iglesia Tzeltal, Iglesia Tzotzil, etcétera. La segunda reúne a todas estas iglesias en una sola corriente, llamada Teología Maya. Los adeptos de ésta última se reúnen regularmente en talleres, con el fin de rescatar lo que llaman La Antigua Palabra e interpretarla después bajo la luz de la fe cristiana. Esta Palabra Antigua es, en primer lugar, todo el acervo de mitos y ritos que sigue siendo el patrimonio vivo de las comunidades, pero puede incluir acontecimientos religiosos recientes. Además, tiene su complemento en la presencia de Dios en los acontecimientos de la historia actual de la comunidad y la vida diaria de cada persona.

»El renacimiento de la Palabra Antigua significa también una posible revalorización del costumbre, tan tajantemente rechazada por las Iglesias protestantes y la Acción Católica de los años cincuenta. Los indígenas neocatólicos de la diócesis de San Cristóbal han empezado un proceso en este sentido, cuyo rumbo es aún incierto pero cuenta por lo pronto con el visto bueno de la jerarquía eclesiástica. Se tratará, obviamente, de una nueva costumbre, es decir, una costumbre adaptada a la época actual y purificada de los lastres sociopolíticos que la convirtieron, a menudo, en un instrumento de explotación y dominación internas. Es precisamente el encuentro entre esta costumbre rejuvenecida y la Teología India que acaba de nacer, el que podría producir las bases para la construcción, en un futuro no lejano, de una Iglesia Autóctona liberada de la tutela que aún sigue ejerciendo la jerarquía mestiza de la diócesis de San Cristóbal. A eso aspiran los indígenas católicos y así hay que entender sus esfuerzos por rescatar y reinterpretar la religiosidad prehispánica y colonial.»

Todo esto se encontraba ya en un texto de 1968, intitulado *Vaticano II y el mundo indígena en México*, del padre Jesús García, publicado por el Secretariado Social Mexicano. Al menos estaba el axioma conciliar, de donde todo partiría: «Descubrir en las culturas y civilizaciones de estos pueblos "la semilla de la palabra" de que hablan los Santos Padres (*Ad Gentes* 3a, nota 2)». *Gaudium et Spes* (57 y 92) iba en el mismo sentido y la declaración *Nostra Aetate* también (2b). El mensaje de Paulo VI *Africae Terrarum*, del 29 de octubre de 1967, profundizaba en el mismo sentido teológico y cultural. Don Samuel (a Jean Meyer, 10 de junio de 1999) gusta de citar al papa Juan Pablo II: «Se nos presenta ahora el reto formidable de la continua inculturación del Evangelio de vuestros pueblos [...]. América Latina, en Santa María de Guadalupe, ofrece un gran ejemplo de evangelización perfectamente inculturada» (Santo Domingo, CELAM, 1992). El papa añadió, sin embargo: «En el rostro mestizo de la Virgen del Tepeyac se resume el gran principio de la inculturación».

¿Será necesario entonces presentar la «teología india»? En 1988 se realizó en la ciudad de México el Primer Encuentro Latinoamericano de Teología India. Don Samuel la ha practicado, pero ha dejado su elaboración a otros en México y distintos lugares. (Remítase el lector a Eleazar López Hernández en CENAMI, 1992, y a «Teología India: Dios con rostro humano», en *Guía*, 9 de abril de 2000, pp. 4 y 5.)

La iglesia autóctona

Don Samuel señala (a Jean Meyer, 10 de junio de 1999) que la virgen de Guadalupe pidió que se construyera su templo y que a él el obispo Mandujano dio como lema del obispado una frase de Jeremías: «*Ut aedifices et plantes*», «para que edifiques y plantes». La iglesia autóctona.

«La doctrina de la Iglesia, a partir sobre todo del documento *Ad Gentes* y el encuentro con la realidad indígena, han hecho que surja en el interior de la Iglesia Católica una forma nueva de concebir la acción misionera que, partiendo de la acción de Dios en el seno de los grupos humanos mediante una evangelización encarnada en los valores culturales, arribe a la formación de una Iglesia Autóctona. La cual coincide con la exigencia de respeto a las culturas y con la incipiente manifestación de una toma de conciencia de los valores culturales por parte de los propios grupos indígenas.» (Circular 65, 1972)

«¿Cómo podemos hacer que se viva la caridad intertribalmente, en un relacionamiento también con la sociedad mayoritaria del país, conservando su propia identidad cultural? [...] Apenas estamos, tímidamente, dando el primer paso para resolver este complejo problema. Es decir, conocer estas culturas. No por un imperativo antropológico, sino para ver lo que Dios ha hecho en el seno de esas culturas [...] De manera simultánea, se impone una reflexión teológica para llegar a modelos pastorales de acción, en donde el indígena sea el que surja dentro de su propia situación cultural. Que salga la Iglesia Autóctona.» («El problema indígena, Encrucijada de Toda Nuestra Sociedad», entrevista del padre Enrique Maza en *Christus*, 1972, p. 50)

«Se leyó el documento episcopal acerca del diaconado. El juicio general es que está en la línea tradicionalista, quizá para que fuera aceptado por todos los obispos mexicanos. El diaconado tal y como se concibe allí [permanente] no puede implantarse en nuestro ambiente. Sin embargo, el documento da la oportunidad de implantar un diaconado autóctono.» (*Restauración del Diaconado*, 1972)

«Queremos compartir nuestro gozo. Cristo ha nacido entre nosotros: tiene rostro tzeltal, rostro chol, rostro tzotzil; se hizo indígena y vive en medio de nosotros. Esta es la Buena Nueva navideña: cien prediáconos indígenas señalan los inicios de una Iglesia Autóctona.» (Navidad, 1975)

«El movimiento de prediáconos, iniciado el año pasado, continúa desarrollándose y tomando nuevos impulsos [...] Varias comunidades han elaborado la liturgia de algunos de los sacramentos de acuerdo a su cultura. En todos los casos es impresionante la explicitación de una dimensión comunitaria. Así se va construyendo una Iglesia Autóctona; Cristo nace en el seno de las culturas, y su palabra toma el ropaje del hombre pobre al que ha sido enviado y expresa su riqueza a través de los propios valores de nuestros hermanos indígenas.» (Navidad, 1976)

«[...]Se expusieron las razones por las que se pedía un diácono: distancia [...] necesidad de ser entendidos no sólo en su lengua, cuanto en su modo de ser; necesidad de que se exprese más claramente el rostro indígena de la Iglesia que emerge con fuerza inédita.» (*Situación General en el Estado de Chiapas*, 1979)

«Los lineamientos del Sacrosanto Concilio para la actividad misionera se han ido concretando entre nosotros en lo que se dio a llamar "Iglesia Autóctona" (de ninguna manera autónoma) que es el esfuerzo de hacer que la única Iglesia Católica y Apostólica encarne en las culturas.» (*Informe Ad Limina*, 1993)

Los jesuitas y los dominicos siguieron vías distintas y llegaron a enfrentarse en la construcción de la iglesia autóctona, pero es un asunto secundario. La influencia de los jesuitas ha sido decisiva. Merece la pena citar el documento siguiente:

«Querido *jTatic* Obispo:
»Nos faltan seis meses para cumplir 10 años de trabajo en la Misión de Bachajón. He pensado que sería interesante reflexionar en lo que hemos ido encontrando estos años, sobre todo después de la celebración del Concilio Vaticano II. Yo creo que el dato más interesante es la orientación primera de nuestro trabajo.

»Sucede que llegamos a estas tierras por solicitud de los Principales de Bachajón. Veían ellos que la acción de los Presbiterianos ponía en peligro la unidad del pueblo bachajonteco. Ya había diversos grupos que se habían apartado de la comunidad y se oponían agresivamente a lo que tenían heredado de sus mayores. Esta circunstancia llevó a que nuestros Superiores propusieran a Mons. Lucio Torreblanca que el centro de la Misión fuera el poblado de Bachajón. Así, el padre Indalecio Chagolla inició el trabajo pastoral desde este pueblo indígena de Bachajón.

»Este inicio se vio reforzado por la actividad misma del P. Chagolla, que se lanzó a recorrer todo el territorio de los ejidos de San Sebastián y San Jerónimo para entrar así en contacto con todas las rancherías. Esto posibilitó el inicio del movimiento de catequistas y nos puso en contacto directo con los problemas y necesidades de los indígenas.

»Al llegar nuevos refuerzos yo me quedé en Bachajón y sus alrededores, y el P. Chagolla se fue a fundar un puesto en la selva, en un poblado llamado Jetha. Todos estos movimientos suponen una actitud de compromiso y entrega a los indígenas.

»En la región de los otros pueblos, Chilón, Sitalá y Guaquitepec, se ha seguido el mismo impulso hacia el indígena. Esto por dos razones: una porque son los habitantes originarios de estas tierras, y otra porque son los más necesitados y explotados. En la región de Chilón y Sitalá han sido despojados de su tierra y la mayoría de los indígenas son peones de hacienda a quienes se trataba como animales de carga. Hemos visto llegar a Bachajón caravanas de finqueros en los que los hombres vienen a caballo y las mujeres y niños vienen en sillas a espaldas de los indígenas. Algo verdaderamente vergonzoso. Así nuestra actividad pastoral va dirigida primordialmente al indígena, sin que esto signifique un abandono de los blancos, o caxlanes, como les dicen.

»Esto ha significado la necesidad de aprender la lengua tzeltal, que nos acostumbremos a caminar, comer y dormir igual que ellos. Esta actitud, nos ha abierto las puertas para que nos reciban con los brazos abiertos. De allí se ha seguido también que algunos, que pensaban trabajar aquí con nosotros, lo hayan pensado dos veces. Sentimos que esta manera de trabajar supone una verdadera vocación.

»Ahora después del Concilio nos sentimos animados a seguir por este camino, pues responde al impulso que ha dado el Espíritu Santo a la renovación de su Iglesia.» (Armando Herrera SJ, superior de la misión de Bachajón, Informe sobre la organización de las ermitas dirigido a Samuel Ruiz García, 3 de junio de 1968)

Don Samuel respondió el 10 de julio: «Después de la experiencia conciliar en la que el Espíritu del Señor nos sacudió profundamente a los obispos, veo con otros ojos el ministerio nuestro con los indígenas de la diócesis».

La etapa ulterior empezó después del Congreso Indigenista de 1974, cuando en una reunión un viejo catequista afirmó que «a nivel eclesial, los estamos oprimiendo» (Mardonio Morales a Jean Meyer, Bachajón, 9 de junio de 1999). Se organizó una reunión en Bachajón para reflexionar sobre el problema y de allí surgió el proyecto de prediáconos, germen de la iglesia autóctona. El obispo escribió:

«En nuestra diócesis el proceso evangelizador va generando al sujeto de su propia evangelización y caminando hacia un surgimiento de iglesias autóctonas. Es palpable el florecimiento del laicado, de la gente humilde que va tomando su lugar y va diciendo su propia palabra, que se va interesando en campos no considerados tradicionalmente eclesiales y en temas que desbordan lo típicamente religioso como lo entendíamos antes.

»Un primer paso, que como Iglesia diocesana se ha venido dando, es el tránsito que desde hace unos veinte años tuvo lugar, al haber pasado de una pastoral indigenista a una pastoral indígena. Se dio un crecimiento en los catequistas y surgieron diferentes ministerios y servicios comunitarios. Muestra de ello son los cerca de ocho mil catequistas indígenas existentes, los más de cuatrocientos prediáconos (ministros no ordenados llamados *tuhuneletik*, *a'atijumaltik*, *koltanumaltik*, etcetera, según cada zona), las ya mencionadas *tzebetik* y *ach'ixetik*, así como también los distintos ministerios en las comunidades, como son los de la defensa de los derechos humanos, de la salud, de arreglo de los problemas y dificultades que existen adentro de las comunidades para hacerlo desde el ámbito cristiano.

»Para nosotros iglesia autóctona significa entrar más en la identidad de nuestros pueblos, su propia liturgia, su estructura religiosa tradicional y comunitaria, sus ministerios y asumirlos y revitalizarlos al integrarlos en la fe cristiana. Se busca unidad entre agentes externos y agentes internos.

»Más, ciertamente la identificación con el mundo de nuestros pueblos indígenas, significa un gran reto, significa inserción, es decir, asumir su mundo con una actitud de respeto, comprensión y amor, significa una conversión nuestra al pueblo.

»Para los pueblos de nuestra diócesis hay dos dimensiones de fe: la cristiana y la de los antepasados, pedagogos éstos y poseedores de las semillas del Verbo. Se da una síntesis entre ambas dimensiones. Por eso mismo, se nos exige —desde el Evangelio— una actitud de respeto y comprensión de la fuerza de su propia historia.

»No podemos hacer un juicio totalmente igual de todas las zonas; los procesos en las distintas partes tienen inicios históricos distintos y tienen sus propios matices, hay zonas en donde la gente ha respondido mucho mejor, otras donde los agentes de pastoral han llevado procesos más lentos; pero se puede decir, en general, que nos vamos acercando al surgimiento de una iglesia autóctona.

»Así se manifiesta en las reacciones numerosas de las distintas comunidades que, después de muchos años de catequesis y de diez años o más de experiencia diaconal, están solicitando dar el paso a la celebración de la Eucaristía, esto es: a la ordenación sacerdotal.

»Marco contextual.

»Ahora bien, una Iglesia autóctona no es resultado del solo hecho de la ordenación de indígenas. Porque aunque un indígena se ordene sacerdote, y aunque hable su lengua y viva y se sienta miembro de una cultura, no por eso mismo será sacerdote indígena, sino un indígena ordenado sacerdote. Es preciso que haya una evangelización encarnada en su cultura y no una evangelización occidentalizante que siga identificando el mensaje evangelizador con la cultura occidental. Existe un fundamento real en el rechazo que ciertos grupos indígenas tienen tanto a evangélicos como a católicos; pues en el fondo hay más bien una oposición a la occidentalización, que no a la evangelización.

»El problema es que de hecho hemos continuado teniendo una presencia occidentalizante, aunque el Concilio Vaticano II, en el documento *Ad Gentes*, nos indicó el camino para que completemos con la predicación del Evangelio el camino hacia la fe, reconociendo las "semillas del Verbo" en las culturas como llamado del Espíritu Santo. Esto exigía un punto de partida nuevo: decidirnos a dejar de ser una Iglesia occidentalizante para seguir en la evangelización los caminos de la encarnación.

»Echamos a caminar por el aprecio a la lengua, por tratar de entender la cultura. Avanzamos hasta infundir en los indígenas y los catequistas escogidos por las comunidades una conciencia de su responsabilidad histórica para repensar su fe desde sus valores e idiosincrasia. Ardua tarea, cuando habían llegado ya a pensar, bajo nuestra forma de actuar anterior, que nada bueno se conservaba en sus costumbres ancestrales.

»Podemos, a pesar de todo, decir que se van dando pasos firmes. No obstante la agresión que toda la sociedad desarrolla contra el indio y su identidad, crece el aprecio de ellos a su cultura y se percatan de que son sujetos de su propia evangelización.

»Numerosos catequistas viven ese reto y buscan la recuperación de aquellos valores que una agresión larga vulneró seriamente. En ese caminar, si no logramos remediar la esquizofrenia que se generó en la conquista al imponer la identificación del cristianismo con la cultura occidental, pueden encaminarse las etnias en todo el Continente hacia una identificación de su ser con la religión precolombina, en la que no se daría tal dicotomía con lo que resta de la cultura. En los casos en que esto ya se está realizando, debe gestarse un futuro diálogo entre las religiones anteriores a la conquista y el cristianismo, diálogo que debió haberse dado y no se dio hace quinientos años.

»En nuestra diócesis el diálogo con las etnias ya va encaminado. De ese diálogo se han ido recuperando gradualmente ministerios antiguos de la cultura, vividos y repensados a la luz de la fe y se ha ido generando un inicio de expresiones litúrgicas que manifiestan más claramente una fe encarnada en la cultura.

»Las comunidades van experimentando el hambre de la Eucaristía; las celebraciones de la Palabra en las que los ministros de la comunión o los diáconos distribuyen el cuerpo del Señor, van promoviendo una madurez de las comunidades que descubren la necesidad de tener sacerdotes de su propia cultura, en una Iglesia que les sea propia y no extranjera culturalmente.

»El reto está ahí: en hacer que surja ya una Iglesia con rostro indígena, una evangelización verdaderamente inculturada, una liturgia que manifieste su fe con sus propios signos, un sacerdocio autóctono [...] Todo ello, como lo declaró el Concilio Vaticano II, con el enriquecimiento proveniente de culturas milenarias y el proceso de purificación y liberación que la Palabra de Dios desencadena en las culturas.

»Afortunadamente, esta preocupación, llevada a Santo Domingo por los diferentes episcopados, queda asentada como tarea conjunta. Nuestra Conferencia Episcopal recogió estos anhelos, y las experiencias en marcha son acompañadas con grande esperanza, a través de una comisión específica para esta encomienda.

»Entre nosotros el Mensaje de Santa María de Guadalupe brinda pistas para continuar con la tarea de construir la iglesia que ella pidió a través del indio Juan Diego.» (*Informe Ad Limina 1988-1993*, pp. 57-59)

Jesús Morales, en *Ceremonial* (1992, pp. 193-194), narra de manera emotiva cómo se vivió ese proceso entre la gente:

«Desde la misión de Bachajón solicitaron la asamblea de los católicos. Llegó su mensajero y dio a conocer la voluntad del obispo:

»"Cuando alguno de ustedes se encuentra en necesidad de elevar plegaria o de realizar su ofrenda acude con un anciano, con un rezador, con quien vive el conocimiento del misterio. Por eso sus ofrendas de pollos, de aves, de velas, de aguardiente y mazorcas son aceptadas, bien vistas por los ojos del Altísimo. Cuando alguno de ustedes se encuentra en necesidad de solicitar la cura para un pariente, para su hijo, para sí mismo, acude con un anciano, con un curandero o brujo, con quien vive el conocimiento del mal y sus misterios, y encuentra su salud. Bien así. En los ancianos, en los rezadores, en los curanderos y brujos habita el don. Ellos saben del lugar y la hora, del acto adecuado para la propiciación. Por eso la comunidad alcanza la conciliación. Pero los sabios se pierden, día a día. En esta hora aciaga de la confusión, cuando en las comunidades escasea el respeto por la tradición y su práctica, cuando valor cobra el gusto por el consumo, por la radio, las grabadoras y el desgañitamiento de predicadores de las diferentes iglesias, en esta hora, es menester el recuento. De muchas latitudes vinieron a colonizar la selva. Limonar es juntura de lenguas y de sangre joven. Las costumbres han debido mutar, pues lo bueno para unos no lo era para los otros, ni convincente, a veces ni apropiado. Cuando los fuertes quisieron la imposición, su logro fue dividir, lo ya de por sí frágil. Ahora, cuando la tolerancia es mayor, persiste una diversidad de creencias, fracciones de la comunidad en lo real, por más de la confesión, en todas, de la misma deidad. No ahondar más. La diferencia no niega a la necesidad. A las plegarias y ofrendas se suma eso más importante: la práctica sacramental. Su administración, lo sabemos, está reservada a los ministros de la iglesia. Escasos como son éstos y tan distantes de las formas de la comunidad, y necesitada la comunidad de encarnar en su cultura a la liturgia, la propuesta es la de dar inicio al ministerio sacerdotal entre los indios: que existan

142

sacerdotes indios y liturgia india. Busquemos las formas, sin ceñirlas a las exigencias romanas de seminarios y los muchos años de estudio. El estudio es necesario, pero el apropiado para las comunidades. Entre la práctica de la virtud y el conocimiento. Y como varones virtuosos los existe en Limonar, los invitamos a nominar entre los sabios un número que consideren prudente, para iniciar con ellos el servicio del diaconado."

»Muy grande fue la emoción para la comunidad. De mucho tiempo existía el anhelo, y ahora parecía resumirse en la proposición la elegancia y alegría de los mayordomos, capitanes, encargados de santos y musiqueros, la mayoría de todo perdido a nuestras espaldas, cuando internados en la selva y asentados en las comunidades, nunca pudimos conciliar una modalidad común. Al mayor número nos unía la ermita pero carecíamos y carecemos de mayordomos, capitanes y demás autoridades de ella. Ahora, por primera vez, nos unificaba el mismo entusiasmo, y quemamos cohetes y comimos gallinas.»

Con el descubrimiento de una iglesia, en el antiguo sentido de *eklesia* (asamblea), de una espiritualidad cristiana que consideraba al indio también como pueblo elegido, éste comenzó a pensar que su condición indígena no era un obstáculo para alcanzar el Reino de Dios, sino la prueba de que le estaba destinado ese mensaje. Ahora bien, la religiosidad recientemente fundada resulta difícil de entender para los que no pertenecen a ese mundo cultural, pero es inseparable de la línea pastoral de la diócesis. Una línea que, como se señaló anteriormente, se sustenta también en dos utopías, la de una sociedad no capitalista y la de cierto milenarismo bajo el aspecto de construcción del Reino, aquí y ahora.

Antes de reseñar someramente las críticas que ha recibido la teología india y su corolario, la iglesia autóctona, es preciso recordar con insistencia que don Samuel se inscribe en la gran tradición de la iglesia misionera mexicana: «Aíndiate, hijito mío», le dice la Virgen al padre José Ortega, misionero del Gran Nayar, en el lejano siglo XVIII. Hay que recordar también que el problema del indio fue la manzana de la discordia entre seglares y regulares en la Nueva España, así como entre las órdenes religiosas y la elite criolla (hacendados, ganaderos, mineros). Los jesuitas perdieron la batalla contra aquellos intereses, y la voluntad de los monarcas de eliminar la orden estaba relacionada con esa disputa de las «misiones», de las «reducciones»: las comunidades indígenas organizadas por los padres, apartadas del mundo español, con la Iglesia como mediadora única.

Las críticas

El 22 de enero de 1999, a bordo del avión que lo llevaba a México, Juan Pablo II ofreció una conferencia a la prensa. Se le preguntó: «¿Qué solución y qué esperanza hay para Chiapas y para el pueblo indígena?». Su respuesta, por desgracia, ha sido mal difundida por los medios y por *Documentación e Información Católica* (XXVII-7, 12 de febrero de 1999), de modo que resulta incomprensible. Se transcribe tal cual: «R: Parece que en Chiapas es monseñor Samuel Ruiz, hace meditarlo que lo he encontrado hace veinte años también. Ciertamente que ahora se piensa mucho en sustituir la teología de la liberación por la teología indígena, que sería otra versión del marxismo». Los clérigos adversarios de don Samuel difundieron, a través de la agencia católica de noticias CIO, un documento de seis páginas, «Juan Pablo II, Indígenas y Teología»:

«Dr. Alfonso Navarro. Comunicación Social, Arquidiócesis de México. El papa en sus viajes internacionales concede una rueda de prensa a los periodistas en el avión. De las preguntas respondidas, la que más resonancia ha tenido en la prensa mexicana ha sido relativa a la teología india, que se está aplicando en Chiapas. Juan Pablo II condenó enérgicamente ese intento de sustitución de la teología de la liberación por una teología indigenista, de inspiración marxista, que obviamente no es concorde con la enseñanza de la Iglesia católica. La vía de solución de los problemas sociales y económicos de la nación, dijo el pontífice, es la solidaridad.

»El rechazo papal de la teología india no debe ser interpretado como falta de sensibilidad hacia el problema indígena; al contrario, se trata de una nueva expresión de la solicitud pastoral que el papa ha mostrado durante su pontificado hacia estas poblaciones. Una vez más, en el autódromo Hermanos Rodríguez, de la ciudad de México (24 de enero de 1999), ha expresado su afecto, cercanía y admiración por los valores de sus culturas y les ha animado a superar con esperanza las difíciles situaciones que atraviesan. La teología india, además de no ser ortodoxa, puede deparar muchos males a los indígenas. La condena papal intenta defender a los indígenas de estos males; es una expresión del amor y solicitud del Papa por los indígenas.»

Después de recordar: 1. La solicitud del papa por los indígenas y 2. La inculturación del Evangelio, pasa a 3. La crítica a la teología india.

«El papa no viene a México a condenar un cierto tipo de teología. Viene a presentar la exhortación apostólica "Iglesia en América", que recoge los trabajos del sínodo. Tampoco los documentos del sínodo dicen algo sobre la teología indígena, son propositivos. El papa y los obispos están interesados en la Nueva Evangelización para la América del nuevo milenio. La teología india es un "problema académico marginal", con lamentables consecuencias pastorales. Sin embargo, ante la provocación del periodista, el papa ha aprovechado la ocasión para repetir lo que ya había dicho muchas veces: que la teología de la liberación no sólo no es ortodoxa sino que, en la práctica, tampoco es eficaz.

»El camino para salir de los problemas de México y de América no es la lucha de clases, ni la confrontación, sino la comunión y la solidaridad. El camino de la Iglesia es la paz y la unidad. También sobre todo en América. La teología de la liberación es una teología de la confrontación: antes ponía a los pobres contra los ricos, después confrontaba los géneros como lucha de la mujer contra la opresión machista, hoy es la lucha de los indígenas y afroamericanos contra los "occidentales".

»[...] La teología india, también es una teología de la confrontación. Dice monseñor Samuel Ruiz que "nace al interior de un contexto de opresión. No fue sólo como la supremacía política, viene impuesta" (*Adista*, 7 de diciembre de 1998). La teología india, según este prelado, "es un proceso de recuperación de las religiones precolombinas". Hay una teología india-india que consiste en "la teología de los indígenas que buscan revivir y reconstruir la propia fe rescatándola de la vejación que ha sufrido a lo largo de 500 años de conquista".

»La teología india-cristiana consiste en la inculturación, que él entiende en un sentido muy "peculiar": "El problema —dice Samuel Ruiz— no es tanto cómo inculturamos el Evangelio, en tanto que (y este es el punto crucial para entender la teología india) se recupera aquello que Dios ha comunicado en la experiencia histórica de esta cultura, en qué modo se ha descubierto en ésta. No se trata de utilizar esta revelación como un 'trampolín' para pasar al cristianismo. Si no se encarna en la cultura de todos los pueblos, la Iglesia será siempre una Iglesia dominante que oprime un grupo humano determinado".»

Don Samuel no piensa en la conversión que Jesucristo había pedido divulgar a sus discípulos:

«La teología indígena se ha desarrollado en México, sobre todo en el contexto chiapaneco y ha provocado ya algunas intervenciones del episcopado mexicano. El cardenal Juan Sandoval Íñiguez, de Guadalajara y relator general del sínodo de los obispos, señaló, entre las causas del conflicto armado en Chiapas, "la división general creada por la estrategia pastoral de la diócesis de San Cristóbal, porque la diócesis ha sido dominada por el tipo de teología de la liberación inspirada por el marxismo y la lucha de clases". Según él, el empeoramiento de la guerra civil entre los indígenas en la región "es consecuencia de un conflicto armado creado por los agentes de pastoral de la diócesis. Incluso los mismos líderes zapatistas del EZLN han reconocido que fue la teología de la liberación quien les motivó a tomar las armas y a comenzar con el uso de la violencia".» (EWTN *News Briefs*, 26 de noviembre de 1996).

Para él, «el fundamentalismo indígena de esos teólogos no es menos intransigente que el de los Ayatolas».

Los diáconos

El asunto de los diáconos provocó y aún provoca disputas. De hecho, es probable que el conflicto más grave al término de la gestión del nuncio apostólico Justo Mullor en México haya sido la decisión de ordenar a cuatrocientos diáconos indígenas en varias regiones de la diócesis entre 1999 y 2000. Hubo un intenso debate, en los ochenta, entre dominicos y jesuitas sobre la naturaleza del diaconado. Los jesuitas sostuvieron una postura más tradicional, en la que el cargo requiere de imposición de manos por parte del obispo y es, por ello, permanente, pues imprime carácter. Los dominicos lo concebían como un cargo sujeto siempre a la asamblea comunitaria y, en consecuencia, revocable. De ahí a que se opusieran a la imposición de manos, ya que al imprimr carácter sobre las personas específicas se corría el riesgo de convertirlas en «caciques». Los primeros insistieron en especializar a los prediáconos y en profundizar cada vez más en su formación. Los dominicos procuraban que los asistentes a los cursos no fueran siempre los mismos, a fin de que la función de servidor no se especializara y no se propiciaran los mencionados cacicazgos, por lo que la formación de los «servidores» *(tuhuneles)* en Las Cañadas de Ocosingo fue más bien superficial y poco diferenciada de otros cargos. Como consecuencia era fácil para los catequistas, prediáconos y diáconos «saltar» a otras estructuras donde su liderazgo se desarrollaría de igual o mejor modo (ARIC, Unión de Uniones y EZLN). En el ámbito jesuítico los «servidores» estaban tan restringidos a sus funciones religiosas que resultó hegemónica la tendencia a que otras personas ocuparan los cargos civiles y, posteriormente, los militares. En Las Margaritas es interesante señalar que las circunstancias propiciaban aún menos la especialización que en Ocosingo: como las misiones católicas se ocupaban esencialmente en erigir las comunidades, se permitió que los nombramientos de prediáconos, que en su momento había exigido la asamblea diocesana, los efectuaran las organizaciones que surgían en cada comunidad. De este modo, en dicha zona, los liderazgos civiles (agrarios, educativos y organizacionales) dieron origen a los religiosos. En un texto citado líneas arriba, don Samuel menciona cómo el proceso del diaconado se va consolidando como un verdadero sacerdocio indio. Se hace hincapié también en la posibilidad de que las etnias del continente puedan «encaminarse hacia una identificación de su ser con la religión precolombina en la que no se daría tal dicotomía [la producida por la identidad de cristianismo y cultura occidental] con lo que resta de la cultura [india]». Más adelante afirma que se gestará un diálogo entre las religiones precolombinas y el cristianismo, el cual debió darse pero se frustró hace quinientos años. Lo interesante es la referencia al debate entre las culturas y entre las religiones precisamente en relación al diaconado y sacerdocio indios. Don Samuel sostiene que el Evangelio debe transformar el «núcleo duro» de las culturas paganas respetando sus manifestaciones, tal como se dio en el mundo mediterráneo durante el largo debate entre la antigüedad clásica y la entonces nueva religión cristiana. Es evidente para el obispo que los interlocutores indios de dicho debate, hoy día, están en gran desventaja frente el cristianismo. Por eso el primer deber de la Iglesia sería «formarlos». Por eso es necesario dejar a los indígenas asumir los papeles centrales del rito y mantenimiento del mito. Esto trasciende la decisión pragmática de la Iglesia posconciliar de abrirse a la participación de los laicos para subsanar la falta de sacerdotes. En la inmensa mayoría de las comunidades, el catequista y el prediácono fungen de hecho como sacerdotes para casi todos los servicios eclesiásticos. En la práctica sólo están impedidos de oír confesión y consagrar las especies, dos asuntos obviados fácilmente por medio de una buena logística de distribución del Santísimo y de sistemas de reconciliación comunitaria que no implican el sacramento pero sirven a los propósitos sociales del mismo. En los matrimonios catequistas, prediáconos y diáconos asumen el carácter de asistencia que el Código Canónico le confiere al obispo y párroco originalmente (cánones 1108, 1111, 1112). En la región donde más se ha desarrollado el diaconado (Bachajón), el sistema ha evolucionado incluso hasta producir un sistema judicial canónico que supervisa el correcto desempeño de la cada vez más compleja y extensa red de funcionarios eclesiásticos indios (Sistema Judicial Meltsanwanek). Federico Anaya aporta relevantes precisiones a este respecto:

«El único conflicto relevante y de fondo entre el nuncio Mullor y la diócesis, hasta donde tengo entendido, se dio en este asunto. Una testigo del primer encuentro del nuncio con don Samuel en San Cristóbal de las Casas me relató que, llegada una junta al punto del sacerdocio indígena, el nuncio insistió en la inconveniencia de dar el sacerdocio a los indígenas dado que este cargo requería de una universalidad cultural que no tenían los pueblos indios todavía. Entonces, don Samuel le contestó que en vista de eso mismo, con humildad, él (don Samuel Ruiz) confesaba no tener la universalidad necesaria para ser obispo, pues seguía siendo un hombre blanco, mexicano y occidental. El nuncio no respondió a esto y la junta pasó a otro punto de su agenda. Dos años antes, cuando llegó don Raúl Vera a Chiapas, el asunto del diaconado era parte de sus preocupaciones. Por pura coincidencia, me tocó desayunar en casa de don Samuel la mañana en que él y don Raúl salían rumbo a Bachajón, a donde ambos obispos evaluarían a varios prediáconos que aspiraban al diaconado. Don Samuel estaba entusiasta y, antes de partir, nos dijo a los que ahí estábamos que don Raúl estaba muy preocupado porque la preparación de los diáconos indígenas no fuera suficientemente seria o profunda, pero que pronto iba a ver que sí lo era. Dos semanas más tarde, me tocó regresar a San Cristóbal con don Raúl, luego de la bella ceremonia de la ordenación de los diáconos bachajontecos en San Jerónimo Tuliljá. Don Raúl estaba fascinado y ahora él también entusiasta. Sus dudas y preocupaciones pasaron a otros puntos. Poco antes de saberse, en 1999, de la salida de don Raúl rumbo a Saltillo, se dieron una serie de ordenaciones de diáconos indígenas, que llegaron a la prensa y que causaron algún escándalo, porque *La Jornada* sugirió que se estaba ordenando a diaconisas. La diócesis aclaró que el cargo se entregaba a parejas dado que en las culturas indias la mujer siempre acompaña al marido en los cargos que éste desempeña. Lo anterior no significaba que ellas recibiesen el cargo directamente. Aparte, me confirman varios sacerdotes que las viudas de un diácono, aunque son consideradas *principales* ellas mismas, y en tal calidad consultadas y tomadas en cuenta ceremonialmente, *no siguen ejerciendo las funciones de sus difuntos maridos*. Estas complejidades no fueron debidamente explicadas en la prensa, pero muestran la profundidad del sistema de diaconado indio en la diócesis y, por lo mismo, explicarían una justificada preocupación de la jerarquía mexicana y vaticana ante las numerosas ordenaciones diaconales que se dieron en San Cristóbal de las Casas entre 1998 y 1999.» (a Jean Meyer, 30 de abril de 2000)

Lo socialmente destacable es que para las comunidades en el frente de colonización de la selva, la oferta del diaconado fue vivida como una formación, así lo ilustra el pasaje citado de *Ceremonial*, de Jesús Morales. Las comunidades estaban luchando por construir un mundo completamente nuevo cuando el proceso del prediaconado y del diaconado les dio una «senda organizativa que permitía fabricar un mundo social congruente, consciente de sí y para sí», como afirma Federico Anaya. Más allá del mundo indígena, la Iglesia católica en México y en el orbe haría bien en recuperar y desarrollar ampliamente el diaconado.

En su momento, cuando no había marxismo ni guerrilla a la vista, el ensayo de los primeros franciscanos terminó en una condena. Marcel Bataillon y Georges Baudot han demostrado que estaban impregnados de joaquinismo (de Joaquín de Fiore, franciscano italiano de la Edad Media, que anunciaba la llegada de la tercera era, la del Espíritu Santo) y que suponían inminente la «última era del mundo», es decir, un periodo de paz, reconciliación y conversión general al cristianismo que antecedería al fin de los tiempos. Los dos franciscanos más conocidos de la «conquista espiritual», Motolinía y Mendieta, tuvieron en común la creencia de que podrían reconstruir la edad de oro de la iglesia primitiva, lejos del viejo mundo pervertido, entre indios pobres y sencillos, «*gens angelicum*». Era, asimismo, la esperanza de los jesuitas cuando fundaron las misiones de Nayarit y de California, al igual que las reducciones de Paraguay.

Los franciscanos fueron acusados de admitir y propiciar un sincretismo cristiano, y la experiencia de su Colegio de Tlatelolco quedó suspendida, así como, por siglos, la ordenación sacerdotal de indígenas. Sahagún, en 1556, arremetió contra la supuesta ingenuidad de «uno de los doce», a quien no se atreve a nombrar, por su falta de prudencia al no haber comprendido la tradición sincrética de la religión mexicana. Escribe Baudot: «Recalcamos la embestida (de Sahagún) contra los mismos frailes, especialmente uno, acusado de elogiar con palabras y escritos al demoniaco Tonalamatl, por carecer de perspicacia y conocimientos, cuando este fraile primero es uno de sus maestros y guías más respetado» (Baudot, 1996).

Entonces ¿son herejes u ortodoxos don Samuel y los suyos? Más bien son el equivalente, ni más ni menos, de los primeros franciscanos y jesuitas. Se podrán equivocar en términos históricos o sociológicos, pero ese es otro asunto. No se trata de aspectos de la doctrina, sino de una concepción de la sociedad, de las ciencias sociales. ¿Cómo se transforman las sociedades indígenas rurales en una sociedad compleja moderna, urbana, abierta a los cuatro vientos del mundo internacional? La lucha de clases ya se ha instalado en esos grupos; al interior hay añejas contradicciones, gente que aprovecha la situación externa para beneficiarse. Hace falta romper con la visión maniquea de la historia, para la cual los indios son buenos, y cuando son «malos», como los paramilitares, se dice que ya no son indios o que han sido «pervertidos» por el exterior. Habría que aceptar la contradicción como motor de la historia. El desarrollo económico no ha llegado a esa región: he allí el problema. La gente está dispuesta a cambiar, quiere cambiar, contra el deseo de los antropólogos y de don Samuel. Jesús Morales señala que se habla en «lengua» en dos lugares y en dos momentos: en la ermita, para escuchar el discurso religioso, y en la casa ejidal, para escuchar el discurso del Estado (a Jean Meyer, 10 de junio de 1999).

Exagera un poco. El resurgimiento mundial de las lenguas «regionales» y «autóctonas», afecta y afectará a la zona. Es cierto que el castellano avanza y se emplea como lengua común entre las diversas comunidades, pero no a expensas de las hablas indígenas. El panorama lingüístico de la diócesis es más complejo de lo que nuestra mentalidad «moderna» alcanza a entender. A guisa de ejemplo, se dice que en la región chol el castellano es la lengua de la política y del comercio, en cuanto actividades externas de la comunidad, pero para todo lo demás, incluida la guerra civil, se habla chol. Federico Anaya relata una anécdota significativa:

«A principios de 1997, cuando el ejército entendió que los paramilitares de Paz y Justicia le hacían un flaco favor al desplazar hacia las montañas (con sus bases guerrilleras) a la población civil no afecta al gobierno, los militares presionaron a los líderes paramilitares para realizar reuniones de «reconciliación». Los líderes de Paz y Justicia eran llevados en helicóptero a las comunidades zapatistas-perredistas y se celebraban largas sesiones. La mayor parte del diálogo era en chol. Una delegación del Centro Fray Bartlomé era usualmente invitada, y nos acompañaban catequistas de la parroquia de Tila como traductores. En una de las sesiones, mi traductor me dijo que el líder de Paz y Justicia, Samuel Sánchez Sánchez, había dicho —en castellano— que quería la paz y la reconciliación, pero agregado en chol que si los perredistas no volvían al PRI y se arrepentían, seguirían siendo atacados en retenes de caminos y en sus mismas comunidades. Ante esto, le pedí al coronel Leopoldo Díaz que preguntara a su propio traductor si esto era correcto. El militar me dijo que él no llevaba traductor. Las reuniones fracasaron.» (a Jean Meyer, 30 de abril de 2000)

En Las Cañadas de Ocosingo, sobre todo en el corredor de Santo Domingo, el tejido lingüístico es todavía más complejo. En el área de Arena las familias son multilingües, pues la colonización fue realizada simultáneamente por choles de Palenque y tzeltales de Chilón y Ocosingo, por lo que muchos niños hablan tres lenguas de modo corriente (chol, tzeltal y castellano) dependiendo de su interlocutor: su madre, su padre, sus hermanos o amigos. El castellano es evidentemente la *lingua franca*, mas, al parecer, nadie está interesado en dejar de hablar las lenguas indígenas de modo cotidiano. La «modernidad» es patente en Las Cañadas, la gente sigue con pasión los campeonatos nacional y mundial de futbol. La opresión es muy grave, pero lo más grave es que esa explotación no sea moderna (industrial, por ejemplo, entre otras). Ni la Iglesia, ni las iglesias ni el EZLN ofrecen un diagnóstico, ya que la situación no se puede plantear en términos religiosos ni en tónica ideológica. Eso de nada sirve. Sólo se puede entender la sociedad con las claves de las ciencias sociales, pero sabiendo que no son dogmas y que están en constante transformación.

5
Inconformes

Protesta por una de las incontables expulsiones de Chamula.

Los tradicionalistas

La inconformidad es la cosa más natural del mundo y no es asunto que deba atemorizar a nadie. Equivale a pluralismo y es, cuando se puede manifestar, consecuencia de la libertad. Hay muchos cuartos en la casa del padre.

Es preciso traer a la memoria de nuevo la ausencia de la Iglesia entre 1840 y 1940, así como la débil presencia previa a partir de la progresiva retirada dominica. La Iglesia católica, como la ortodoxa, se merma mucho si falta el sacerdote, pero, por la misma razón, la persecución se centra por lo general en su figura y en la eucaristía. Los indígenas debieron estructurar una organización para hacerse cargo de la iglesia, del calendario litúrgico y de las fiestas, por lo cual la «comunidad» se volvió político-religiosa. Sólo antaño había sido política, administrativa y fiscal (la república de indios), por lo que fue un error de los antropólogos haber supuesto que la comunidad, tal cual la encontraron entre 1940 y 1950, era la Comunidad de toda eternidad. Su sentido y actuación religiosos buscaban cubrir una necesidad, colmaron el vacío de una larga espera.

En ese periodo se fortaleció el sistema de «cargos», sobre todo en Chamula, Tila, Tumbalá y otras comunidades que los especialistas podrán señalar. En Tila, por ejemplo, la estructura se hizo cargo del santuario y del grueso de la limosna; empleaban un manual o devocionario «escrito por el P. Torres» —según lo relatado a este historiador, aunque no ha sido posible comprobarlo—, y también el catecismo del padre Ripalda, por lo cual pudieron conservar, incluso hasta la actualidad, oraciones antiguas en castellano y en latín. Fue, en su tiempo, una «iglesia autóctona», sin sacerdotes. Nunca pretendió escindirse

157

del conjunto de la iglesia católica y se supuso siempre inserta en la ortodoxia romana.

El establecimiento permanente de sacerdotes en los años cincuenta y sesenta, casi por primera vez desde el siglo XVII, causó una verdadera revolución y, más tarde, una división en las comunidades. Guatemala había padecido el mismo fenómeno un poco antes de ese periodo. El autoritarismo clerical, la falta de sensibilidad y de prudencia de los sacerdotes que querían acabar de una vez y para siempre con determinadas prácticas —como fumar, beber y charlar en el templo— provocaron más de una crisis. Los laicos desplazados se consideraban los verdaderos católicos, ortodoxos, y veían en esos sacerdotes que atacaban el costumbre a unos herejes muy semejantes a los predicadores protestantes. Los sacerdotes se granjearon éxitos, como los evangélicos, pero al mismo precio: la división comunitaria entre tradicionalistas y «religiones» (católicos y protestantes).

Para explicar mejor a los «tradicionalistas» es indispensable entender las iglesias colonial y decimonónica chiapanecas, para ello una buena guía es *Savia India, Floración Ladina* (Ruz, 1992). La Iglesia nunca estuvo del todo ausente de Chiapas en el periodo colonial, como lo demuestra la muy cercana relación entre dominicos y comunidades indias, pero la rebelión de 1712 sí constituyó una fractura de las relaciones entre las comunidades indígenas y la vida religiosa. El retiro del clero regular, propiciado por el triunfo liberal en la segunda mitad del siglo XIX, probablemente fue antecedido, entre 1800 y 1850, por una atención excesiva de los religiosos en las disputas específicamente criollas de la vida republicana. Ante la ausencia las comunidades asumieron la reproducción de los rituales. ¿Lo hicieron para guardar las apariencias de su sumisión, tal como ha señalado Pedro Pitarch? ¿O se trataba más bien de comunidades católicas que echaban en falta a su sacerdote y hacían lo que a su entender estaba a su alcance?

La crisis chamula

Desde 1966 miles de católicos y protestantes «conversos» («religionistas») del grupo chamula han sido expulsados de su pueblo de origen por las autoridades municipales. El desalojo de disidentes religiosos se convirtió en regla en Chamula, donde, debido a la defensa de los «usos y costumbres», se pasó de la expulsion de protestantes a desterrar a católicos liberacionistas y a participantes activos de cualquier religión que atentaran contra el poder hegemónico de los caciques indígenas (Rus, 1998, p. 273).

Ya en 1969 los sacerdotes católicos dejaron de visitar Chamula por el hostigamiento que padecieron a partir de la expulsión del padre Polo, tres años después de que Samuel Ruiz fundara la respectiva misión (CNDH, 1993, pp. 17-19). Hacia 1974 ocurrió la primera salida en masa de disidentes. La segunda, de seiscientos evangélicos, tuvo lugar en 1976. A partir de entonces se ha desterrado a pequeños grupos, aunque con tal sistemática frecuencia que se estima, de modo conservador, que ya en 1995 había unas quince mil personas forzadas a salir de sus parajes de origen, la mayoría procedentes del municipo mencionado (CNDH, 1995, p. 30). Estas expulsiones alteraron la concepción que del indígena Samuel Ruiz se había hecho, de modo que el obispo comenzó a denunciar la explotación de unos indígenas por parte de otros:

«A nuestros hermanos indígenas... los exhortamos a que revisen sus propias actitudes de dominación y caciquismo hacia sus propios hermanos indígenas, de suerte que cada tribu sienta, como en carne propia, los problemas de sus otros hermanos indígenas.» (Circular 65, 1972)

Al observar la afiliación religiosa en Chamula, desde 1950 hasta 1990,* sorprende el número creciente de personas que declaran no profesar «ninguna religión» y, en particular, el incremento en este rubro durante los setenta y ochenta. El

* Remítase el lector al cuadro 13 en los Apéndices (pp. 218).

antropólogo Carlos Garma sostiene que este crecimiento se debe tanto al temor por las expulsiones de disidentes religiosos como a la práctica del costumbre, que muchos no consideran religión en el sentido cristiano (Garma, 1992, p. 61).

Chamula es el ejemplo paradigmático de expulsiones indígenas, pero en otros municipios, como Chalchihuitán, Zinacantán, Chenalhó y Teopisca, este fenómeno también se repite (CNDH, 1995, pp. 33-39). Todos los municipios señalados se ubican en la zona tzotzil de la diócesis de San Cristóbal, la cual comprende el territorio de Los Altos. Los desalojados se han ido a los barrios periféricos de San Cristóbal de las Casas y viven en condiciones precarias. Este problema ha implicado un obstáculo y un reto a la pastoral de Samuel Ruiz, que encuentra diferencias significativas en la zona tztozil y en la zona tzeltal, en la selva lacandona. El grado de violencia que se ha desatado a causa de las expulsiones es indignante, como lo prueban los informes del Centro de Derechos Humanos Fray Bartolomé de las Casas (CDHFBLC, s.f.) y Dolores Aramoni y Gaspar Morquecho (Aramoni y Morquecho, 1999, pp. 236-291).

En noviembre de 1974, tras la expulsión de los catequistas y del incendio de las ermitas en Chamula, el obispo suspendió todo servicio religioso. Después se dio inicio a un difícil diálogo entre 1975 y 1976. El 4 de octubre de 1976 se decidió que no habría más servicios religiosos si no regresaban los desterrados. En semana santa de 1977 no hubo oficio. A fin de celebrar la de San Juan las autoridades firmaron un compromiso que, después de la fiesta, desconocieron (Pablo Iribarren, *Misión Chamula*, 1980).

La crisis de Chamula, el castigo espiritual que aplica el obispo, el cisma, la expulsión de las «religiones» incluso en la actualidad, además del regreso pactado a la Iglesia católica con su incorporación a la diócesis de Tuxtla es una historia que se debe interpretar con humildad, respetando esa perspectiva. La política no hizo más que agravar un problema muy real y generalizado. En la comunidad la división se presentó muchas veces en terminos generacionales: los jóvenes se convierten en catequistas de la diócesis, o en evangélicos, lo que supone un prestigio inalcanzable en un sistema de cargos ya acaparados. Es un fenómeno que se repite en cada generación mientras no surja un verdadero cambio socioeconómico, y que se presenta tanto en comunidades católicas como en protestantes y en las de «ninguna religión».

Quizás esto permita entender el éxito de la propuesta neozapatista entre los muchachos de la segunda generación; acaso el Ejército Zapatista abrió un nuevo camino para los jóvenes que no pudieron incorporarse a la jerarquía estructural vitalicia de la iglesia autóctona. Es una hipótesis plausible, nada más.

Don Samuel adivinó el problema, pero no llegó al fondo. En su *Informe Ad Limina 1988-1993* escribe a propósito de la evangelización y de la religiosidad popular:

«Logros.

»La religiosidad popular ha contribuido a mantener la fe en Dios y, a pesar de ciertas deformaciones y pobrezas, ha sido canal de evangelización para las clases más pobres. Sus celebraciones son momentos de convivencia que unen al pueblo y mantienen en ellos viva la utopía por un mundo más justo, signo del Reino de Dios y de su justicia.

»Los agentes de pastoral vamos comprendiendo mejor el significado de la religiosidad popular y la apreciamos más adoptando una actitud reverencial de respeto, aunque también crítica frente a algunas de sus manifestaciones que no nos parecen del todo compatibles con el anuncio evangélico.

»Retos.

»La formación occidental que los agentes de pastoral normalmente recibimos en los seminarios y centros de preparación apostólica, nos dificulta la comprensión del fenómeno religioso en el pueblo. La satanización que mucho tiempo se hizo de algunos elementos de la religiosidad popular pesan todavía en nuestro inconsciente y llevaron al pueblo a proteger su religiosidad a un ámbito alejado y oculto a la mirada de la jerarquía eclesiástica. Todavía persiste cierto paralelismo entre las celebraciones litúrgicas oficiales de nuestra iglesia Católica y las expresiones culturales más populares.

»También hay paralelismos entre los ministerios jerárquicos y ciertos ministerios que ejercen personas del pueblo en el ámbito de la religiosidad popular. Se da asimismo un paralelismo de contenidos, muchas veces condicionados por las diferencias culturales, que hemos percibido, pero que habría que conocer y discernir con mayor precisión.» (p. 46)

«Ámbito urbano»

Bajo este epígrafe, en el mismo informe, el obispo ofrece una síntesis:

«La población urbana, en términos generales, presenta una resistencia por aceptar y vivir una evangelización encarnada en la realidad y con su historia, que la lleve a integrarse a modelos comunitarios en la búsqueda de un compromiso real con sus hermanos. Esto se percibe en la resistencia que opone la población en aceptar la evangelización por parte de los catequistas [...] sigue siendo un reto el encontrar en este ámbito nuevas formas de participación laical.» (p. 98)

Si se piensa que la población urbana ya es mayoritaria en la república y crece rápidamente en Chiapas, el problema es grave. Samuel Ruiz lo intuye, pero no puede ir más allá, pues lo llevaría a poner en duda los terminos sociológicos de su mundo. El texto que sigue lo demuestra muy bien:

«Otro reto importante en nuestra diócesis lo constituyen las dificultades propias de la pastoral en las zonas urbanas; en ellas se ha desarrollado más una pastoral de conservación de la fe y de las tradiciones. Ello dificulta el desarrollo de una Iglesia más viva y participativa en la población urbana a causa de factores como: la disgregación mayor de la gente, la pérdida de su identidad, el pluralismo social y cultural, la incipiente despersonalización, la ambición de un bienestar material por encima de otros valores, etcétera.

»Así pues, la receptividad del pueblo la podemos dividir sensiblemente en ciertos sectores. Podemos decir que en líneas generales los centros de las cabeceras parroquiales muestran un poco más de resistencia a la acción evangelizadora profética y misionera, ya que a medida que en un grupo humano se da una mayor concentración de poder económico o político, se da también una mayor resistencia y una cierta impermeabilidad a la recepción de la Palabra de Dios; en cambio los pequeños, los pobres, los sencillos tienen una grande apertura. Junto con Cristo, bendecimos a nuestro Padre Dios que sigue manifestándose a los humildes.

»Se da también en algunos sectores campesinos una manipulación por parte de poderosos que obstaculizan la difusión y la reflexión profunda de la Palabra de Dios; pero podemos decir que en general hay una grande receptividad.

»Por otra parte existe también una complicación interna: catequistas y pequeños grupos religiosos que llevan una línea anterior o diferente a la del concilio, sienten la extrañeza de un cambio hacia una Iglesia que se hace más consciente de lo que significa la Palabra de Dios, para hacer que se convierta la Religión —la virtud del hombre religioso— no sólo en un culto, en una discusión apologética o en mero entusiasmo subjetivo y fanático, sino en un compromiso con el hermano y con la creación de estructuras sociales que puedan aminorar sensiblemente su sufrimiento [...].

»No olvidamos que en nuestra diócesis hay sectores económicamente fuertes a los cuales también hay que anunciarles el misterio de la salvación por Cristo muerto y resucitado. Seguimos invitando a esos sectores a participar personal y comunitariamente en la construcción del Reino de Dios. Por desgracia, en general se repite en ellos la parábola de los invitados que encuentran disculpa para ir a la boda, aunque también hay diversos tipos de tierra con diferente cosecha (Lc. 14, 15-24; Mt. 13, 1-23). Algunos de ellos se han vuelto opositores de Cristo y de su Iglesia.» (*Informe Ad Limina 1988-1993*)

A propósito de este último párrafo que alude entre otros a los «coletos», ya ni tan ricos ni tan dominantes, valdría considerar la risueña propuesta del antropólogo Julián Pitt-Rivers de estudiar a los coletos como indios, como una «comunidad indígena», con la misma simpatía que merece la cultura de dicha comunidad. Esa simpatía indulgente la deberían merecer también los «mestizos» o «ladinos» y los indígenas «perdidos», que al llegar a la ciudad dejan de ser indígenas. Pero a la diócesis le sería muy difícil entenderlo.

En el campo

Es una inconformidad más reciente y distinta la de los tradicionalistas. Se presenta entre católicos «nuevos» e incluso entre catequistas desde que el EZLN empezó a predicar la causa del levantamiento a finales de los ochenta; se incrementó cuando, a partir del levantamiento, los que optaron por la vía pacífica sufrían todo tipo de presiones, incluso espirituales. Los obispos de las diócesis vecinas conocen bien la situación.

Dos documentos transcritos tal cual, a continuación, son anteriores al levantamiento:

«Iglesia Católica Universal, San Bartolomé Apóstol, colonia Los Plátanos, San Juan Bautista El bosque, Colonia San Cayetano, Rancho San Carlos, San Andrés La Laguna. Parroquia San Juan Bautista, Municipio de El Bosque, Chiapas, Diócesis de San Cristóbal de las Casas, Chiapas, México.

»*Santidad Juan Pablo II Pontífice Concilio Vaticano*

»Les escribimos muy fraternalmente a nombre de nuestras comunidades antes mencionado, nosotros pertenecemos un grupo Apostólico de la Palabra que somos Rechazados por nuestro Obispo Samuel Ruiz García, y párroco Dervé Comiér, de la diócesis de San Cristóbal de las Casas, Edo. De Chiapas, México. Ellos tienen la idea de la teología de la Liberación, o nivelación de la clase marchista tipo partido Comunista, solicitamos su orden para que nos pueda visitar en nuestra Comunidad, el Párroco de Bochil, García Diócesis de Tuxtla Gutiérrez, estado, Chiapas, porque los Sacramentos ya tenemos autorización por Exmo. Mons. Jerónimo Prigíone Nuncio Apostólico Mexicano, y el Mons. Felipe Aguirre Franco, Obispo de la Diócesis de Tuxtla Gutiérrez, por los Sacramentos no hay ningún problema, únicamente tenemos que trasladar a una distancia de 24 kms. de Plátanos a Bochil pero el mayor problema es con los fieles no todos podemos llegar en esa distancias por faltas de recursos económicos muchos se quedan sin confesar y sin comulgar, por eso necesitamos ya que nuestro párroco hemos solicitado varias veces su presencia para que administre los Sacramentos y todos nuestras invitaciones nos han rechazado y sólo nos a regañado por no aceptar su idea política. Cuando era otro párroco que se llamaba, Alberto Majonoh, no había ninguna división, y tenemos el Sagrario y el Sacramento eucarístico y con su Ministro ordenado por Mons. Samuel Ruiz García, Obispo de la diócesis de San Cristóbal de las Casas, estado de Chiapas, México, 9 años tuvimos este Sacramento y últimamente con nuestro párroco actual, Hervé Camiór, es un Francés, y todo su idea no podemos entender, y precisamente necesito nuestro Sacrario de Sacramento de la Eucaristía.

»Aprovechamos la Oportunidad para enviarle un cordial saludo en el Señor, y esperamos su contestación.

»Respetuosamente.»

«Con todo el debido respeto que Usted, dignamente que merece, Como gran pastor de la Iglesia Católica Apostólica, Romana, Universal, de la Santa Cede en el Mundo y defensor de la fe Cristiana conforme de parte de Nuestro Señor Jesucristo.

»*Expresar*, Nuestro saludo muy cordial, y fraternal deseando Que el Señor, lo colma la bendición después de Nuestro corto saludo.

»Nos dirigimos, a usted, con el Objeto de solicitarle su gran intervención por el aspecto de la situación que venimos Viviendo en el nivel municipal, Parroquia de San Andrés Larraínzar, Diócesis de San Cristóbal de las Casas, Chiapas México.

»Ya hace dos años con ocho meses que estamos sufrientos por no abido solucionado el problema, por el cuestión de no aceptamos la enseñanza, que lleva de nuestra Diócesis.

»Somos 35 comunidades y 5075 Creyentes Indígenas, Que no estamos de acuerdo la enseñanza. El sistema Liberalismo y Socialismo de Marxista, y es idea, de Otras, Naciones como son, *Cuba, Nicaragua, Guatemala, San Salvador, y Irac*. Etc.

»Donde esta provocando Muchas violencias y Matanzas, por eso salimos de esa movimientos porque Dios, nos dice. EZ, 18, 27-28.

»El quinto y séptimo, mandamientos nos dice no matar ni robar las cosas, agenas. Nuestro Señor nos, dice que debemos amar unos a Otros, JN, 15, 12-13 queremos respetar los Mandamientos de Dios, en su Lugar de respetar allí, donde cometimos errores en nuestra Diócesis por eso nos, Priva de nuestro derecho de recibir los Sacramentos y confesiones, y le quitó la licencia ministerial al párroco *Diego Andrés*, que estaba trabajando en Nuestro parroquia, al mismo tiempo fuimos a pedir su facultad con Nuestro Señor. Obispo *Samuel Ruiz García*, no nos hizo Caso. Y por Otro le pedimos por medio del Escrito con miles de Nuestro, firmas y huellas Digitales, ni jamas se tomó en cuenta la petición Nuestra.

»Por eso, nosotros hemos, Enviado Documentos con el *Monseñor. Gerónimo Prigione*, su representante personal que esta en la Ciudad de México, D.F. Y fuimos a Entrevistarle personalmente para Consultarle lo que está pasando en Nuestra Diocesis.

»Le Damos Gracias ante Usted, por sus Autoridades Competente Eclesiastas. Allí nos, consola Mucho de Nuestra consideración que tenemos. Y Gracias la Sagrada Congregación del Clero. Le envío la facultad de antiguo parroco para Oir, nuestro Confesión en su casa particular de él, y celebrar la santa misa en los Domingos.

»Le Rogamos a Usted, Santo Padre que nos, Escucha de Nuestra suplica Queremos que tenga ya, su facultad de Nuestro Antiguo parroco para Celebrar los Santos Sacramentos que nos falta de recibir de Nuestros niños.

»1. falta recibir Sacramento de Bautizmo 460 niños.

»2. 262 que falta recibir matrimonio.

»3. 884 que falta recibir Confirmaciones.

»Asi tambien *Monseñor, Samuel Ruiz García obispo de nuestro diócesis*. Que reconosca la Preparación de nuestro Catequista que reciben con los laicos capacitados se llaman "Apostoles de la Palabra". Tenga compasión de nosotros las mas prioritarias en Nuestra Linea Universal del Pueblo Indigena.» (Carta dirigida a Juan Pablo II, procedente de San Andrés Larráinzar, 6 de agosto de 1993)

Nadie puede negar la realidad de este doloroso problema. Después del levantamiento comenzaron las expulsiones de personas ajenas al neozapatismo, tanto católicas como protestantes, en particular de los miembros de la ARIC-Unión de Uniones. Se enviaron al obispo muchas peticiones de ayuda. Este historiador pudo consultar trece: la primera, del 9 de marzo de 1994 (ejido Calbario [sic], municipio de Ocosingo), la última, del 13 de enero de 1995 (ejido Dolores las Palmas, municipio de Ocosingo). Doce proceden de comunidades de Ocosingo y una de Altamirano. Todas denuncian los atropellos por parte del EZLN y piden «ayuda», la «mediación del obispo» e incluso su «visita pastoral».

El 7 de abril de 1994 habitantes del ejido Santa Lucía, en la región de Avellanal, denunciaron que el EZLN pretendía desalojarlos:

«En la comunidad de Guadalupe trinidad a la gente de ARIC no lo dejan de entrar en la iglesia por los zapatistas. En la comunida de Ibarra, cuando entran en la iglesia estab bijilado por los zapatistas y armado en la puerta. Le rogamos al señor obispo como mediador de la paz.»

El 25 de abril, residentes del ejido Lázaro Cárdenas (en Altamirano) escribieron al obispo:

«Esto queremos nos allude a negociar para que nosotros no tengamos problemas con los hermanos zapatistas porque somos puros campesinos pobres, ellos y nosotros somo hijo de Dios de un solo padre y de un solo espíritu, por eso debemos amarnos como Dios nuestro padre lo quiere. Señor Obispo nos despedimos esperan su baliosa interbención que Dios nuestro padre le de su bendición y su alluda para que husted siga luchando por todos.»

El conflicto que a continuación se reseña no tiene que ver con el neozapatismo y los refugiados, pero sí se dio en el medio indígena. Zinacantán ha sido siempre un pueblo original y emprendedor desde el siglo XVI, sus vistosos trajes llaman la atención, así como el éxito de su actividad económica. Se destaca, desde hace mucho tiempo, por su activa inconformidad política y sus líderes catequistas. Primero perteneció al PAN, después se vinculó al PRD y más tarde fue base de apoyo al EZLN, hasta el siguiente cambio de signo. En Zinacantán la lucha política es intensa y se puede referir como una confrontación de poderes: el PRI encarcela a los dirigentes, pero tiene que liberarlos muy pronto cuando se movilizan las masas. En 1998 se originó un conflicto entre la diócesis y las autoridades municipales:

«Respetado Señor Presidente Municipal:

»Reciba mis saludos y los de don Raúl Vera López, quien se encuentra en la ciudad de México pero está al tanto de este documento.

»Hemos recibido dos actas de supuestos acuerdos de carácter religioso que se nos dan a conocer para su cumplimiento.

»Nos ha causado grande sorpresa ver la firma de Usted y de algunos miembros de su Cabildo, puesto que desde que usted asumió el cargo de Presidente Municipal hemos tenido relaciones de mutuo respeto sin interferir en las responsabilidades de cada instancia.

»Nos sorprenden esos documentos porque rompen los acuerdos que teníamos y violan las leyes de México, que establecen que las autoridades civiles no pueden tener injerencia en los asuntos de la Iglesia.

»Nos resulta también muy extraño que los que firman esas actas quieran tomar decisiones que corresponden solamente a las autoridades religiosas de la Iglesia Católica, o sea, el Obispo y el párroco.

»En el trabajo pastoral de la Iglesia Católica en todo el mundo se hacen esfuerzos por fortalecer a los pueblos indígenas, a su cultura, a su lengua, a sus tradiciones y, sobre todo, a una mayor participación directa de sus miembros, para que

168

la Religión Católica favorezca la identidad indígena y sea más propia de las comunidades.

»Por eso nos resulta incomprensible que las autoridades municipales no valoren la lengua de la población de Zinacantán y quieran imponer el uso del español y de costumbres de los mestizos en las celebraciones religiosas, cooperando con ello a la pérdida de los valores y tradiciones indígenas.

»Más preocupación produce la prohibición del trabajo de los catequistas en las celebraciones religiosas, como si los indígenas fueran inferiores y sólo los sacerdotes mestizos pudieran dar servicios religiosos a las comunidades católicas. La Iglesia Católica va avanzando al dar mayor participación a los indígenas en la vida religiosa de sus comunidades y es muy triste que sus mismas autoridades pongan obstáculos para este crecimiento. También nos preocupa mucho que varios catequistas han recibido amenazas.

»En nuestro país se está insistiendo en respetar el derecho de las mujeres de participar en la vida económica cultural y religiosa de sus pueblos por eso no entendemos que las propias autoridades quieran prohibir su participación en las juntas de catequistas.

»Los cargos dentro de la Iglesia los dan el Obispo y los Sacerdotes según las leyes internas de la Iglesia. También toca a ellos definir los requisitos para los sacramentos, en especial el bautismo de los que se salieron de la iglesia Católica y se bautizaron en otra religión.

»Durante muchos años, los padres dominicos han atendido toda la parroquia de Zinacantán, teniendo a un párroco responsable que es el Padre Constantino Gómez Uria, que ha estado ausente últimamente algunos meses por razón de enfermedad. Sin embargo, los otros padres dominicos han atendido todos los compromisos en la cabecera y en los parajes.

»Usted sabe que en Navenchauc fue donde algunos líderes políticos empezaron a hacer problema contra el trabajo de la Iglesia, pero también sabe que la gran mayoría de los católicos practicantes de todo el municipio están de acuerdo con el trabajo de los catequistas y de los padres dominicos.

»Recordamos cuando Usted empezó su trabajo de Presidente se encontró un problema semejante y supo resolverlo muy bien; esperamos que en esta ocasión sepa Usted también orientar a su gente para que respeten la autoridad de la Iglesia Católica y no pongan obstáculos al trabajo de los padres y de los catequistas, que es un servicio muy importante para todos los católicos de Zinacantán.

»Nosotros esperaremos hasta que haya respeto al trabajo de la Iglesia y a que las personas que se oponen a la vida religiosa de la comunidad zinacanteca cambien su corazón.

»Ante el actual rechazo al servicio que damos en Zinacantán nos vemos en la triste necesidad de suspender temporalmente las visitas de los sacerdotes en toda la parroquia, hasta que tengamos garantías de que se respetará la libertad religiosa de los católicos de Zinacantán y de las autoridades de la Iglesia Católica.

»Es necesario que se haga un acuerdo de respeto al trabajo de la comunidad católica, de los catequistas y de los sacerdotes, y que los encargados de cuidar el templo no pongan obstáculos ni quieran mandar a los catequistas y a los sacerdotes. Debe quedar muy claro cuál es la responsabilidad de cada quien y que haya acuerdo de respeto entre todos.

»Ya falta poco tiempo para que Usted entregue su trabajo al nuevo Presidente Municipal y por eso sería muy importante que este problema sea resuelto y no quede mal recuerdo del trabajo de Usted.

»Confiamos en que recibiremos buenas noticias de Usted y le deseamos que tenga éxito en su servicio al pueblo de todo el Municipio de Zinacantán. (Carta de Samuel Ruiz García a Mariano Pérez Conde, presidente municipal de Zinacantán, Chiapas, 18 de noviembre de 1998.)

En esa confrontación Samuel Ruiz venció, las autoridades ofrecieron disculpas y todo quedó arreglado. Hasta la siguiente ocasión. Lo pudo conseguir el obispo con los zinacantecos, pero cuando lo intentó con los chamulas entre 1974 y 1976, perdió.

Sacerdotes

En su *Informe Ad Limina 1988-1993* (p. 31) don Samuel advierte que «Finalmente, es una dificultad que debe tomarse en cuenta el hecho de que muchos de los sacerdotes y religiosos(as) que actualmente colaboran en el trabajo pastoral no son originarios de Chiapas». Es cierto, pero se debe a que los pocos que había se retiraron paulatinamente, sin hacer ruido siquiera, ni escándalo, especialmente en los años setenta. Un caso paradigmático es el del padre Diego Andrés Lockett, veterano de la segunda guerra mundial, quien llegó a San Andrés Larráinzar como cura en 1962, y allí siguió hasta que en 1992 lo suspendiera el obispo. Hoy día mantiene el vínculo con sus antiguos parroquianos desde Bochil. En enero de 1994 envió una carta al papa. Antes de citarla es preciso extenderse un poco.

Don Samuel se expresa muy bien del padre Diego Andrés. Después de servir en la marina de Estados Unidos de América durante la guerra, residió en el célebre seminario mexicano de Montezuma (Nuevo México). De allí fue enviado al seminario de Guadalajara, especializado en vocaciones tardías. Solicitó una diócesis pobre y lo mandaron con el obispo Torreblanca a San Cristóbal. A éste, el padre Diego Andrés le solicitó ser asignado a Larráinzar, entonces un municipio aislado y perdido en la sierra de Los Altos. Torreblanca aceptó al principio en calidad de prueba y, luego, definitivamente. Cuando Samuel Ruiz tomó posesión no tuvo inconveniente en que Diego Andrés siguiese allí, puesto que estaba bien adaptado.

Don Samuel afirma que el padre Diego Andrés es un hombre abnegado, cabal, cumplido, pues nunca ha hecho esperar a las comunidades que lo citan y siempre se ha preocupado por su bienestar. Cuando se planteó la necesidad de mejorar la alimentación, el padre mismo comenzó el cultivo de hortalizas y se volvió sobre todo experto en producir papa. Es uno de los introductores de esta variante agrícola que está transformando la vida de Los Altos en la actualidad. Diego Andrés ha recorrido todas las veredas de su parroquia y las conoce como nadie. Pero también, señala don Samuel, su entusiasmo es rígido: nunca comprendió los cambios del Concilio y paulatinamente se fue alejando de la pastoral diocesana, que evolucionaba. No entendió las nuevas actitudes de los catequistas preparados en San Cristóbal y las juzgó con criterios preconciliares, según los cuales, se trataba de una conjura «comunista».

«La rebelión indígena zapatista de Chiapas por el padre Diego Andrés, antiguo párroco de San Andrés Larráinzar, Chiapas.

»Cree que todos o casi todos del estado de Chiapas que no estamos promoviendo esta rebelión quisiéramos que dejara de existir. Todos queremos paz y tranquilidad. Pero para lograr ese fin, ayuda mucho conocer bien lo que pasó y porqué pasó. Yo conozco muy poco de la parte de la rebelión que afectó las pequeñas ciudades de Ocosingo, Las Margaritas y Altamirano. Pero la parte de la rebelión que tiene que ver con la región de San Cristóbal, sí la conozco algo más de lo que se oyó en las noticias. Ese algo más quisiera dar a conocer porque mientras más conocemos, mejor podemos pensar de cómo poner la solución.

»Primero, ¿quién soy yo que escribo? Soy el antiguo párroco de San Andrés Larráinzar, la parroquia de donde salió el grupo de indígenas a atacar a San Cristóbal de las Casas. El Padre misionero Juan Bermúdez me entregó la parroquia en julio, 1962. Antes de mí no había habido sacerdote de planta en la parroquia desde aproximadamente el año 1915 y por ese motivo los Católicos practicantes fuera de la población pequeña de la cabecera de unas cien familias ladinas eran muy poquitos. Había sólo dos ermitas de comunidades en la parroquia, una en la colonia San Cristobalito pero sin comunidad Católica practicante y la otra una nueva ermita en Majobal (cerca de Bochil) con una nueva pequeña congregación de Católicos practicantes. Las primeras veces que decía y en Majobal unas veinticinco. Pero sí después con la gracia de Dios y el trabajo de catequistas, empezaban a formarse muchas comunidades de Católicos practicantes y devotos. Yo les ayudaba en hacer sus ermitas dándoles el precio de las tejas o láminas para sus techos. Las comunidades daban lo demás. Y todos los parajes empezaron a tener sus ermitas. Yo las visitaba a veces a decir la Santa Misa y también a auxiliar a sus enfermos graves. Antes, todo era a caballo. No había más carretera que la que llegaba de San Cristóbal a la cabecera de San Andrés cerca del Mojón de Chamula. Tal vez he conocido más de los caminitos de la parroquia que cualquier nativo especialmente por las visitas a enfermos. No había nada de energía eléctrica ni agua entubada, ni aun en la cabecera de la parroquia. Ni aun en la cabecera hubo escuela primaria completa. Sólo hasta quinto grado, no más. Ahora sí hay luz eléctrica en la mayoría de los parajes, agua entubada en tal vez todos, carreteras a la gran mayoría de los parajes y escuelas en todas partes, incluyendo buen número de primarias completas y una escuela secundaria.

»Hace algunos años por motivo de las enseñanzas en cursos y reuniones, la mayoría de los catequistas (no todos) que asistían a esos cursos empezaron a perder su devoción y sencillez anterior. Recibían enseñanzas a favor de la lucha de clases para lograr la forzada nivelación de clases, enseñanzas muy condenadas por los Santos Papas, sobre todo empezando con el santo Papa León XIII. Los catequistas que vivían lejos de la cabecera y más cerca de Bochil no fueron contaminados por esa enseñanza porque no asistían a esos cursos. Pero la mayoría de los catequistas que asistían sí fueron contaminados y porque mi enseñanza no estaba de acuerdo con esa enseñanza empezaron a pedir mi cambio. El obispo me quitó las licencias ministeriales. Entonces hubo una separación de Católicos, un grupo que no pedía en conciencia recibir esas enseñanzas y el otro grupo. Yo decía a nuestros fieles que podríamos llamar nuestro grupo (que era mayoritario) el grupo de la línea de la Iglesia universal o así no más "la línea universal", y el otro grupo las "liberaciones" porque mucho les gustaba hablar de la "liberación", una liberación material que según ellos se podría lograr con la lucha contra los ricos.

»Así quedamos en dos grupos. Yo sólo tenía permiso (de la Delegación Apostólica) a decir la Santa Misa en nuestra propiedad en San Andrés. Tuve que salir de San Andrés y empecé a vivir en Bochil, adscrito a la parroquia de Bochil, Diócesis de Tuxtla para poder tener facultades para trabajar

173

en algún lugar. Más después Roma ("La Sagrada Congregación del Clero") me reconoció tener facultades en mi antigua parroquia para oír confesiones. Seguí visitando San Andrés cada sábado para poder decir la Santa Misa temprano cada domingo. Y allí empezó a llegar mucha gente con nosotros, mucho más que en la Iglesia donde celebraba el nuevo sacerdote. Mientras el grupo de las "liberaciones" o liberadores empezó en lugar de hablar de la palabra de Dios a hacer prácticas militares. Hasta las mujeres empezaban a participar en tales prácticas. Bien, bien sabemos de eso porque algunos "exliberaciones" van pasando a nosotros y nos dicen qué hace el otro grupo. Y el viernes en la noche, el 31 de diciembre se juntaron las "liberaciones" en la cabecera de San Andrés. Ya tenían armas. A la fuerza obligaron a los choferes de unos treinta camiones o camionetas a llevarlos a atacar San Cristóbal tempranito en la mañana del sábado, 1° de enero, pasando por Chamula. A las tal vez veinticuatro horas regresaron hacia sus hogares con su botín.

»El hecho es entonces y de esto estamos completamente seguros que las personas que atacaron de San Andrés a San Cristóbal eran solamente del otro grupo de "catequistas" de la liberación con sus "creyentes" con acompañamiento de otras "liberaciones" de comunidades más al norte de la parroquia. Cada comunidad de estos "creyentes" tiene su ermita. Los dos municipios indígenas grandes que colindan con San Cristóbal no participaron nada en esta rebelión: Chamula porque no tiene catequistas y Zinacantán tradicional que ha podido rechazar las enseñanzas de la "liberación" que son la lucha de clases como camino hacia la sociedad sin clases.

»Su líder intelectual de todos grupos de la liberación dentro de la parroquia de San Andrés ha sido un ex seminarista indígena, pasado alumno interno en nuestros internados por siete años. Antes muy devoto y mi amigo íntimo. Dejó nuestro internado en San Cristóbal después de terminar el primer año de preparatoria, todavía muy devoto, para ser seminarista y vivir en el seminario de San Cristóbal. En su formación de seminarista en San Cristóbal, perdió su piedad y empezó a enseñar la lucha de clase. El aun después de ser seminarista era miembro del equipo pastoral de la zona tzotzil, y acompañado y apoyado por otros miembros del equipo (religiosas) enseñó por años a las catequistas la lucha de clases [...].

»¿Cuál es entonces su causa? Su causa inmediata es el convencimiento total de estas "liberaciones" que no debe haber clases, ni ricos ni pobres. Cualquier rico para ellos es injusto porque tiene más que algunos otros que tienen menos. Sienten con todo su corazón que mientras que existen algunos que tienen más, hay injusticia contra ellos que tienen menos y tienen derecho de nivelarlos. Nosotros sabemos que este razonamiento de ellos es un gran engaño condenado fuertemente por los Santos Papas como se ven las hojas que incluye "La Enseñanza de la Iglesia sobre la Nivelación de las Clases".

»¿Pero cuál es la causa remota de esta rebelión? Es el apoyo que el obispo de San Cristóbal y los agentes pastorales han dado a esta enseñanza a pesar de ser condenada por la Iglesia. Por eso el obispo de San Cristóbal me quitó las licencias ministeriales porque yo no podía en conciencia aceptar tal enseñanza.»

Para poder escuchar de verdad al padre Diego Andrés conviene mencionar la versión de Jacinto Arias, testigo y participante, y en absoluto afecto a don Samuel. Jacinto Arias escribe sobre Chenalhó, municipio vecino de Larráinzar, de población tzotzil también. Arias señala que el cura de Chenalhó, el francés Miguel Chanteau (ver Chanteau, 1999), era una excepción entre los demás que atendían la región, en la medida en que procuraba *aindiarse*. Entre «los demás» estaba el sacerdote Diego Andrés que, como ellos, no se interesaba en la lengua ni en la cultura de su grey, aunque trabajaba generosamente junto a ellos, al igual que el jesuita Chagolla ya mencionado.

Otro asunto que sería preciso investigar mejor es el de la crisis étnica que vivió Larráinzar durante los años sesenta y setenta, cuando la mayoría tztozil expulsó a los *kaxlanes* de la cabecera municipal. Al parecer este cambio no afectó al padre Diego Andrés, que continúa allí su labor con indígenas no afectos a la diócesis. Sin embargo, acaso la radicalización del discurso étnico haya sido una de las objeciones que alejaron al padre Lockett de su obispo.

Federico Anaya señala que los destinos zapatistas en Larráinzar son regidos por dos cuadros del EZLN, cuyos orígenes académicos y proceso de socialización están en la diócesis: los comandantes David y Ana María.

«¿Qué papel tuvieron ellos en el cisma del padre Lockett? Acaso estamos frente a una comedia de enredos que puso en un mismo lugar a un padre preconciliar con socialización anticomunista y a un par de indígenas brillantes y animosos que se entusiasmaron justicieramente con el discurso marxista que se usaba en la Iglesia postconciliar para analizar la realidad. El texto que se cita del padre Lockett parecería confirmar este escenario. Indudablemente hay otros casos de fractura pre/pos conciliar en la diócesis; y hay mil ejemplos de cuadros indios que rebasan a sus mentores diocesanos. Pero pocos serían tan polarizados y polarizantes como el del padre Diego Andrés.» (Federico Anaya a Jean Meyer, 30 de abril de 2000)

Esto no le resta interés al testimonio del padre Diego Andrés, sino que lo sitúa en el consabido «contexto».

El padre Flaviano Amatulli,* sin ser sacerdote de la diócesis, aunque con presencia en ella por su movimiento eclesial Apóstoles de la Palabra, manifestó en público su inconformidad desde 1994. El documento de la parroquia San Juan Bautista (en El Bosque), fechado el 2 de agosto de 1993 y citado en el párrafo anterior, menciona la presencia de Apóstoles de la Palabra, mientras que don Samuel alude a ella en *Informe ad Limina 1988-1993* (p. 30), también citado líneas más arriba.

Este sacerdote italiano llegó a México en 1968, a los treinta años, y no ha dejado de empeñarse en la lucha contra los protestantes y las religiones no cristianas. En 1986 fue nombrado por la Conferencia Episcopal Mexicana (CEM) director del Departamento de la Fe para hacer frente a los proselitismos evangélico y sectario. El 22 de marzo de 1994 publicó una carta abierta a Samuel Ruiz, denunciando «su interpretación de la Teología de la Liberación muy extremista. La misma que se

---

* Entrevistado el 10 de noviembre de 1999 por Julio Ríos. En correspondencia electrónica con Jean Meyer, después.

manejó en Nicaragua y El Salvador». El 17 de febrero de 1999 envió una carta abierta muy dura al obispo coadjutor de San Cristóbal, Raúl Vera, intitulada «De la Esperanza a la paciencia y a la decepción». Entre otras, le reclama:

«¿Acaso no sabe que en su diócesis hay centenares y tal vez millares de niños sin bautizar por el hecho de que sus padres no quieren entrar en el juego de los curas y catequistas "liberadores"? Lo mismo pasa con los otros sacramentos [...] en las parroquias de Amatán, El Bosque, Simojovel y San Andrés Larráinzar.»

Don Raúl envió, el 27 de febrero de 1999, una larga carta al obispo de Coatzacoalcos, Carlos Talavera, para pedirle su ayuda contra el sacerdote Amatulli, cuyo «liderazgo, por estar al margen de las estructuras diocesanas, ha concluido por dividir a la gente y los ha llevado a una abierta confrontación con los agentes de pastoral». Afirma que ha logrado formar comunidades aparte, que sus bases teológicas son «angelistas y ahistóricas» y que sus seguidores son «fieles al PRI», que «su posición los ha llevado a colaborar con el ejército mexicano, disfrazándose de soldados para señalar las casas de los que ellos consideran "enemigos", por razones religiosas y políticas».

El 28 de febrero, el padre Flaviano Amatulli escribió al obispo Vera sobre «la inconformidad de parte de muchos católicos en la diócesis». Mencionó que, hacia 1992, había estado en San Andrés Larráinzar y que en una reunión con cuatro mil personas «los inconformes eran la mitad de los presentes y pedían sencillamente poder vivir su fe con sencillez», sin aquella «concientización» que los catequistas querían imponer a toda costa. La respuesta de Samuel Ruiz fue quitar las licencias ministeriales al párroco del lugar, el padre Diego Andrés. «Pues bien, en este contexto, lo único que pedía en mi carta abierta era que no se siguiera negando los sacramentos a los que se resisten a aceptar la coordinación de este tipo de catequistas.»

Por último está Luis Beltrán Mijangos Molina, otro sacerdote «inconforme». A falta de entrevista con este historiador se debe destacar que fue ordenado por don Samuel y que el 19 de marzo de 1999, el obispo Raúl Vera emitió un decreto suspendiendo «todos sus derechos o funciones inherentes a todo oficio eclesiástico» y pidiendo al interesado deponer su actitud desobediente y volver a la comunión con su obispo y con la Iglesia. A principios de 1998 las autoridades de Chenalhó lo solicitaron como párroco; en 1999 un grupo de Zinacantán hizo lo mismo. En ambos casos los interesados eran miembros del PRI. El padre Mijangos es chiapaneco y un «coleto» muy conservador del barrio de Mexicanos. A diferencia del padre Diego Andrés, ingresó joven al seminario y pertenece a una generación que no conoció la Iglesia preconciliar, así que para entender su disidencia hay que mencionar su calidad de coleto; quizá represente el malestar de los católicos de la ciudad de San Cristóbal para los cuales la diócesis, en palabras de Samuel Ruiz, no supo encontrar una pastoral congruente. El obispo pidió público perdón a los coletos en su homilía por la celebración de su cumpleaños en 1997, pero la diócesis continúa sin pastoral urbana (don Samuel a Jean Meyer, junio de 1999).

El obispo Raúl Vera se negó durante años a proceder contra el sacerdote cuya rebeldía ha sido utilizada por el sector más reaccionario de la ciudad y manipulada por varios gobiernos municipales del PRI. Este historiador debe mencionar el asunto, pero sostiene que no hay que darle mayor importancia. Son mucho más relevantes los conflictos en verdad diocesanos, como la divergencia entre jesuitas y dominicos, o la decisión del padre Pablo Iribarren OP, de salir de Chiapas y de México en 1994. Más importantes, también, son los conflictos de liderazgo entre las opciones de izquierda, como el que se sucitó entre el sacerdote Iribarren y el subcomandante Marcos, en Ocosingo, o entre el padre Heriberto Vera y el comandante Tacho.

6
Suma y sigue

Misa de cuerpo presente por las víctimas de Acteal, diciembre de 1997.

El lector quedó advertido sobre la naturaleza demasiado apresurada de esta investigación y de que, por tanto, toda reflexión al respecto es provisional. Además algunos datos sólo serán conocidos en veinte años, cuando la gente empiece a hablar. Por otra parte, hizo falta estudiar las diócesis vecinas, tanto en el sureste mexicano como en Guatemala, a fin de intentar alguna comparación. Sépase, pues, que mis juicios y proposiciones son incompletos y discutibles, y que es imposible poner el punto final cuando se escribe sobre la responsabilidad social de una institución como la Iglesia, presente en cada uno de los aspectos de la vida.

Paralelos

Cabe mencionar determinados acontecimientos, si no comparables, sí emparentados, sucedidos al mismo tiempo en otras regiones de América, en Ecuador, Bolivia y Guatemala, con la intención de destacar que la diócesis de San Cristóbal no fue un caso único, una anomalía.

En Ecuador, desde 1939, la Iglesia católica ha fundado, varias veces, organizaciones que han sido posteriormente influidas por los izquierdistas. Así, de la Federación de Organizaciones Católicas (FEDOC) se pasó a FEDOC, pero con C de Campesinas. A fines de los años ochenta, casi en 1990, ocurrió una inmensa movilización en la Sierra de Ecuador, la cual estaba ligada a la terminación de la reforma agraria y a la crisis de la agricultura *después* de la formación de líderes y de organizaciones indocampesinas; formación a la cual habían contribuido, cada uno a su manera, la Iglesia, el Estado y la izquierda. Monseñor Leónidas Proaño, que tanto influyó en Samuel Ruiz, se apoyó en la «teología indígena» para luchar contra un protestantismo dinámico, en el Chimborazo, sobre todo por la valorización de la lengua indígena. De las dos iglesias cristianas surgieron los líderes de las organizaciones serranas y de la CONAIE, la Federación Nacional de los movimientos indígenas.

En Bolivia, durante la década de 1980, el movimiento «katarista» fue resultado de tres factores: la falta de cumplimiento de las exigencias campesinas y la represión estatal, el surgimiento de una nueva elite indígena que desarrolló una educación bilingüe promovida por el Estado, y el sindicalismo corporativo organizado por el mismo Estado y las organizaciones católicas. Surgió entonces un movimiento indocampesino autónomo que no dominaba ni el Estado ni la Iglesia. El katarismo optó por hacer hincapié en la identidad étnica sólo después de la caída de la URSS, pues antes había destacado el aspecto clasista (campesino) del movimiento. De igual modo el «clasista» subcomandante Marcos se ha transformado, por lo menos en apariencia, en etnicista.

Merece la pena señalar que en ambos países esos movimientos, al encontrar abierta la vía política pacífica, no optaron por la lucha armada.

En Guatemala se distinguen fenómenos sociales semejantes, aunque anteriores. Fueron truncados por una represión de violencia inaudita, ligada a la aparición de la guerrilla marxista. A partir del periodo de 1945 a 1950 se presentaron fenómenos concomitantes: la ofensiva dinámica protestante y una ofensiva paralela de la Acción Católica contra los tradicionalistas, igualmente afectados por el evangelismo; el nacimiento de una nueva generación de líderes indígenas engendrados por la misma Acción Católica, los protestantes, la escuela pública y la modernización en general. Esa movilización indígena no pudo dar frutos al sucumbir bajo los golpes del régimen militar.

El libro del padre Ricardo Falla SJ, *Quiché rebelde*, es de lectura obligada para todos los que se interesan en el tema de los vínculos del cristianismo, la sociedad, su cultura con la vida política y económica. Encontramos en el Quiché de los sesenta y setenta una división de las comunidades indocampesinas en tres grupos: tradicionalistas, protestantes y católicos. La «conversión a Religión», como dicen quienes pasan del costumbre a la Iglesia católica, no sólo consiste en un cambio de creencias, sino que, al mismo tiempo, implica la adhesión a una unidad social distinta, a una cultura nueva y más satisfactoria. La conversión es una experiencia dramática, con un verdadero rito de paso, una iniciación. Por lo mismo, se topa con la resistencia granítica de los principales, de los chamanes y de quienes, condenados por los «nuevos» católicos y los evangélicos, fabrican licor clandestino o tienen dos esposas o «chupan». Los conversos practican un proselitismo intimidatorio. De este modo se fundan, después de 1960, cooperativas, cajas de ahorro, ligas campesinas y la democracia cristiana, alentadas por la Acción Católica y los sacerdotes de la corriente conciliar y progresista triunfante. Ese movimiento había llegado a su apogeo y parecía estancado cuando comenzó la guerrilla y su corolario, la represión. ¿Por qué? Falla afirma (1978, p. 519) que no podía colmar la esperanza de progreso a falta de un desarrollo económico en Guatemala. Se estancó y convirtió en una institución. Concluye que la Acción Católica había detonado un proceso social liberador, pero que la fe puede ser manipulada tanto por el explotador como por el revolucionario. Guerrillas y militares lo hicieron muy bien, al armar campesinos indígenas católicos y protestantes para concitar su enfrentamiento.

La Iglesia y la nueva identidad

La Iglesia fue un actor esencial, si no único, en la toma de conciencia de los indocampesinos; la influencia múltiple de la prédica cristiana y sus consecuencias no se pueden prever, ni siendo obispo. En una sociedad sin posibilidad de ascenso económico o laboral, la Iglesia y su jerarquía de catequistas

183

y prediáconos ofreció, para una generación, un nuevo prestigio. De ahí que se pueda afirmar, con María del Carmen Legorreta (1998, p. 60) que «después de la colonización de la selva, el factor más decisivo de desarrollo de los pueblos indígenas y campesinos de Las Cañadas [...] fue la influencia ideológico-política de los agentes de pastoral de la diócesis». Añade que así se «sentaron las bases del poder de la Iglesia sobre los habitantes de la región». En la página 21 sostiene que «el papel de la diócesis en la construcción de esta nueva identidad fue decisivo y representó un aporte fundamental a favor de las tendencias de modernización en el estado de Chiapas, dada su función de contrapeso al discurso racista y a la diversidad estructural de la sociedad sustentada en gran parte en la etnicidad».

Luego viene la crítica: verticalismo, clericalismo, política. Jesús Morales, respecto del Congreso Indígena de 1974, en el que participó, atestigua:

«La Iglesia, por su parte, pareció más consecuente; normal entonces si se considera la progresiva "conversión" de su obispo hacia lo indígena como él mismo se empeñaba en señalar en algunas entrevistas (CENAMI, 1972). Aun así, en el deslinde de lo histórico le resultaba difícil la comprensión de su práctica "misionera" o *kerigmática* y la necesidad de dar respuestas de carácter institucional. Mayor dificultad le representó la presencia de las teologías política y de liberación que, influidas por el discurso de ese tiempo, planteaban lo imposible apolítico de no tomar partido.

»Y si se tomaba partido, así fuera "preferencial", ¿cómo ceder a la tentación de la conducción? Devino así, por un lado, en el apoyo a lo que dio por llamar "los procesos populares" y por otro en mantener una actitud un tanto ambigua que oscilaba entre el respeto y el deseo de apropiación hegemónica, causa de conflictos y de ruptura después, sobre todo porque la línea del Congreso se volvía "política" y en la práctica su autonomía era antigua.» (1995, p. 318)

Jesús Morales asegura que el Congreso

«era parte de una Iglesia con un obispo "converso" y en misión, incrustada en buena medida y desde el principio en la dirección del Congreso. Una parte de sus miembros permaneció fiel a su institución, a veces más que al proceso mismo. Esta dicotomía divide el interior de quienes han profesado ministerial o congregacionalmente hacia la Iglesia. Se deben a ella. Sienten, por otro lado, que el lugar de su misión es el mundo de los pobres y en tránsito hacia "otra vida", más justa, más digna. Su actitud, entonces, es religiosa, lo mismo que su militancia, por muy seculares que parezcan. Se mueven por imperativos morales allí donde priva lo político, allí donde lo moral muestra el rostro de lo relativo y pondera una valoración distinta. Lo político también es instituciones o estructuras (la organización popular tiene estructuras políticas y tiende a estructurarse). Entrampados entre su institución y las estructuras políticas, los religiosos optan cotidianamente por aquélla, la propia, que los sustenta, salvo excepciones. Y no porque exista incompatibilidad, al fin que nada hay en sí mismo excluyente. Sencillamente porque la racionalidad y los métodos son diferentes para cada caso.

»El insuficiente deslinde entre lo político y lo religioso (una iglesia queriendo manejar lo político, después organizaciones políticas manejando las estructuras religiosas) entrampan el pensamiento y la forma hasta nuestros días. Así los dos polos se sobreponen. Un día es reivindicación política, otro día lo religioso es reivindicación política, otro día se presiona a través de una marcha, otro de una peregrinación o ayuno o huelga de hambre... superposición, obnubilación, confusión de mediaciones y fines, como en los mejores tiempos del siglo XVI y de las guerras campesinas en Alemania.» (1995, pp. 333-334)

Es necesario reiterar que resulta absurdo reprocharle a la diócesis el levantamiento neozapatista. Si bien es responsable de haber despertado las conciencias, Samuel Ruiz no lo es de la movilización insurgente. Mucho menos que un Miguel Hidalgo y Costilla, con el cual acaso se lo podría comparar: los dos sacerdotes comparten profundos conocimientos de teología moral, la versatilidad lingüística, la preocupación por el desarrollo de su grey y, sobre todo, la gran capacidad de seducción. Sin embargo, diferencia fundamental, don Samuel no dio ningún grito de San Cristóbal y predicó contra la lucha armada. Como dijera en el otoño de 1926 el maestro Anacleto al arzobispo de Guadalajara: «¡Se nos fueron los bueyes!». El llamado de Marcos fue más poderoso para la parte de la grey que desoyó a su prelado. Y es que el proyecto de la diócesis no era movilizador: encerrarse en una neoindianidad rural, dirigida por el clero. Marcos logró su objetivo porque, contra las apariencias, contra su discurso indígena (el segundo), hace lo contrario de lo que predica; no respeta ni quiere restaurar la cultura indígena; busca la revolución, la mayúscula; el orden social que construye es autoritario, muy rígido, indiscutible, aunque responda a las necesidades de una población que anhela seguridad material y psicológica.

Es una antigua historia que se ha repetido en muchos lugares. A finales del siglo XIX, para responder a la ofensiva liberal devenida anticlerical, la Iglesia comenzó a organizar a los laicos en Europa. Cuando la ofensiva se incrementó, las organizaciones laicas crecieron a su vez y ampliaron su radio de acción: así nació en Europa la democracia cristiana. Después, los líderes laicos, al percatarse de su potencial político, escaparon al control de los obispos y de los capellanes: terminó lo que Max Weber llamó la «capellanocracia». Esto sucedió en Francia, en Italia y en México, cuando a la hora de la contrarrevolución antimaderista, la cúpula del Partido Católico Nacional desobedeció las órdenes de la jerarquía eclesiástica, que le ordenaba respetar en Madero al presidente legítimamente elegido, y se comprometió con Victoriano Huerta, hecho que la Iglesia y los católicos mexicanos pagarían con creces; otra vez en 1926, cuando la Liga y la Asociación Católica Juvenil Mexicana (ACJM) se lanzaron a la lucha armada, y en 1929 la ruptura entre esas organizaciones católicas y los obispos fue total. Nos encontramos frente a un resultado no deseado. En esos conflictos se forjó la identidad social del demócrata-cristiano europeo, del liguero mexicano, del católico neozapatista. ¿Culpa de los obispos?

Me atrevo a decir que no.

La Iglesia llenó un vacío, se desempeñó como contrapeso. Durante algún tiempo fue necesario, pues engendró laicos conscientes y autónomos. En la actualidad debe dejarlos andar, ahora debería retirarse. Jan de Vos:

«La renuncia a su papel de intermediador ha devuelto a don Samuel a la esfera eclesiástica a la cual pertenece por vocación y oficio. Eso no quiere decir que dejará de moverse en la arena política del estado de Chiapas, ya que así lo reclama el vacío creado por un gobierno poco responsable y una sociedad civil casi inexistente. La Iglesia Católica, junto con las iglesias protestantes, seguirán ocupando estos espacios hasta que gobierno y sociedad sean lo suficientemente maduros para hacerse cargo de sus obligaciones civiles. No es para nada una situación ideal, porque, encima de todo lo demás, no son unas bases compuestas por cristianos laicos las que desempeñan la tarea —como debería ser— sino un gremio formado por unos pocos clérigos y sus allegados. Este fenómeno no es exclusivo de Chiapas, sino que opera en la mayor parte del país, con todas las ambigüedades y contradicciones producidas por esa intromisión clerical.

»De allí la necesidad de una "desclericalización" de la vida pública, la cual podrá realizarse en la medida en que el clero esté dispuesto a dejar la actividad política a los laicos y que éstos últimos decidan asumir su responsabilidad y lanzarse a reconstruir, desde una inspiración cristiana, el tejido social chiapaneco, roto por la desigualdad social, el racismo, las divisiones políticas, las querellas religiosas, la guerra civil, la ocupación militar, y otros males más. En la arena política, estos laicos comprometidos —católicos, costumbristas y protestantes, por igual— encontrarán a otros ciudadanos con opciones existenciales diferentes, pero movidos por el mismo deseo de hacer a la sociedad chiapaneca más humana, justa y próspera.

»Si eso significa que la Iglesia Católica se transforme paulatinamente, de una institución sociopolítica en una instancia de autoridad moral y fuerza espiritual, bienvenido sea el cambio. Hasta el momento, esta posibilidad alternativa no es más que una utopía, junto con muchas otras que esperan ser realizadas un día, no sólo en Chiapas sino en todo México. Las perspectivas de que ella se convierta en realidad son pocas, ya que en Chiapas las iglesias protestantes fundamentalistas, recién entradas en la competencia, y los pueblos costumbristas a ultranza, no tienen intención de promover la tolerancia religiosa y social. En cambio, la Iglesia Católica ya dio algunos pasos en la buena dirección, al descubrir de nuevo una verdad muy antigua de la religión cristiana: que ella debe dedicarse a construir el "Reino de Dios" en la tierra, es decir, luchar por la paz y la justicia en una sociedad que carece de ellas.» (1998, pp. 28-29)

Puesto que son chiapanecos, estos laicos comprometidos constituyen un contrapeso frente la procedencia forastera de casi todos los sacerdotes, lo que no deja de ser un fenómeno de ribete colonial. Es necesario extender esos cargos a la sociedad urbana y a los elementos «ladinos» y criollos, al igual que promover también un verdadero diaconado, en lugar de limitar los nombramientos casi siempre a prediáconos.

La etnicidad

La promoción de los laicos, la modernización voluntaria e involuntaria de la sociedad indígena, la promoción de la mujer y del niño, la composición mixta de un clero regular y diocesano por igual, la diversidad del estilo pastoral de las zonas, son algunos de los méritos de don Samuel. Sus errores son los propios de muchos obispos, de muchos cristianos: clericalismo, intransigentismo, integralismo, nostalgia de la comunidad totalmente homogénea, nostalgia de la primitiva Iglesia. Todos pueden decir «*mea culpa*». ¿Qué más? La teología de la liberación estuvo en boga entre numerosos obispos europeos y latinoamericanos; la Conferencia de Medellín lanzó oficialmente la fórmula, que los más radicales hubiesen querido distinta: «teología de la revolución». Pasó una generación, se fue la moda y no llegó a convertirse en «la primera herejía latinoamericana». La teología india, o indígena, tampoco fue de su invención; surge en varios lugares del continente, en el mismo periodo posconciliar, y cuenta con sus equivalentes o antecedentes en África.

Vuelve el problema de la línea antropológica escogida. No constituye un conflicto teológico o religioso, sino intelectual. Samuel Ruiz apuesta por la etnicidad y su especificidad rural; es nostálgico de una sociedad rural «holista», es decir, «totalizadora», y no se percata de que la ciudad, con todos sus defectos, es una fábrica de personas. En Chiapas no hay riesgo de etnocidio cultural y menos aún de genocidio, no es preciso inscribir en las leyes formas peculiares de gobierno y de justicia. Así no se prepara un futuro más justo, sino que se agravan los problemas, se apuntala la discriminación que ofendió tanto al joven obispo cuando llegó a San Cristóbal. La Iglesia no debería enarbolar esa bandera. Marcos lo hace por razones meramente tácticas, pero es asunto suyo.

No sería más razonable, se pregunta Juan Pedro Viqueira

«¿En vez de apostarle al reforzamiento de las identidades contrapuestas (indígena contra ladino) [...], multiplicar los canales de movilidad, fomentar los espacios de convivencia [...], favorecer las identidades sobrepuestas que multiplican las redes de solidaridad [...] atenuando todo tipo de dualismo?.» (1999, p. 17.)

Pero Federico Anaya contesta:

«Si bien es cierto que don Samuel tiene nostalgia por una sociedad rural y holista, lo cierto también es que ha sido siempre un hombre de su tiempo. Y su tiempo, el nuestro, es universal [...]. Sólo así se explica una característica poco conocida (y menos reconocida) del obispo: su entusiasmo por la modernidad. Lo llaman «el Caminante» no tanto por sus largas andanzas en Chiapas sino porque tal es su sobrenombre como radioaficionado. La radio era para él algo más que un instrumento de comunicación e integración entre sus agentes de pastoral. Era y es una pasión. Don Samuel es también experto en el uso de computadoras e internet. El mismo don

Samuel que ve con nostalgia la comunidad india es el que viajó, desde muy joven, por el ancho mundo compartiendo sus experiencias y preguntando ansioso por las de otros hombres y mujeres que habían andado otros caminos y conocido otras comunidades. Así que, en resumen, su nostalgia es paradójica, compleja. La paradoja de su amor por la comunidad holística es que se complementa con su amor por la innovación y el cambio. De esta contradicción, a la Luhmann, nace un perpetuo movimiento que ha hecho crecer en complejidad tanto al obispo como a su diócesis.

»Por lo mismo, me parece incorrecto, por simplista, el argumento de que "no hay riesgo de etnocidio cultural..." o de que "no es preciso inscribir en las leyes formas peculiares de gobierno y de justicia. Así no se prepara un futuro más justo, sino que se agravan los problemas, se apuntala la discriminación...". La denuncia contra el etnocidio y el genocidio, lo concedo, ha sido constante en el discurso diocesano, pero creo que hay que distinguir entre lo que debemos llamar propaganda y el proyecto cultural más profundo de la diócesis. El proyecto diocesano de más largo plazo implica, paradójicamente, un trastorno y una transformación más profundos y definitivos en las comunidades indígenas que cualquier opresión que *kaxlanes* y/o transnacionales podrían perpetrar.

»La Iglesia de San Cristóbal nunca ha sido inconsciente en este respecto: el pueblo de Israel no era el mismo en Egipto que luego del Éxodo. La pastoral diocesana implica un cambio radical, de raíz, en los hombres convertidos a la verdadera fe liberadora. Para no simplificar a mi turno, yo distinguiría varios niveles en este debate. En uno, tenemos a las comunidades indígenas, que han adquirido consciencia de sí y para sí a través, *entre otros*, de la pastoral diocesana. Estas comunidades se saben transformadas, en transformación y *transformadoras* de sí y de su entorno. Han formado su propio "centro" ontológico en cuyo núcleo se encuentra el mito fundador de la comunidad holística. Este mito es tan válido y tan real, en cuanto mito, como lo es el nuestro, que en el núcleo de nuestra cultura occidental proclama la apoteosis de la libertad individual.

»En otro nivel, los agentes de pastoral que acompañaron la toma de consciencia de las comunidades viven en diversos

190

niveles de anonadamiento ante la vida de lo que ellos perciben como *gens angelicum* e interpretan las transformaciones de aquéstos ángeles como "recuperación" de su verdadera y ancestral esencia. (Iribarren es el mejor ejemplo del anonadarse por no entender las transformaciones de las comunidades, pero hay muchos más ejemplos.)

»Finalmente, en un tercer nivel están el obispo y algunos de sus cercanos, quienes al mismo tiempo que permanecen anonadados por las virtudes de las comunidades que encontraron hace cuatro décadas en Chiapas, han adquirido la sabiduría suficiente para verlas crecer, multiplicarse y transformar no sólo su entorno inmediato, sino a México y el mundo.

»Concluyo: nadie enarbola la bandera de la restauración de las comunidades holísticas, autárquicas, cerradas a la Erick Wolf. Para el caso, ni siquiera Marcos. Es extraño, pero don Samuel y su diócesis siguen tratando de calzar a los indios, tal y como quería hacer el joven prelado en 1960. Sólo que han descubierto que no basta ordenar, sino demostrar, a través de un largo y respetuoso diálogo, las ventajas del calzado occidental, de modo tal que los propios indígenas sean los que vayan y busquen calzarse.

»Por lo mismo, le contestaría a Viqueira, la discusión no está (nunca ha estado) entre cerrar las comunidades o multiplicar los canales de movilidad. Por más que la actitud de muchos agentes de pastoral en el campo haya sido paternalista (o maternalista, en la mayor parte de los casos), lo cierto es que la diócesis ha sido pionera y adalid de la introducción de innovaciones. Y cada innovación, desde evangelizar en lenguas mayas, promover la reforma agraria, impulsar organizaciones campesinas, hasta introducir radios, teléfonos, faxes, computadoras y los discursos de la producción orgánica (1989), los derechos humanos (1989), la ciudadanía (1991) y la no violencia (1994), ha significado multiplicar canales de movilidad, fomentar espacios de convivencia (y enfrentamiento) y favorecer, paradójicamente, identidades contrapuestas.

»El discurso indianista radical, en el que la autonomía se reduce a una caricatura cercana a la reserva étnica, es una construcción de la gente de la ciudad, académicos, que no han entendido que la igualdad y respeto que buscan los indígenas incluye, por principio, la libertad de transformarse tanto cuanto sea necesario para seguir el diálogo —con y combate— contra Occidente.» (a Jean Meyer, el 30 de abril de 2000)

Semejante discurso radical, con acentos de montanismo está muy presente en los escritos del padre Iribarren (por ejemplo, 1985, *Proceso de la diócesis*; y 1991, *Los dominicos en la pastoral indígena*),* y su idealización de la república campesina indígena y católica. Por tanto, el debate sigue abierto y la Iglesia debe cuidar de exponerse a la acusación de promover, con las mejores intenciones, un regreso al orden colonial de las «repúblicas» separadas o de predicar una identidad cerrada, étnica, excluyente, justificada por la superioridad moral de una comunidad indígena idealizada, considerada como el *kerygma* evangélico perdido.

Sin embargo, después de haber descrito lo que la gente cree y piensa, de haber intentado explicar quién es esa gente, se debe añadir que don Samuel nos pone contra la pared: ¿Cómo resolver el inveterado antagonismo entre «comunidad» y «sociedad»? ¿Quién es el Otro en nuestra sociedad moderna y cómo puedo reconocerlo si es diferente, aunque también sea una persona con los mismos derechos que los míos? La pregunta es filosófica, ética, religiosa.

¿Cómo conciliar la pertenencia a la nación mexicana y al vínculo étnico, si la primera es política y el segunda infrapolítico, ligado a la sangre y a la tierra? Don Samuel nos invita, quizá sin advertirlo cabalmente, a inventar una nueva utopía democrática capaz de combinar la aceptación de la diversidad humana (étnica, cultural, sexual) y la aplicación de los derechos universales del hombre, esa bandera de la Iglesia bajo el pontificado de Juan Pablo II. No tenemos aún respuesta a esas preguntas que nos obligarán a reflexionar sobre la

---

* Montano predicó en el siglo II, en Frigia, la superioridad de los profetas sobre los obispos y la inminencia del Fin de los Tiempos. La Iglesia lo combatió rudamente porque arruinaba el principio de la jerarquía. El discurso del abnegado padre Iribarren es premoderno y adopta, muchas veces, un tono milenarista. Eso corresponde, en el plano intelectual, a la tensión entre jesuitas y dominicos. Quizá porque la Compañía, fuerte de su experiencia histórica, no quiso repetir las misiones del Paraguay, es decir, crear una república, un Estado.

sociedad política, el papel del Estado y sus relaciones con la sociedad civil. Don Samuel podría ofrecer una importante contribución al debate público venidero.

La religión

Se han tratado ampliamente los aspectos sociológicos, económicos, políticos, conflictivos, pero algo menos los religiosos. Se corre un riesgo al tocar el tema del cristianismo y del catolicismo; el tema del misterio. Invocaré a Graham Greene, que visitó México poco después de las horas más negras de la persecución religiosa, cuando el Cristo de Tila mantuvo la fe en Tabasco y en Chiapas.

«Allí, en el mundo extraño y montañoso del padre las Casas, la cristiandad seguía su paso aterrador. Magia, sí, pero estamos demasiado prestos a minimizar a los resucitados, a los demonios exorcizados, al agua convertida en vino. Allí estaban las cruces, en su soledad negra y ventosa, a salvo de pistoleros y políticos, y pensaba en la saliva mezclada con la arcilla para curar al hombre ciego, en la resurrección del cuerpo, la religión de la tierra.» (*Caminos sin ley*)

El catolicismo es una religión de misterios, de la Encarnación a la Resurrección, de la figura trinitaria del Dios único a la Iglesia visible e invisible, peregrina y gloriosa. Me gustaría no escribir nada que no fuese directamente accesible a cualquier hombre de buena fe, creyente o no creyente, poco importa. Cuando me refiero al misterio de la Iglesia, quiero decir que en la vida de ese gran cuerpo social hay ciertas peculiaridades que los creyentes o los no creyentes podrán interpretar de manera diferente, pero que son hechos de la experiencia. La conversión es un hecho de la experiencia y quisiera precisamente concluir estas páginas con la conversión. Se me dirá que si resulta posible cuantificar la conversión en el registro de las estadísticas, ¿quién se atreverá a decir qué sucede en el fuero interno de la persona que afirma haber dado dicho paso? Sin duda no se puede hacer otra cosa que intentar acercarse a lo inaccesible.

En Chiapas, tanto en la diócesis de San Cristóbal como en las vecinas, se encuentra todavía, ya sea en la ciudad o en el campo, una cultura rural milenaria, la cual, en otras encarnaciones, ha prevalecido en todo México y en todo el mundo hasta la revolución industrial. En ese orden, el catolicismo adoptó lo que se podría denominar la tradición agromonástica, lo que Mircea Eliade llama «cristianismo cósmico» que acumulaba cultos, prácticas, gestos, procesiones, peregrinaciones, rogaciones, bendición de los animales y de las cosechas, y que la Reforma protestante y la Contrarreforma católica eliminaron demasiado pronto, calificándola de idolatría, sincretismo, paganismo bajo el tenue barniz cristiano. En la actualidad, tras una nueva ofensiva depuradora —tan cierta que el Vaticano II iba en ese sentido—, coexisten los diversos catolicismos, y de pronto resurge el antiguo cristianismo cósmico bajo el no tan novedoso aspecto carismático. Y entre los cristianos protestantes persiste la misma oposición, coexisten los diversos cristianismos a veces enfrentados en su asombrada incomprensión.

Debo confesar mi asombro ante la realidad religiosa, la cual no constituye mi experiencia, aunque como historiador de la Cristiada, es decir, enfrentado a la fe popular rústica, pueda y deba comprender. Transcribo la narración del rito de conversión en el Quiché: se reúnen en una humilde casa los catequistas, los miembros de la Acción Católica:

«No se sientan. Todos están de pie frente al dueño de la casa. El Presidente comienza a hablar: "Supimos que usted quiere la Religión". "Sí, responde el otro, esa costumbre la dejo por un lado, porque sólo gasto pisto (dinero) por gusto. Tal vez por la Religión se compone mi hijo".

»El Presidente comienza una exhortación en una voz suave pero insistente. El otro le oye con la cabeza gacha y los brazos cruzados, respondiendo, "sí, sí", de vez en cuando. El Presidente le dice:

»"Tal vez no se compone tu hijo... nosotros no te podemos decir si se compone, porque sólo Dios sabe. ¿Y la mujer quiere convertirse? Porque si está quemando por otro lado con un Zahorín, mientras usted se convierte, tal vez entre los dos lo van a matar al patojo (porque están haciendo un engaño). Si se compone... sólo Dios sabe. Dios no es un patojo. Dios no es un juguete, (no se le puede decir que sí hoy, mañana que no). Si se muere tu hijo, se muere.

»"Y más si vas a ver hoy una señal en la noche: que se juntan unos tecolotes, o entran unos gatos, o coyotes... ¿qué vas a decir? ¿Qué tal si encontraras unas culebras grandes en el camino mañana? ¿Qué tal si va a venir un tu tío, o hermano a regañarte? El demonio los ha traído... Y te va a decir que mañana se va a morir tu hijo. ¿Te vas a asustar? Si sólo para ver si se alivia el patojo te convertís... ¡que se muera! Y qué tal si vas a tener una soñada de noche: un montón de coyotes, una picada de culebras, o vas montado en una bestia blanca.

»"Esa es la caja de muerto, o va a venir una avioneta a la casa (trayendo la caja), o vas dentro de un camión, o se quema la casa, o no tiene puerta la casa, o la casa comunal ya está abierta (donde reposa el muerto antes de ser enterrado). ¡Vas a creer que te digan que no sirve la Religión? Media vez tirás esa maleta (la maleta son las costumbres hechas, los malos daños... que se le caen a uno encima y lo matan), no mirás para atrás.

»"La Religión quiere trabajo: la clase, la Misa, estudio de la Doctrina. La Misa nos quita un día de trabajo. Como ustedes están acostumbrados a trabajar siete días a la semana... ahora (después de convertirnos) ya no trabajamos los días sábado. Día domingo trabajamos porque ya servimos a Dios el sábado. A veces tampoco trabajamos el miércoles (por la clase); tampoco el sábado y el martes (plaza): ¿y acaso nos morimos? El descanso para nuestros cuerpos. No estando en la Religión nuestros cuerpos trabajan todo el año, parece que se acaba su fuerza. A veces sembramos y no da nada. Y sembramos cochitos (criamos marrano), y se mueren. Ahora en la Religión dejamos descanso para el cuerpo.

»"Y también la familia: antes vamos a una fiesta, pero sólo chupando guaro. Tenemos 10 ó 15 quetzales, ¿y a dónde vamos a darlos? A la cantina. Y tenemos hijos y familia.

Los patojos están llorando y no hay para darles. También a las mujeres no hay para darles."

»Como a algunos les ha sucedido así, dicen: "Cierto. Yo lo he pasado. Los 30 Q. Los gasté en el guaro. Y mi mujer está esperando el dinero. En cambio, otras mujeres llevan una rosca en la mano, una caña (de azúcar) y van comiendo. Pero mis familias (mis hijos) están llorando. Ese es un mal ejemplo. Así que cierto es lo que nos está diciendo."

»Prosigue el Presidente: "Ahora después de convertidos, llega el día de fiesta, y anda uno alegría por la calle. Va a la Misa y sale a comer bien. Los patojos van contentos y comen naranjas y dulces. Los patojos están contentos y nosotros también contentos con Dios. Llega uno a su casa y coce su café y su carne. Y qué alegre está uno con Dios... y los patojos alegres... buenas comidas, carnes, café, o aunque sea otra cosa.

»"Eso nos da la Religión. Y viene la enfermedad: pedimos a Dios y confesamos (nuestros pecados) hincados ante Dios."

»"Ah sí, claro. Esa razón nos quedaron bien", responde el otro.

»Terminada esta plática empiezan el Rosario. Encienden unas candelitas. Se hincan todos delante de los cuadros, las mujeres por un lado, los hombres por otro.

»Después del Rosario el que se está convirtiendo y su mujer sacan sus atados de *tz'ité* y se los entregan al Presidente. Ya cuando el Directivo tiene los atados en la mano rezan todos siete Credos y una oración a San Miguel Arcángel. La conversión se ha consumado. El Presidente y sus Catequistas arrojarán luego los atados al barranco.

»Luego el convertido ofrece un vaso de café a los AC, pero el Presidente y sus Catequistas se niegan a aceptar: "No venimos por amor del vaso de café, sino por amor de Dios".

»Así terminan. Vuelven otras dos o tres veces a rezar por la noche.» (Falla SJ., 1977, pp. 411-413)

Desde un punto de vista sociológico, se puede constatar que esa nueva manera de ser indígena por medio de la «religión» (católica) señala la apertura de una nueva etapa en la adaptación de esa gente a la sociedad global. Desde una perspectiva «católica», habría que situarse en un periodo más amplio, bimilenario, el de la existencia del cristianismo, antes de atreverse a emitir un juicio en cuanto a la naturaleza de esa «religión». Es preciso recordar que la entrada del catolicismo a Chiapas, por conducto de la Iglesia, es reciente —¿qué son cuatro o cinco siglos en la historia de las mentalidades?— y que su presencia permanente y amplia ha sido muy breve: quizás una generación al principio y dos generaciones al final, en la actualidad, es decir, setenta y cinco años en total.

El diálogo religioso entre el cristianismo y el mundo indígena, tan profundamente influido por el chamanismo y el culto a los ancestros, ha sido, por lo mismo, también muy breve, si no es que frustrado, a diferencia de lo sucedido en el altiplano, desde el encuentro entre los doce franciscanos y los ancianos mexicas, pero sería comparable al breve encuentro entre los jesuitas y los chamanes de las misiones del Nayar, durante cincuenta años, en el siglo XVIII.

En Chiapas los sacerdotes eran pocos, estaban alejados entre sí y la relación indígena con el mundo cristiano y cristianizado era muy limitada: a causa del factor geográfico (dispersión, incomunicación) y demográfico (poca presencia de españoles y mestizos). El problema no era cultural, pues en Yucatán, otra tierra maya, la historia siguió un curso diferente con la elaboración de una síntesis religiosa bajo el aspecto de la conversión. Entre los dos extremos de Los Altos de Chiapas, con escaso o nulo diálogo, y de Yucatán, se encuentran en una posición intermedia las tierras altas de Guatemala. Pedro Pitarch y Juan Pedro Viqueira consideran que 1712 es decisivo. La rebelión de Cancúc y su ulterior derrota fue el punto final del diálogo frustrado. Hubo que esperar hasta 1950 para que se restableciera.

Pedro Pitarch escribe en *Chúlel: una etnografía de las almas tzetzales*:

«En 1821 Chiapas se independizó de la Corona de España y poco después (1824) se anexó a México, acontecimientos que no parecen haber afectado sustancialmente las relaciones de los curas de Cancúc con sus indios; cosa que sin embargo sí ocurrió con la consolidación del poder liberal y las medidas anticlericales que introdujo a partir de 1855. De aquí en adelante la documentación parroquial refleja la rápida y progresiva erosión que va sufriendo la autoridad de los curas en Cancúc. En 1860 los indígenas niegan a su cura cualquier tipo de sustento o limosna, tras informarse de las autoridades civiles que no es imperativo. Poco después ya no toman en serio a los curas excepto cuando se sirven de ellos para oponerse a las autoridades políticas (liberales) del Departamento. En 1868 los principales ni siquiera prestan las llaves de la iglesia al cura, quien por escrito se lamenta ante su obispo de que nadie cumple con ningún sacramento, y además "beben y bailan y hacen fuego dentro de la iglesia, y me entra mucho temor porque he estado en pueblos ridículos pero como éste no lo permita Dios que haya otro, no creen en el santo sacrificio de la misa por más fervorizados que estén rezando en juicio a algunas de las imágenes todo es que salga el que expone a decir misa, se salen como si alguno lo corriera o se quedan pero dando el trasero al altar del sacrificio...". Pocos años después, el último sacerdote residente, un secular, tras varios intentos y ausencias prolongadas, abandonó definitivamente Cancúc[...].

»No puede dejar de impresionar que, a pesar del tiempo transcurrido, los indígenas siguieran viendo a los sacerdotes como agentes de una fuerza de ocupación: indudablemente fueron temidos, pero su soberanía en realidad nunca llegó a ser reconocida. Desde entonces no ha regresado de modo permanente ningún sacerdote, y de hecho no se permite. Los cancuqueros dejaron de celebrar cualquier sacramento hasta el presente (incluso el vínculo de compadrazgo, considerado una pieza esencial en la vida social indígena mesoamericana, es inexistente en Cancúc, y en los registros parroquiales de bautismo del siglo XVIII únicamente aparecen madrinas), excepto el grupo de nuevos católicos, que reciben las visitas ocasionales de sacerdotes o catequistas, aunque por lo general procuran evitar el centro de Cancúc moviéndose por las aldeas.» (1996, p. 151)

Así se comprenden cabalmente las contradicciones de los censos en materia religiosa; por ello se advierte que, según el censo general de 1990, la población mayor de cinco años de

Cancúc se distribuya en 5,218 católicos, 3,847 evangélicos y 7,311 «que no tienen religión» (tradicionalistas o costumbristas). Sólo hasta hace poco, desde que numerosos cancuqueros se han pasado al catolicismo y al protestantismo, se ha reanudado el diálogo con el cristianismo. No son cuestiones de doctrina las que están en juego, por lo que el apego a la nueva «religión» puede ser muy precaria. Ni la Iglesia católica ni las iglesias protestantes ni los sociólogos, ni los funcionarios del INEGI pueden afirmar que la gente conservará para siempre su afiliación religiosa actual: buscan, prueban y ensayan, a tal grado que Pedro Pitarch se refiere a la «facilidad camaleónica» con la que se hacen y deshacen los grupos de culto.

Los beneficios que promete la conversión deben tomarse en serio y pueden ser muy materiales, como la renuncia al alcohol. Todos los conversos insisten en que abandonan la «borrachera». Los tradicionalistas son llamados «borrachos». De nuevo cito a Pedro Pitarch:

«Según me contó un misionero dominico, ocurrió que en una pequeña aldea tzeltal los indígenas recién convertidos al catolicismo se negaron a participar en una misa cuando se enteraron de que en ella se consumía vino. Tanto católicos como evangélicos (sus respectivos discursos son casi indistinguibles) hacen hincapié en no golpear a la mujer ("que se la trate como a la madre, la esposa es como una segunda madre"), en tratar bien a los hijos, en no ofender a los vecinos. Evitar todo eso no es otra cosa que evitar las situaciones que provoca la embriaguez alcohólica. Es una inquietud que corre en paralelo con la intención, no del todo explícita pero fácilmente observable, de romper la atmósfera asfixiante de aislamiento y secretismo en que se halla envuelto el grupo doméstico. En el caso de los indígenas de Cancúc, la adhesión a una comunidad eclesiástica no entraña una tendencia a la individualidad —tal y como se emplea convencionalmente la expresión, como lo opuesto del "comunitarismo"—, sino una reducción de la (casi "incestuosa") intimidad doméstica a favor de relaciones más comunitarias. Se traduce en aspectos tales como la participación, comunión, en ceremonias religiosas públicas, el empleo único de *kerman* (hermano) para dirigirse a los correligionarios, o, entre católicos, en la creación de vínculos de "parentesco ritual", etcétera.

»El enorme costo social y personal de un consumo tan elevado de alcohol seguramente es una razón suficiente para explicar el énfasis depositado en su abandono (en todo caso una renuncia que en muchos casos se respeta durante poco tiempo o se hace intermitente). No obstante, no sería aventurado pensar —por más que carezco de evidencia etnográfica para sustentar un argumento así y debo limitarme a insinuarlo— que este énfasis por abandonar el consumo de aguardiente implica un impulso por reordenar las relaciones anímicas en el espacio del propio cuerpo. Es decir, el intento de recomponer las relaciones entre el cuerpo y el interior del corazón (siempre ávido de aguardiente), de renovar, quizás, el dominio de la cabeza sobre este último. Pero, como sabemos, eso equivale a un intento de rehacer las relaciones culturales y políticas interétnicas; la relación que, inducida por la embriaguez alcohólica, mantienen los cancuqueros consigo mismos, con su corazón, es análoga a la que mantienen con los castellanos.

»En cualquier caso, el conjunto de creencias en torno a las almas parece esencialmente intacto entre los nuevos católicos y los evangélicos de Cancúc. (De nuevo mi afirmación debe tomarse con cautela: habría que indagar con mucho más detalle sobre esta cuestión.) En general, evangélicos y católicos no dudan de la existencia del ave del corazón, del *ch'ulel*, de los *lab*. Antonio K'oy, presbiteriano, me aclara que en alguna ocasión durante las reuniones en el templo los asistentes son exhortados a deshacerse de sus *lab*, pero como se sabe esto es virtualmente imposible; algunos pastores (son indígenas tzeltales, aunque no necesariamente de Cancúc) declaran que los *lab* son expulsados en el momento preciso del bautismo, algo aún más inverosímil. Se debe rezar a Dios para recuperar el *ch'ulel* o para que interceda ante las autoridades del *ch'iibal*, pero a veces los ruegos no dan resultado y se debe acudir a un chamán, aunque ambos procedimientos no son incompatibles: uno se desarrolla en el templo, otro en la casa. Es más, K'oy parece creer que el número de enfermedades entre los evangélicos es mayor que entre el resto de los cancuqueros debido a que los *lab* de éstos últimos dan enfermedad a los primeros para comprobar si en verdad su nueva identidad los vuelve invulnerables.

»Las prácticas rituales evangélicas, en contrapartida, ofrecen nuevas posibilidades de protección contra la enfermedad, en particular mediante el acceso a la "palabra de Dios", el texto bíblico traducido al tzeltal y empleado directamente con propósitos terapéuticos. De ahí quizás esa febril entrega —entre evangélicos pero también entre católicos— a fabricar y rodearse de palabras, ese torrente de palabras contenidas en sermones, lecturas bíblicas, cánticos y demás que durante los largos oficios dominicales saturan el reducido espacio interior de los templos evangélicos indígenas. Son discursos ininteligibles, pese a pronunciarse en tzeltal, pero que producen la sensación de barrera protectora, un espacio terapéutico que defiende de las palabras-morbo a las que cotidianamente se está expuesto. Debe ser el mismo principio que explica que los aparatos de radio permanezcan encendidos durante el día o que a lo largo de la noche no parezcan molestar los ladridos u otros ruidos que se producen en torno o dentro de las casas. Es decir, lo que en ese espacio se elabora son palabras exóticas, las palabras capaces de proteger de las igualmente exóticas palabras de que están hechas las enfermedades. Una técnica, que no es otra (ahora me doy cuenta) que la que constituye el núcleo del argumento de los textos y ceremonias de curación chamánica, como se verá más adelante. Conocí a un católico que había sustituido la ceremonia convencional de protección doméstica que se realiza dos o tres veces al año *(muk'ul kuxlejal)* por una lectura de la Biblia (presbiteriana) que hacía en voz alta, sentado sobre una sillita y solo, durante tres días leyendo con muchísima dificultad varias horas seguidas. Sin embargo, la protección que confiere la palabra de Dios es parcial, incompleta. Se dice —mas es una opinión incierta— que trasladándose a vivir a otros lugares, como la periferia de la ciudad de San Cristóbal o las tierras de colonización de la selva lacandona, la palabra de Dios es allí más eficaz. En Cancúc son tantas las almas, tan enrevesadas las relaciones humanas, que los textos bíblicos son insuficientes.

»Posiblemente la única novedad que descubro entre los cancuqueros cristianos y el resto guarda relación con el destino final del alma, una cuestión sobre la que desde luego insisten las distintas iglesias. Pero entre los cancuqueros cristianos este punto persiste confuso y sin ningún interés. Marian Kaxtil, un joven que hasta hace poco tiempo fue catequista y aún es católico, me dice sin duda que el *ch'ulel* va al cielo si se ha sido bueno. "¿Y los *lab*?" "Los *lab*, dicen, son cedidos a los herederos." "¿Y el ave del corazón?" "Bueno, tal vez nuestra ave del corazón se va a vivir a Roma. Dicen." Roma es un intrigante lugar de ubicación incierta, situado quizás en la otra orilla del océano adonde se llega a través de pasadizos subterráneos y donde reside el jefe de la Iglesia católica, un ser blanquísimo a fuerza de no ver el sol. Mas, si se piensa por un momento, la elección de este destino no tiene nada de disparatada, pues, como puede recordarse, los sacerdotes *lab* cuecen/bautizan el ave del corazón y al hacerlo no sólo pueden ingerirla, incorporarla literalmente, sino que por ese procedimiento culinario la incorporan a su vez a la sociedad de la Iglesia, cuyo centro es Roma. No es fácil evadirse de la lógica que impone la imaginación tzeltal del cuerpo.» (1996, pp. 211-213)

La cita es larga, pero vale la pena leerla y releerla. Es inútil buscar las claves, sería absurdo dictaminar algo. ¿Cómo eran los primeros cristianos, judíos, griegos, romanos y armenios? ¿Y los segundos, los germanos del siglo v al ix? ¿Y los terceros, los eslavos de los siglos x al xiv? Podemos extender los alcances en el tiempo y en el espacio de la pregunta, y añadir ¿cómo somos nosotros que nos suponemos cristianos?

En el altiplano mexicano no se cumplen todavía cinco siglos de la prédica del Evangelio. Esa cristiandad tiene apenas la antigüedad de la africana de San Agustín, que fue erradicada poco después por el conquistador musulmán; en Los Altos de Chiapas son setenta y cinco años, cien, a lo sumo. De ese breve lapso cuarenta semanas le correspondieron a Bartolomé de las Casas y cuarenta años a Samuel Ruiz García.

Apéndices

Consejo en favor de la paz, 1996.

Mapas*

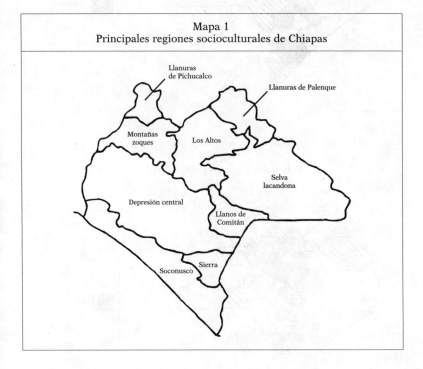

Mapa 1
Principales regiones socioculturales de Chiapas

Llanuras
de Pichucalco

Llanuras de Palenque

Montañas
zoques

Los Altos

Selva
lacandona

Depresión central

Llanos de
Comitán

Soconusco

Sierra

*Los mapas 1 a 5 se reproducen de Juan Pedro Viqueira, «Los límites del mestizaje cultural en Chiapas», *América Indígena*, LV, 1 y 2, 1995. Los mapas 6 a 10 fueron elaborados por Julio Ríos.

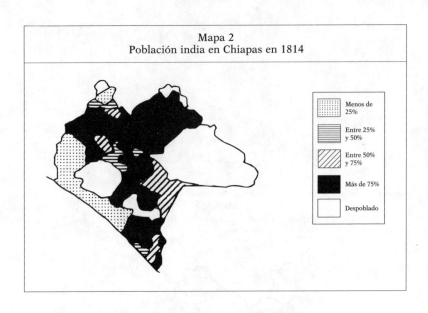

Mapa 2
Población india en Chiapas en 1814

Menos de 25%

Entre 25% y 50%

Entre 50% y 75%

Más de 75%

Despoblado

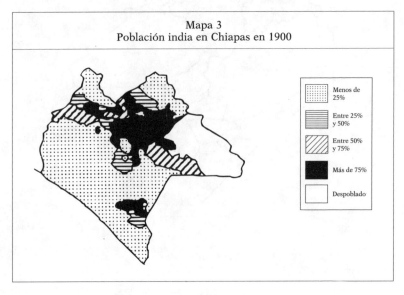

Mapa 3
Población india en Chiapas en 1900

Menos de 25%

Entre 25% y 50%

Entre 50% y 75%

Más de 75%

Despoblado

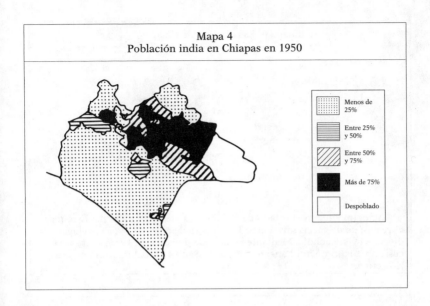

Mapa 4
Población india en Chiapas en 1950

Menos de 25%
Entre 25% y 50%
Entre 50% y 75%
Más de 75%
Despoblado

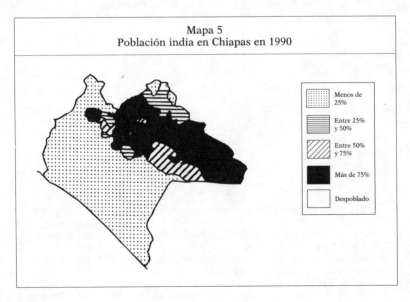

Mapa 5
Población india en Chiapas en 1990

Menos de 25%
Entre 25% y 50%
Entre 50% y 75%
Más de 75%
Despoblado

Mapa 6. Las diócesis de Chiapas

Actualmente, en el estado de Chiapas, existen tres diócesis. Este mapa es resultado de varias divisiones. La primera de ellas, en 1957, dio lugar a la diócesis de Tapachula. Mediante la segunda división, en 1965, se creó la diócesis de Tuxtla y, simultáneamente, la de San Cristóbal adquirió su territorio actual.

Mapa 7. La diócesis de San Cristóbal de las Casas

Chol: Catazajá, La Libertad, Palenque, Sabanilla, Salto de Agua, Tila, Tumbalá.

Sur: Amatenango del Valle, Las Rosas, Nicolás Ruiz, Socoltenango, Teopisca, Venustiano Carranza.

Sureste: Comitán, Chicomuselo, Frontera Comalapa, La Independencia, Las Margaritas, La Trinitaria, Tzimol.

Centro: San Cristóbal de las Casas.

Tzotzil: Amatán, Chalchihuitán, Chamula, Chenalhó, El Bosque, Huitiopán, Larrainzar, Mitontic, Pantelhó, Simojovel, Zinacantán.

Tzeltal: Altamirano, Chanal, Huistán, Ocosingo, Oxchuc, Sitalá, Tenejapa, Yajalón, San Juan Cancúc (dominicos).

Chab: Arena, Chilón, Bachajón (jesuitas).

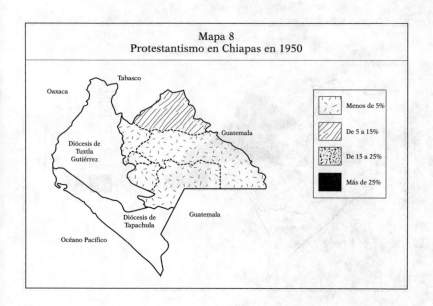

Mapa 8
Protestantismo en Chiapas en 1950

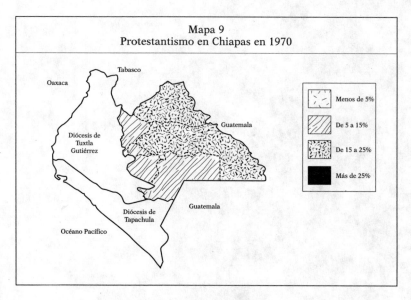

Mapa 9
Protestantismo en Chiapas en 1970

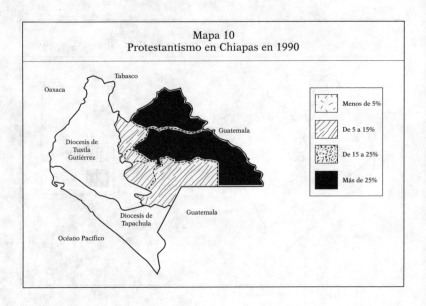

Mapa 10
Protestantismo en Chiapas en 1990

Religión en Chiapas y México*

			Cuadro 1			
		Religión	en Chiapas de	1940 a 1990		
Año	Población	Católicos	Protestantes	Judíos	Otra religión	Ninguna religión	Total no católicos
---	---	---	---	---	---	---	---
1940	679885	655765	6376	463	1271[1]	16010[2]	24120
	100%	96%	.93%	.07%	.18%	2.3%	3.5%
1950	907026	883937	19292	131	3666		23089
	100%	97%	2%	.01%	.4%		2.5%
1960	1210870	1122908	50877	3696	5986	10937[3]	71496
	100%	93%	4%	.3%	.5%	.9%	6%
1970	1569053	1431278	75378	1222	5511	55664	137775
	100%	91%	5%	.07%	.35%	3.5%	9%
1980	2084717	1602594	239107	2647	31797	208572[4]	482123
	100%	77%	11.5%	.12%	1.5%	10%	23%
1990[5]	2710283[6]	1832887	440520	2733	49922	344896[7]	838071
	100%	68%	16%	.10%	1.9%	13%	31%

Fuente: Censos generales de población y vivienda, INEGI.
[1]Se incluyen 86 personas que declararon ser budistas.
[2]Se incluyen nueve personas que ignoraban su religión.
[3]16466 personas no indicaron religión y no se incluyeron en «ninguna religión», porque son muchos, de ahí que la suma no sea exacta.
[4]Incluye una persona que no especificó religión.
[5]En este censo los datos de religión se dan con base en la población de cinco años y más. Esta población es la que se toma como base.
[6]La población total en Chiapas, en 1990, es de 3,210,496.
[7]39325 no especificaron religión y no se incluyeron en «ninguna religión» porque son muchos, por eso la suma no es exacta.

* Todos los cuadros han sido elaborados por Julio Ríos.

Cuadro 2
Tasa de crecimiento anual intercensal de la población
y de las distintas religiones en Chiapas de 1940 a 1990[1]

Año	Población	Católicos	Protestantes	Judíos	Otra religión	Ninguna religión	Total no-católicos
1940-1950	2.92	3.03	11.70	-11.8	11.17		-.43
1950-1960	2.91	2.41	10.14	39.46	5.00		11.91
1960-1970	2.72	2.54	4.15	-10.83	-.85	18.36	7.03
1970-1980	2.78	1.09	11.78	7.74	18.42	13.59	12.84
1980-1990	4.52[2]	1.38	6.44	.32	4.71	5.27	5.81

[1]La tasa de crecimiento se calcula a partir de la formula $R = \{[(Pf/Po)^{(1/Tf-To)}]-1\}100$. Donde: R es la tasa de crecimiento anual intercensal, Pf es la población al final del periodo intercensal, Po es la población al incio del periodo intercensal, Tf es el año final del periodo intercensal y To es el año inicial del periodo intercensal.

Esta fórmula es la que utiliza el CONAPO para medir el crecimiento anual de la población. (Veáse CONAPO-FNUAP, *La población de los municipios de México 1950-1990*, México, 1994, pp. 116-118.)

[2]Tasa de crecimiento calculada a partir de la población total del estado.

Nota: Cuando la tasa de crecimiento es muy alta hay que tener en cuenta que la población inicial puede ser muy pequeña (el aumento de un judío a diez judíos es de 1000%). En estos casos lo importante es el número relativo de fieles de una religión con respecto al total de la población (véase cuadro 1).

Cuadro 3
Religión en México de 1940 a 1990

Año	Población	Católicos	Protes-tantes	Otra religión	Ninguna religión
1940	19653552	18977585	177954	47255	443671
	100%	96%	1%	.24%	2.2%
1950	25779254	25329498	330111	131408	
	100%	98%	1%	.50%	
1960	34923129	33692503	578515	237958	192963
	100%	96%	2%	.68%	.55%
1970	48225238	46380401	876879	199510	768448
	100%	96%	2%	.41%	1.6%
1980	66846833	60236263	2400724	589629	1993557
	100%	93%	4%	.88%	2.9%
1990	81249645	63285027	3447507	1079244	2288234
	100%	90%	4%	1.3%	2.8%

Fuentes: *La población de los municipios de México 1950-1990*, CONAPO-FNUAP, México, 1994, p. 3. Roderic Ai Camp, *Cruce de Espadas. Política y Religión en México*, Siglo XXI, México, 1998, p. 14.

Cuadro 4
Tasa de crecimiento anual intercensal de la población
y de las distintas religiones en México de 1940 a 1990

Año	Población	Católicos	Protes-tantes	Otra religión	Ninguna religión
1940-1950	2.75	2.92	6.37	10.76	
1950-1960	3.07	2.88	5.74	6.09	
1960-1970	3.40	3.36	4.40	-1.80	15.39
1970-1980	3.20	2.55	10.20	11.02	9.63
1980-1990	2.02	.5	3.76	6.37	1.41

Cuadro 5
La diócesis de San Cristóbal de las Casas.

Año	Población	Católicos	Protestantes	Judíos	Otra religión	Ninguna religión	No católicos
1950	347166	341163	4920	49	733		5703
	100%	98%	1%	0.01%	0.2%		2%
1960	465255	435303	18311	777	1186	9765	29952
	100%	94%	4%	0.2%	0.2%	2%	6%
1970	609859	559889	29636	314	1269	17643	49970
	100%	92%	5%	0.05%	0.2%	3%	8%
1980	810242	624284	99772	608	9420	76157	185925
	100%	77%	12%	0.07%	1%	9%	23%
1990	1072479	711301	196845	1092	22822	149741	361178
	100%	66%	18%	0.1%	2%	14%	34%

Fuente: Censos generales de población y vivienda INEGI: 1950, 1960, 1970, 1980, 1990.
Notas: La categoría «ninguna» incluye la categoría «no especificado» en los censos de 1960 y 1990. En el censo de 1990 la población base es la población de cinco años y más.

Cuadro 6
Las diócesis de Tapachula y Tuxtla Gutiérrez

Año	Población	Católicos	Protestantes	Judíos	Otra religión	Ninguna religión	No católicos
1950	559860	542474	14372	82	2933		17386
	100%	97%	3%	0.01%	0.5%		3%
1960	745615	687605	32566	2919	4800	17725	58010
	100%	92%	4%	0.04%	0,06%	2%	6%
1970	95919	871389	45742	908	4242	38021	87805
	100%	91%	5%	0.1%	0.5%	4%	9%
1980	1274475	978310	139335	2039	22377	132415	296198
	100%	77%	11%	0.2%	2%	10%	23%
1990	1637804	1121586	243675	1641	27100	243802	516218
	100%	68%	15%	0.1%	2%	15%	32%

| | | | | | | | Cuadro 7
La zona tzeltal | | | | | | |
Año	Pobla- ción	Cató- licos	Protes- tantes	Judíos	Otra religión	Ninguna religión	No católi- cos
1950	69996	68809	1105	5	77		1187
	100%	98%	2%	0%	0.1%		2%
1960	95902	84959	8927	55	30	2031	10943
	100%	89%	9%	0.05%	0.03%	2%	11%
1970	132806	109425	14138	30	165	8940	23381
	100%	82%	11%	0.02%	0.1%	7%	18%
1980	195571	123415	39596	175	2261	30123	72123
	100%	63%	20%	0.09%	1%	15%	37%
1990	280079	164015	74751	302	5311	45712	116064
	100%	59%	27%	0.1%	2%	16%	41%

Nota: En 1990, en la zona tzeltal, se incluye el municipio de San Juan Cancúc, recientemente creado.

| | | | | | | | Cuadro 8
La zona tzotzil | | | | | | |
Año	Pobla- ción	Cató- licos	Protes- tantes	Judíos	Otra religión	Ninguna religión	No católi- cos
1950	80136	80069	41	3	23		67
	100%	99.91%	0.05%	0%	0.03%		0.09%
1960	97392	95115	538	86	155	1485	2277
	100%	98%	0.5%	0.09%	0.2%	1%	2%
1970	118712	112936	2756	10	57	1953	5776
	100%	95%	2%	0%	0.04%	2%	5%
1980	140079	109888	10058	251	1181	18701	30191
	100%	78%	7%	0.2%	1%	13%	22%
1990	179965	116296	22295	282	6303	34089	63669
	100%	65%	12%	0.1%	3%	19%	35%

Cuadro 9
La zona sureste

Año	Población	Católicos	Protestantes	Judíos	Otra religión	Ninguna religión	No católicos
1950	81985 100%	81257 96%	476 1%	34 0.2%	217 0.3%		728 1%
1960	113170 100%	108572 96%	1092 1%	268 0.2%	320 0.3%	2716 2%	4598 4%
1970	148669 100%	143332 96%	2217 1%	22 0.01%	552 0.4%	2546 2%	5337 4%
1980	200454 100%	169159 84%	11328 6%	96 0.05%	3203 2%	16768 8%	31295 16%
1990	275948 100%	188389 68%	36042 13%	193 0.07%	7158 3%	44166 16%	87559 32%

Cuadro 10
La zona sur

Año	Población	Católicos	Protestantes	Judíos	Otra religión	Ninguna religión	No católicos
1950	32433 100%	32234 99%	186 1%		13 0.04%		199 1%
1960	45190 100%	43659 97%	598 1%	89 0.2%	113 0.2%	734 2%	1531 3%
1970	64080 100%	62664 98%	815 1%	2 0%	105 0.2%	494 1%	1416 2%
1980	74146 100%	69957 94%	2221 3%	7 0%	347 0.5%	1614 2%	4189 6%
1990	83439 100%	71894 86%	7710 9%	66 0.01%	644 1%	3125 4%	11545 14%

Cuadro 11
La zona chol

Año	Población	Católicos	Protestantes	Judíos	Otra religión	Ninguna religión	No católicos
1950	59562 100%	56223 94%	2953 5%	7 0.01%	379 1%		3339 6%
1960	86403 100%	76779 96%	6944 1%	238 0.01%	550 0.4%	2091 2%	9624 11%
1970	112759 100%	99273 88%	9431 8%	250 0.22%	351 0.3%	3454 3%	13486 12%
1980	139442 100%	95870 69%	33986 24%	70 0.05%	2113 1%	7303 5%	43572 31%
1990	177118 100%	106517 60%	49169 28%	183 0.1%	2610 1%	18649 10%	70601 40%

Cuadro 12
La zona centro

Año	Población	Católicos	Protestantes	Judíos	Otra religión	Ninguna religión	No católicos
1950	23054 100%	22871 94%	159 5%		24 0.1%		183 1%
1960	27198 100%	26219 96%	212 1%	41 0.1%	18 0.1%	708 3%	979 4%
1970	32833 100%	32259 98%	279 1%		39 0.1%	256 1%	574 2%
1980	60550 100%	55995 92%	2583 4%	9 0.01%	315 0.5%	1648 3%	4555 8%
1990	75930 100%	64190 84%	6878 9%	66 0.09%	796 1%	4000 5%	11740 16%

				Cuadro 13			
		Afili	ación religiosa	en Chamula			
Año	Pobla-ción	Cató-licos	Protes-tantes	Judíos	Otra religión	Ninguna religión	No católi-cos
1950	22029	22004	19	1	5		25
	100%	99.8%	.086%	0%	0.02%		.11%
1960	26789	26501			21	267	288
	100%	98.92%			0.7%	.99%	1.07%
1970	29357	28614	38		14	691	743
	100%	97.46%	0.12%		0.4%	2.35%	2.53%
1980	31364	26027	118	10	79	5130	5337
	100%	82.98%	0.37%	.03%	.25%	16.35%	17.01%
1990	42562	29972	219	88	192	12091	12590
	100%	70.41%	.51%	.20%	.45%	28.4%	29.58%

Fuente: Censos generales de población y vivienda: 1950, 1960, 1970, 1980, 1990.

Carta de Adolfo Orive
a todos los agentes de pastoral
de la diócesis de San Cristóbal de las Casas

A mediados de septiembre de este año, llegamos a Chiapas cinco compañeros de Torreón enviados por el pueblo que, en aquella región, lucha organizada e independientemente, con objeto de integrarnos a las luchas del pueblo de este estado, intercambiar experiencias y ayudar a eslabonar los procesos populares de todo el país hasta formar una gran cadena indestructible.

Nos entrevistamos con su obispo, a quien habíamos conocido hace un año en La Laguna durante nuestras luchas por sacar de la cárcel a unos compañeros sacerdotes presos y por evitar que el gobierno aprehendiera también al párroco de Francisco I. Madero.

Él, dando muestras de democracia y altura de miras, propuso una discusión con su asamblea representativa para acordar los términos de nuestra relación. Se llevó a cabo el 3 y 4 de octubre y después de una plática vasta y profunda de dos horas se acordó trabajar conjuntamente, en particular en algunos de los equipos de la diócesis.

El 5 de octubre tuvimos una sesión con el consejo coordinador diocesano para precisar los términos y los lugares de nuestro trabajo conjunto.

El 13 de octubre, sin una discusión previa en la cual nosotros participáramos, uno de los miembros del consejo de coordinación diocesano nos comunicó que en lugar de integración se había acordado que la relación con nosotros fuera simplemente de coordinación.

Ahora, a mediados de noviembre, se nos ha mandado decir, también, sin haberlo discutido con nosotros, que mejor sea una simple relación de amistad.

Nosotros no pensamos mal porque se haya determinado que la relación sea nada más de amistad y ya no de integración, sino porque en esa determinación no se nos permitió ni siquiera opinar y porque, peor aún, en el mes que ha transcurrido, se ha promovido unilateralmente a todos los niveles supuesta información sobre nosotros sin antes habernos dado la oportunidad de aclarar dudas o discutir diferencias.

Ya que no pudimos hacerlo verbalmente, decidimos escribirles una carta con objeto de que todos ustedes conozcan nuestra posición.

Con ésta, son dos ocasiones que nos hemos visto relacionados formalmente con la Iglesia como tal. La anterior, en octubre del año pasado, cuando el gobierno aprehendió a compañeros sacerdotes presos y amenazó a otro, publicamos un documento que en uno de sus párrafos decía: «En la actualidad, la Iglesia no es del pueblo, es de los ricos y del gobierno... debemos por lo tanto luchar para que la Iglesia cambie de bando, para quitarle al enemigo fundamental (que es el gobierno, los burgueses más poderosos y el imperialismo) un aliado poderoso —como lo es la Iglesia— para que se convierta en una Iglesia del pueblo». Decíamos también que éramos conscientes de que las contradicciones en las que se movía la Iglesia «sólo se pueden resolver, en su conjunto, cuando a la larga el pueblo le haya quitado la Iglesia a los ricos y al gobierno y la haya hecho suya, mediante un proceso prolongado de lucha ideológica permanente... Esta lucha es en dos frentes: el convencer a los miembros de la Iglesia en lo particular y el ganarse a la Iglesia en su conjunto, transformándola. Y por supuesto, es el pueblo el que enseñará el camino, a los miembros en particular y a la Iglesia en su conjunto, porque el pueblo sabe que una Iglesia humilde le puede servir, en el sentido más amplio del término, a su emancipación».

Hace un año nos dimos cuenta de dos contradicciones que obstaculizaban la participación de la gente de Iglesia en las luchas populares: su concepción de la obediencia ciega a la jerarquía eclesiástica y sus actitudes paternalistas para con el pueblo. Así lo dijimos en el documento que publicamos.

Conociéndoles a ustedes, vemos el esfuerzo tan grande que están haciendo desde la última asamblea diocesana para combatir la obediencia ciega y construir organismos democráticos que rijan su vida interna. Es una experiencia única en México y quizá en toda América Latina. Cualquier persona interesada en la transformación de esta sociedad tiene que luchar junto con ustedes para ayudarlos a fortalecer este proceso, para impedir que los enemigos del pueblo lo aplasten, no sólo por lo que implica para Chiapas sino como precedente para todo el país. Somos muy conscientes de esto y queremos actuar en forma correspondiente.

Sin embargo, pensamos que sigue habiendo mucho paternalismo respecto al pueblo en algunos casos y con toda sinceridad y respeto lo manifestamos en la asamblea representativa del 3 y 4 de octubre. Esperamos que nos den oportunidad en otra carta de expresar nuestras opiniones al respecto.

Pero en este último mes, a un año de la lucha de La Laguna, nos damos cuenta que hay una tercera contradicción, más peligrosa porque no es explícita, que obstaculiza, en esta diócesis, el trabajo de la gente de Iglesia por el poder popular, que es explícitamente su línea pastoral. Nos referimos a las actitudes y al estilo de hacer política de algunos de sus miembros. Veamos por qué.

1. *La actividad política no es entendida como una práctica social sino personal.* En lugar de haber discutido nuestros planteamientos ideológicos —que están publicados— y de haber investigado nuestra práctica política, que está a la vista de todo el mundo en Torreón (como bien se sabía), pensaron que sacaban más información sobre nuestra posición de clase aprendiéndose las placas de la Combi que traíamos, los números de teléfono de las personas a las que hablábamos, el nombre y oficio de nuestros padres y esposas, etcétera.

En lugar de promover una discusión franca y abierta de ambas partes que aclarara dudas y malos entendidos ya sea en el consejo coordinador o, mejor aún, en la asamblea representativa, se habló a nuestras espaldas, en secreto, de oído a oído, con base en lo que llaman «grilla personal».

En lugar de ir a investigar concretamente en Torreón sobre nuestra situación, se difundieron mentiras y se nos difamó. Se dijo que estábamos en Chiapas como resultado de nuestro rotundo fracaso en el norte, cuando en realidad nunca antes hemos estado tan fuertes; y pretendíamos hacer de la Iglesia una cobertura, un parapeto —con el peligro de generar varios Rodolfos Aguilares—, cuando no sólo nunca lo hemos hecho en los siete años de relación con la Iglesia, sino que fuimos nosotros quienes, mediante nuestras movilizaciones, sacamos a nuestros compañeros sacerdotes de la cárcel hace un año y evitamos que cayera otro.

En lugar de promover un trato de respeto y amistad, se ha desatado un ambiente de *histeria macartista* donde cualquiera que disiente es motejado de *agente de Torreón*. Algunos compañeros agentes de pastoral no quieren ser vistos con nosotros en la calle, otros ya no nos invitan a sus reuniones y los más nos saludan apenas y muy fríamente.

No hemos escuchado una sola crítica de frente, con criterio político o sobre nuestras relaciones con el pueblo, todas son de naturaleza personal y basadas en criterios supuestamente éticos.

Cuando nosotros llegamos a Chiapas, recabamos mucha información, pero toda de índoles ideológica y política, de la forma en que se llevaban las relaciones con el pueblo, nunca, en ningún caso se hizo una investigación de tipo personal.

Suponemos que quien pretendió investigar nuestras personas como tales, pensaban desenmascararnos. Hace un año le dijimos al obispo de Torreón que nuestras prácticas se hacen a la luz del día, son abiertas para quien quiera tomarse la molestia de ir a La Laguna. No tenemos máscara que investigación alguna pueda quitarnos.

En cambio, quizá, hasta en los estilos de investigar salga a relucir la naturaleza de clase de quienes la realizan.

2. *Se actúa como si fueran dueños de todos los procesos sociales al interior de la diócesis.* Se ha dicho que no sólo se corre el riesgo de que los usemos de parapeto sino que los procesos mismos peligran. ¿Si se tuviera realmente confianza en el pueblo, si no hubiera quien se creyera su dueño o tutor, su Fray Bartolomé, no sería más correcto que fuera el propio pueblo quien dijera si se corre peligro con nuestra integración, con nuestros métodos y ritmos?

Cuando se está realmente integrado con el pueblo, cuando se tiene confianza en él, cuando se tiene la línea ideológica justa, no se teme la llegada de nadie, no se le rehuye a la lucha ideológica, se deja que el pueblo decida. No basta proclamar como objetivo el poder popular, la naturaleza de clase de la política que se hace no se determina por las declaraciones sino por los hechos, por lo que uno hace y cómo lo hace.

La Iglesia no es la única fuerza social en esta región de Chiapas. Hay otras fuerzas sociales e presencia. Y si algunas de las gentes de Iglesia no se creyeran los dueños o tutores del pueblo o de esta diócesis, no tienen por qué pretender regir nuestras relaciones con cualquier otra fuerza social. Por eso la integración propuesta con la Iglesia no implicaba de ninguna manera que cualquier movimiento que nosotros habríamos por estos rumbos, que cualquier relación que nosotros estableciéramos tenía que ser acordada previamente con ustedes. La integración con la Iglesia significa acordar todo movimiento o actividad que involucre a los agentes de pastoral como tales y a nosotros en relación con esos agentes. Pero eso no puede implicar el regir nuestras relaciones con otras fuerzas sociales como nosotros jamás habríamos pretendido regir sus relaciones con una tercera fuerza social. Por esta razón es falso decir que nosotros no respetamos el acuerdo establecido con la Iglesia cuando algunos de nosotros visitamos zonas al margen de los agentes de pastoral.

3. *Se practica, en casos muy distinguidos, una política desde afuera y desde arriba de las masas.* ¿Se puede sinceramente afirmar que respetan al pueblo y a sus procesos, quienes desde San Cristóbal pretenden dirigirlos, con formas caudillistas, mandando aviones a traer campesinos destacados para encerrarlos en salones y «darles línea»? ¿No sería más honesto, más congruente con los métodos del pueblo, más humilde, menos pretensioso, mantener posiciones abiertas, de cara al sol y con la voz a los cuatro vientos, no entre cuatro muros o dirigida en susurro al oído del de junto? ¿Si hay diferencias ideológicas o políticas con otros, no es más correcto discutirlos en el seno de las asambleas en las que participa el pueblo o sus delegados en lugar de encerrar en un salón de San Cristóbal a

algunos de los dirigentes para hacerles planteamientos unilaterales, en ausencia de los otros y a espaldas del pueblo?

Se podría alegar que hay quienes haciendo política abierta con el pueblo corren peligro personal. La experiencia de siglos muestra que, cuando realmente se pretende servir al pueblo, cuando no se quiere ser su caudillo dirigiendo desde afuera y desde arriba, no hay lugar más seguro que el seno de las masas.

4. Se tiene una visión localista de la realidad. Hay quienes dicen que el sur es distinto al norte, que Chiapas no es Torreón y que los indígenas son completamente diferentes a cualquier otro campesino. Por supuesto que hay particularidades, que si no se toman en cuenta no se puede hacer política acertadamente. Pero cuando esas particularidades son usadas como pretexto para el inmovilismo o, peor aún, para decir que sólo quién lleva aquí muchos años tiene derecho a opinar correctamente, entonces está cayendo en el localismo y se está obstruyendo la lucha del pueblo en general y el intercambio de experiencias en particular.

Cuando se dice que estamos imponiendo esquemas salidos de las luchas en Torreón, se está dudando, de hecho, de la capacidad de los pueblos para asimilar las experiencias de otros y no tener que repetir cada quien, por lo tanto, todo el proceso histórico.

Cuando se manifiesta no querer relacionarse con nosotros sino hasta que por su propia cuenta hayan adquirido una experiencia y organización análoga, cuando no se quieren aprender las experiencias modestas —positivas y negativas— de Torreón, ¿realmente se está pensando en el mejor provecho del pueblo de Chiapas o en un mal entendido personal?

5. Conclusión. Analizándola con objetividad, la política anterior más parece una combinación de métodos maquiavélicos y palaciegos de la época oscura de la Iglesia con tintes paternalistas y caudillescos de la era burguesa, que una política que pretende promover y servir al poder popular. Queremos creer que no se trata de deseos personales de poder. Pensamos que es la herencia secular de prácticas ideológicas y políticas feudales y burguesas en unos pocos agentes de pastoral. Es, en esa medida, una enfermedad ideológica que hay que erradicar para salvar a quien la padece y para evitar que haya contagios. Las personas en particular no son las malas, es la enfermedad, es decir, las actitudes y las formas de hacer política. Estas son las que hay que curar. Como en el caso de cualquier enfermedad, el primer requisito es reconocer su existencia. Quisiéramos que esta carta contribuyera a ello. Como publicamos el 26 de octubre de 1976, la lucha en La Laguna ese mes nos permitió «sacar a la luz cuál es la contradicción en la que se mueve la Iglesia, cuáles los términos de la lucha para ganarla para el pueblo y cuál es la posición en este momento de cada uno de sus miembros».

La carta, como nuestra intervención en la asamblea representativa del 3 y 4 de octubre, violenta muchos pensamientos, pero desgraciadamente así es la lucha de clases, así es la vida de los explotados y los oprimidos. Si queremos participar en un lado, tendremos que olvidar la paz cómoda de los corazones que se aislan entre cuatro paredes y salir a sufrir, con ellos, las violencias de la naturaleza y un sistema social de explotación.

En la medida en que algunos han decidido en nombre de ustedes dejar sólo una relación de amistad con nosotros y ya no trabajar conjuntamente, queremos recurrir a la comunicación escrita sistemática, iniciando con la presente una serie de cartas que permita intercambiar experiencias y dar lucha de ideas que redunden en beneficio de los procesos populares y de quienes participamos en ellos. Quisiéramos aportar nuestras ideas, producto no de procesos especulativos sino de experiencias populares, para tratar de evitar que actitudes y prácticas paternalistas arruinen los procesos del pueblo y para poner nuestro granito de arena en la erradicación de enfermedades feudales o burguesas y en quitarles, a los ricos y al gobierno, el aparato ideológico que es la Iglesia y que debe pertenecer al pueblo.

Quisiéramos que nos permitieran, aunque sea por este conducto, pasarles lo que modestamente hayamos podido asimilar de teoría y que les pudiera servir en sus intentos de hacer política popular.

Y por último, aunque no lo menos importante, pretendemos trabajar con todos aquellos de ustedes que, en forma particular, estén dispuestos a intercambiar experiencias y ayudarse mutuamente en servir al pueblo mejor.

Primera carta, 18 de noviembre de 1977

Opinión pública sobre la guerrilla y la Iglesia en Chiapas

En los primeros meses de 1994 el gobierno de la república, a través de la asesoría técnica de la presidencia de la república, efectuó una serie de encuestas, con la finalidad de percibir el estado de la opinión pública respecto de la rebelión zapatista.

Una pregunta recurrente en estas encuestas inquiría si se pensaba que el movimiento chiapaneco es de los indígenas o está manipulado. En la Tabla 1 se pueden observar los resultados a esta pregunta en diversas encuestas: se muestra el porcentaje de personas que contestó que el movimiento es manipulado, el principal «manipulador» del movimiento según esa misma gente y el porcentaje de personas que creyeron que el movimiento era manipulado por «algunos curas». Es de notar el porcentaje creciente de personas que pensaban que la Iglesia estaba de algún modo involucrada en el conflicto armado en Chiapas.

Tabla 1
¿El movimiento en Chiapas es indígena o está manipulado? ¿Por quién?

Fecha de la encuesta	Manipulado	Por extranjeros	Por algunos curas
3 al 13 de enero	72.8%	22.0%	1.4%
17 de febrero	61.0%	28.7%	3.1%
5 al 6 de marzo	60.0%	24.0%	4.8%
16 de marzo	52.2%	25.0%	10.4%

El 16 de marzo de 1994 se efectuó una encuesta especial acerca del papel de la Iglesia y de Samuel Ruiz en el conflicto armado. La Tabla 2 sintetiza las preguntas y respuestas más interesantes. Merece la pena subrayar de qué manera el conflicto armado en Chiapas le dio proyección y reconocimiento público a Samuel Ruiz, pues poca gente sabía de él antes del 1º de enero. En general, en las respuestas se nota la polémica que levantó el obispo de San Cristóbal y la Iglesia chiapaneca al aparecer como uno de los actores principales de la vida política y social chiapaneca.

Tabla 2
Encuesta sobre el papel de la Iglesia en el conflicto de Chiapas

Pregunta	*Respuesta*		
¿Sabe usted quién es Samuel Ruiz?	Sí 40.7%		No 58.4%
¿Había oído usted de Samuel Ruiz antes del conflicto?	Sí 16.6%		No 58.4%
Samuel Ruiz es el mediador de la paz, ¿usted cree que le corresponde ese papel?	Sí 30.7%		No 61.2%
¿Esta de acuerdo o en desacuerdo con la participación de Samuel Ruiz en las negociaciones de paz?	Acuerdo 45.5%	Acuerdo en parte 16.3%	Desacuerdo 30.4%
¿Le pareció bien o mal haber usado la catedral para las negociaciones de paz?	Bien 39.4%		Mal 52.8%
En su opinión, ¿la actuación de Samuel Ruiz favoreció o no a los intereses de alguna de las partes en conflicto?	Sí 48.2%		No 31.8%
¿Cuál?	EZLN 50.4%		Gobierno 38.3%
¿Cree usted que Samuel Ruiz o la Iglesia de Chiapas tiene alguna responsabilidad en el estallamiento del conflicto?	Sí 30.3%		No 55.6%
¿Qué tanta?	Mucha 40.3%	Regular 33.9%	Poca 19.7%
Samuel Ruiz debe salir o no de Chiapas	Sí 26.8%		No 42.5%

Notas: La encuesta del 3 al 13 de enero se realizó a 3,500 personas en seis ciudades de la república (zona metropolitana de la ciudad de México, Monterrey, Guadalajara, Tijuana, Mérida y Tuxtla Gutiérrez). La encuesta del 17 de febrero se hizo a 1,000 personas en la zona metropolitana de la ciudad de México. Las encuestas del 5 y 6 y del 16 de marzo se efectuaron a 4,677 personas en las seis ciudades mencionadas.

Estas encuestas se hallan en el banco de encuestas de opinión del Centro de Investigación y Docencia Económicas, A.C.

Carta de Federico Anaya sobre lo sucedido en San Isidro el Ocotal y en Corralchén

Sobre el caso San Isidro el Ocotal, marzo y abril de 1993

El capitán segundo de la fuerza aérea, Marco Antonio Romero, y el teniente de infantería Porfirio Millán Pimentel desaparecieron en los bosques que rodean el campo militar de Rancho Nuevo el sábado 20 de marzo de 1993. Sus restos, calcinados y desmembrados, fueron encontrados a un kilómetro de la comunidad tzotzil de San Isidro el Ocotal (municipio de San Cristóbal de Las Casas) el domingo 28 de marzo del mismo año (Guzmán y Vera, *Proceso*, 12 de abril de 1993). Entre el 20 y 28 de marzo la búsqueda de los militares fue un evento público, incluso se voceó en la radio local y, de acuerdo con el mismo testimonio público del obispo Ruiz, no había habido queja por violaciones a los derechos humanos, hasta el 29 de marzo, cuando los vecinos de San Isidro y del cercano ejido Mitzitón se apersonaron en el Centro de Derechos Humanos Fray Bartolomé de Las Casas quejándose de la detención y las torturas que hicieron los militares en ambos lugares (Vera, *Proceso*, 19 de abril de 1993; Rojas, 1995, p. 258).

Antes del descubrimiento de los cadáveres y de las denuncias por tortura contra el ejército, las relaciones entre la diócesis y los mandos militares eran bastante buenas. De hecho, el mismo domingo 28 de marzo, el obispo había desayunado con los mandos castrenses en Rancho Nuevo. Aun después del comienzo de la crisis, el obispo mencionó a *Proceso* que la actuación del ejército en Chiapas había mejorado sensiblemente: «...de tres años para acá hubo un cambio muy significativo, creo que debido a una mejor selección de personal y a otra manera de conducirse. Antes se tomaban muy en cuenta las "hazañas" efectuadas; ahora hay más gente de carrera y con mayor sensibilidad». (Vera, *op. cit.*, p. 8)

La manera en que los oficiales fueron ejecutados conmovió al ejército y a la sociedad. En la diócesis hubo una profunda reflexión, dado que luego de la denuncia de los abusos castrenses del 28 y 29 de marzo en San Isidro, el Centro Fray Bartolomé efectivamente asumió el caso de una manera muy radical y poco reflexiva. Al interior

227

de la diócesis se evaluó mal dicha actuación, por dos causas: primera, porque el Fray Bartolomé decidió ignorar el hecho incontestable
de que dos hombres habían sido ejecutados y sus cuerpos infamados
en una comunidad india. «Un caso clásico de incapacidad de entender al indígena como ser humano completo», me dice un amigo que
estuvo visitando San Cristóbal en aquellos meses y que habló largo
rato sobre el asunto con varios funcionarios de la diócesis (Argüelles,
2000). Segunda, porque el Padre Pablo Romo Cedano OP había asumido un protagonismo indebido, regodeándose en las cámaras y po-
niendo, finalmente, al obispo en un aprieto frente al ejército. Las dos
cosas probablemente abonaron nuevas meditaciones al debate acerca del movimiento armado entre los agentes de pastoral.

Sobre la liga causal entre El Ocotal y Corralchén

Apenas estaba pasando la tormenta de San Isidro El Ocotal cuando sucede la batalla de Corralchén. Las averiguaciones previas en
contra de los detenidos en este último incidente se iniciaron el 24 de
mayo de 1993, es decir, casi dos meses después de la muerte de los
dos oficiales en San Isidro. Aunque el enfrentamiento entre la diócesis y ejército por El Ocotal perduró hasta bien entrado abril, me parece que se trata de dos crisis distintas. Si bien es cierto que los
habitantes de San Isidro se retiraron de su pueblo por temor, en la
prensa de esos días no queda claro que su desplazamiento haya sido
permanente. De hecho, en 1996 todavía llegaron algunos de ellos
a pedirnos ayuda en el Fray Bartolomé, pues temían que se reabrie-
se el caso en su contra. Y hasta donde entendí, los compañeros seguían viviendo en su comunidad de San Isidro El Ocotal.

Además, cuando se comenta que la comunidad acusada en marzo
por la muerte de los dos oficiales y huyó a la selva y que los militares
la siguieron hasta la sierra de Corralchén, se implica una distancia
relativamente corta. O debería implicarse, para que la idea de la huí-
da de una comunidad de al menos veinte jefes de familia, según re-
portaron los enviados de *Proceso*, tenga sentido. San Isidro El Ocotal
está en el municipio de Las Casas y Corralchén es una serranía entre
los ríos Tzaconejá (cañada y municipio de Altamirano) y Colorado
(cañada de La Garrucha o de Patihuitz en Ocosingo), es decir, a no-
venta kilómetros en línea recta. Por supuesto, hay una carretera entre
ambas zonas, pero es la misma que pasa por Rancho Nuevo, o sea, se
trata de un mal camino si de lo que se trata es de huir del ejército.
Rodeando muerte y cañadas, el camino puede serpentear hasta los
ciento veinte kilómetros, lo que hace de nuevo improbable la idea de
una huida.

Hasta donde he sabido, los incidentes de San Isidro y Corralchén no están unidos por liga de causalidad. Lo que sí es claro es que tras la muerte de los oficiales en marzo de 1993 había algo más que proteger a los talabosques indígenas (esta fue la versión oficial de los militares para explicar las dos muertes). *Proceso* reportó que los oficiales estaban a cargo de uno de los radares de Rancho Nuevo: ¿qué tiene que ver esto con los talabosques? Fray Pablo Romo manifestó su extrañeza porque uno de ellos estuviese uniformado, pese a que se alegó que ambos estaban de franco y de paseo por el bosque. Finalmente, San Isidro está lo suficientemente alejado de los caminos más transitados como para creer en la versión militar de que los oficiales sólo paseaban. Mucha gente en el entorno de la diócesis cree probable que estuviesen en labores de inteligencia, buscando indicios de los grupos armados que las elites ganaderas y comerciales de Chiapas habían estado denunciando desde hacía años. Teniendo en cuenta la relativa debilidad de las defensas de Rancho Nuevo, este tipo de exploraciones serían más que lógicas (expediciones de vigilancia, defensivas). Es probable que ellos (y un grupo militar más grande) hayan sido detectados por el EZLN y los dos oficiales fueran más tarde ejecutados. Acaso por ello es que el obispo Ruiz, en la carta pública con que contestó al general Godínez decía: «Reitero nuestra disposición... de purificar la comunidad de San Isidro de quienes (propios y extraños) cometieron tal delito en su territorio». (Vera, *Proceso*, 19 de abril de 1993) La implicación es obvia: la diócesis había defendido a inocentes, o al menos, a población civil no directamente responsable de los hechos criminales. Y se reconocía la posibilidad de elementos «extraños» en el asunto.

Sabemos que ya en 1993 las relaciones entre EZLN y diócesis no iban bien. Acaso el incidente de San Isidro haya permitido a la diócesis compartir alguna información con el Estado sin caer en la delación y haciéndolo de manera controlada y vigilada. Esto es sólo una hipótesis personal. La gravedad de los hechos así lo demandaría, me parece.

El centro del argumento público del ejército entre el 29 de marzo, cuando los restos de los oficiales son encontrados, hasta el 24 de abril de 1993, era que la diócesis estaba obstruyendo las investigaciones. El 24 de abril los frailes dominicos Pablo Romo y Gonzalo Ituarte debieron rendir declaración ante el ministerio público chiapaneco por dicha obstrucción. (Rojas 1995: 267) Ya entonces la diócesis había conseguido que la Conferencia Episcopal Mexicana (CEM) y las otras dos diócesis chiapanecas declarasen en su favor en la prensa nacional. (Rojas 1995: 265-266) La disputa llegó a ser muy agria y las acusaciones en contra de la Iglesia muy virulentas, especialmente en San Cristóbal, donde pintas en los muros acusaban a don Samuel de los asesinatos.

Con todo, me parece que desde el principio hubo un tácito acuerdo en cuanto a no incrementar demasiado la escala del problema. Así, desde el 10 de abril el gobernador Elmar Setzer declaró que «se ha logrado que el obispo de la diócesis, doctor Samuel Ruiz García, entienda la gravedad del problema y lo improcedente de la intervención de sus sacerdotes en los términos en que fue realizada, por lo que esperamos que en fecha próxima se podrán dar resultados que permitan la impartición de justicia que demandan los familiares de las víctimas y la sociedad chiapaneca». (Vera, *Proceso*, 1993: 6-7) En *Proceso*, desde el 19 de abril, se dio cuenta de que el ejército regresaba a sus tareas normales y el general Godínez dijo al semanario que «ya hicimos nuestra denuncia correspondiente ante las autoridades necesarias. Simplemente esperamos que se haga justicia. Estamos en un país en donde hay buenas leyes». (*Op.cit.*: 9) Las declaraciones de Romo e Ituarte el día 24 de abril habrían funcionado, entonces, más como en desagravio público que como parte de una investigación seria de los hechos en El Ocotal.

Lo anterior permitió a las dos instituciones (diócesis y ejército) sortear dignamente el escollo que les planteó el asunto, pero no dejó a nadie plenamente satisfecho. Me enteré más tarde (cuando llegaron los compañeros de San Isidro en 1996 al Fray Bartolomé) que la denuncia castrense señalaba especialmente a Pablo Romo por obstrucción de la justicia. Por su parte, el ejército siempre omitió decir que, más allá de la justicia de su causa (había perdido a dos elementos en condiciones horrendas), las detenciones e interrogatorios en San Isidro fueron mal conducidas e incluyeron tortura y vejaciones a la comunidad. Es decir, el ejército se hizo justicia por propia mano antes de llevar a los sospechosos ante un ministerio público. El Centro de Derechos Humanos inició su intervención el 30 de marzo de 1993 demandando a los militares implicados (no al instituto armado) por tortura. Finalmente, ni la muerte de los dos militares, ni las torturas se investigaron a fondo. El caso San Isidro quedó enterrado bajo estas demandas recíprocas y no se ha aclarado ni hecho justicia. ¿Y las viudas? Nada se sabe. No quisiera conocer personalmente a los huérfanos, que seguramente han de albergar sentimientos muy profundos de frustración y revancha.

Volviendo a la posible colaboración de diócesis y ejército en el asunto de fondo, que era el movimiento armado, es muy interesante señalar que *La Jornada* empezó a reportar otra faceta del *affaire* San Isidro El Ocotal a partir del 25 de abril. Una vez que el resto de la jerarquía eclesiástica mexicana había intervenido para decir que «no existe roce ni enfrentamiento alguno» entre religiosos y militares (Rojas 1995: 266) y el general Godínez aclarado que confiaba en las «buenas leyes» del país (Vera, *Proceso*, 1993ª: 9), otro asunto empezó a sobresalir: el presunto acopio de armas por parte de los indígenas detenidos. Paralelo al proceso penal chiapaneco se había abierto una averiguación previa federal (20/993) por este delito. En extraña contradicción con su militancia en el proceso local, Pablo Romo declaró a este respecto «que el organismo (Centro Fray Bartolomé) aún no tenía una posición oficial en cuanto a la detención de los indígenas y el decomiso de las armas, pues "se está recogiendo toda la información al respecto"». (Rojas 1995: 266-267) Hasta donde sé, el centro nunca llegó a tener una posición oficial, ni extraoficial, sobre este aspecto del asunto.

El *affaire* San Isidro El Ocotal, a partir de entonces, empieza a complicarse, de acuerdo a los reportes de *La Jornada*. Por un lado, el móvil oficial de los asesinatos (tala clandestina descubierta por los militares) pasa a segundo término. Por otro, uno de los abogados encargados de la defensa es asaltado por ladrones que sólo le roban su agenda y sus credenciales. (Rojas 1995: 267-268) El 25 de abril hay nuevas detenciones en San Isidro y en otras comunidades cercanas (todas las cuales se declararían zapatistas en los años por venir). Hubo también cateos ilegales. El 10 de mayo se realizan nuevos cateos ilegales en San Isidro. (Rojas 1995: 270) Lo más interesante de estos últimos hechos es que se fueron realizados por la policía militarizada de Chiapas y no por autoridades federales. El ejército, en principio, cumple con sus declaraciones de salirse del asunto. Pero es de todos sabido el control que tenían y tienen los militares en comisión o retiro sobre la policía militarizada de Chiapas. A principios de mayo de 1993, la federación está oficial y formalmente fuera del caso: el agente del ministerio público federal en San Cristóbal de las Casas solicitó autorización judicial para realizar un cateo en San Isidro El Ocotal en esos días, pero el juez penal (no se aclara si federal o local) se la negó argumentando que «no es de su competencia». (Rojas 1995: 271.) Vale la pena recordar que el procurador general de la república, en esos días, era Jorge Carpizo McGregor, quien acaso trató de llevar una investigación independiente del ejército en ese asunto (mi hipótesis).

Si el *affaire* San Isidro El Ocotal permitió algún acercamiento entre el obispo y el ejército para discutir el movimiento armado en Chiapas (que para entonces era ya casi *vox populi*) el mando militar responsable de la VII región militar, general Godínez, era el mejor interlocutor para ello. Godínez era reconocido por su capacidad política y diplomática. Había sido jefe de estado mayor del presidente López Portillo luego de una brillante carrera en el estado mayor (EMP), una rama especializada de las fuerzas armadas que provee de seguridad y ayudas de campo al presidente y su entorno familiar y gubernamental. A sus integrantes se les llama, en otras ramas militares, «soldados de terciopelo» o «levantaportafolios» y hay un fuerte resentimiento contra ellos porque para ascender en la jerarquía militar no tienen que hacer los esfuerzos de otros militares quienes están obligados a ir de zona militar en zona militar, haciendo trabajo de «campo» Pese a este rechazo, sus mandos son poderosos gracias a los contactos personales que hacen con políticos civiles. (El EMP provee de escoltas a los secretarios de estado y otros altos funcionarios, además de controlar en gran medida la agenda presidencial y el entorno de la familia del presidente.) Al parecer, el general secretario Riviello Bazán (1988-1994), quien era un general «de campo», despreciaba originalmente a Godínez por ser un general «levantaportafolios». Godínez, pese a todo, logró por sus influencias el mando de la VII región militar y en su actuación logró no sólo el respeto, sino el apoyo de Riviello. Más allá de su diversa formación, ambos generales coincidían en la necesidad de modernizar al ejército, reorganizando su administración (cerrando negocios privados y corruptelas) y mejorando el entrenamiento de la tropa (para asegurar reacción pronta y rápida ante nuevos retos). (Arvide 1998:24; sobre la modernización del ejército véase Sierra 1998.)

Isabel Arvide, amiga personal de ambos generales, es una buena fuente porque odia irracionalmente a don Samuel. (Arvide 1998: 23-24) Pese a ello, su descripción de la relación Riviello-Godínez coincide con las declaraciones de don Samuel en el sentido de que, tres años antes de San Isidro, era notable una mayor profesionalización en la actuación del Ejército en Chiapas. (Vera, *Proceso*, 19 de abril de 1993: 8) Por otro lado, el trato que en público dispensó don Samuel al general Godínez indica no sólo prudente diplomacia, sino algún reconocimiento más estructural: «Crece mi estima hacia usted por la franqueza con que expresa sus puntos de vista. De la misma manera he expresado los míos, sin mengua de la estima y respeto que me merece». (Vera, *Proceso*, 19 de abril 1993: 7) Es en este mismo año cuando el obispo pide a su asamblea diocesana una declaración pública de deslinde frente a la guerrilla. No he cotejado las fechas de las asambleas diocesana y del pueblo creyente, pero sería importante verificar si ocurrieron después del *affaire* San Isidro. ¿La negativa de la asamblea a seguir la sugerencia de su «príncipe» habría entorpecido los arreglos que el obispo había empezado a tener con el general? ¿O se trata de hechos que corren por pistas distintas?

En principio, habría que ponerse de acuerdo respecto del nombre de este *affaire*. A mí me gusta más denominarlo por la microrregión (Sierra de Corralchén) en donde suceden los hechos y no por las localidades específicas (Campamento EZLN de Las Calabazas, Pataté Viejo, Pataté Nuevo, Laguna del Carmen Pataté, La Garrucha, San Miguel, Ejido Morelia, etcétera). Las localidades se encuentran en dos cañadas, las dos de los ríos Tzaconejá y Colorado, que corren (ambos con dirección noroeste-sureste) a los costados de la Sierra de Corralchén. El campamento zapatista estaba sobre la Sierra de Corralchén y las comunidades de ambos lados de ella fueron «visitadas» por el ejército durante los operativos.

No encuentro liga entre los eventos de San Isidro El Ocotal y los de Corralchén. Rosa Rojas los trata en dos capítulos separados de su recopilación de notas de *La Jornada* y *Proceso* no hizo liga alguna, en su momento, entre ellos. Si acaso, la única liga sería la presencia del movimiento armado. Recuerdo que, entre 1991 y 1993 eran recurrentes las denuncias de los ganaderos, vía inserciones pagadas en los principales diarios de Chiapas y de la capital federal, en las que se alegaba la presencia de grupos armados y/o se acusaba a la diócesis de estar ligada a ellos.

Estas denuncias son relevantes porque explican mejor los eventos de Corralchén que el asesinato de los dos oficiales en San Isidro El Ocotal. De acuerdo con Rosa Rojas, el 1° de junio de 1993 el Presidente de la Asociación Ganadera de Ocosingo afirmó que durante la visita del presidente Salinas a Ocosingo en marzo de 1993 le había entregado una carta en la que refería los grupos armados, ranchos invadidos, ganaderos asesinados y robo de ganado. En el mismo reportaje de *La Jornada* se asentó que dos meses antes del 1° de junio, es decir, a principios de abril de 1993, el comandante de la policía judicial del estado en Ocosingo había detenido un camión que iba por la terracería de Monte Líbano (Segundo Valle de Ocosingo, en la entrada de la selva lacandona) hacia Ocosingo, y aparentemente con rumbo a Cuxulhá (entronque de la carretera de San Cristóbal de las Casas a Ocosingo y el ramal a Altamirano). En el camión, de acuerdo a la versión del policía, iban como veinte hombres uniformados de camuflaje y fuertemente armados. El policía prefirió dejarlos ir, pero seguramente reportó el incidente. El presidente de la Unión de Defensa de la Pequeña Propiedad de Ocosingo (UDPPO) creía, al declarar a *La Jornada*, que la presencia del ejército en Corralchén era una respuesta a las múltiples denuncias que él y otros como él habían hecho al gobierno. (Rojas 1995: 282.)

El 2 de junio de 1993 una «fuente confiable» de la Asociación de Ganaderos de Altamirano afirmó que campesinos de la zona habían visto de setenta a ciento cuarenta guerrilleros fuertemente armados y que, desde febrero de 1993, el ejército, durante un recorrido, había localizado dos cuevas con señales de haber sido habitadas en el área. La fuente ligaba a los guerrilleros con la ANCIEZ. (Rojas 1995: 283.)

Los reportajes de *La Jornada* sobre el *affaire* Corralchén muestran el siguiente patrón: En los primeros días se refieren los hechos, haciendo énfasis en las violaciones de derechos humanos y abusos de la autoridad, sea policial o militar, en las comunidades aledañas a la Sierra de Corralchén. En un segundo momento se informa de varias versiones alternativas a las oficiales y se aportan datos que muestran una situación más compleja que lo originalmente reportado (como las declaraciones que acabo de citar). En un tercer momento se informa de nuevos acontecimientos que implican nuevas violaciones de derechos humanos pero que sólo en apariencia tienen que ver con el asunto original (caso de Chalam del Carmen y otras comunidades en sus pleitos contra el Ejido Tomás Munzer). (Rojas 1995: 289 y ss.) Creo que, al igual que en San Isidro El Ocotal, hay una sustitución del agente del Estado: en los primeros dos momentos el actor gubernamental más importante es el ejército, en el tercero, la policía de Seguridad Pública.

De hecho, de los reportajes de *La Jornada* se puede inferir que las autoridades de manera consciente estaban desviando la atención de los hechos de Corralchén. Aunque los ganaderos de Altamirano y Ocosingo habían denunciado la presencia de guerrilleros hacía años, los suponían ligados a los grupos de campesinos con quienes se habían venido enfrentando de manera pública. En este sentido, los enfrentamientos en la sierra, que llevaron al descubrimiento del campamento zapatista de Las Calabazas, fueron también, de alguna manera, una sorpresa para los denunciantes. Uno de ellos, el Presidente de la UDPPO, declaraba alrededor del 5 de junio que si el ejército no había detenido a todos los miembros de grupos armados, la situación podría empeorar. El presidente de la Unión de Ganaderos lo secundó declarando que su organización tenía noticias de que los armados estaban ligados a las comunidades de Chalam del Carmen y otras cercanas a la cabecera de Altamirano. (Rojas 1995: 288.) Estas comunidades se sitúan treinta kilómetros al oeste de las cimas de Corralchén donde se dio la primera batalla entre el ejército y los zapatistas.

El Centro Fray Bartolomé incluyó el caso de Chalam del Carmen en un reporte sobre conflictos agrarios y violación de derechos humanos. (Gómez y Kovic 1994.) La afiliación pública de estas comunidades era y es con la Organización Campesina Emiliano Zapata (OCEZ), que en la zona de Altamirano ha resultado no ser zapatista (aunque sí más radical que el EZLN, aunque al parecer no se trata primordialmente de una organización militar).

Por lo anterior, me parece sensato concluir que los hechos de San Isidro Ocotal y Corralchén no están ligados por una relación causa-efecto; ambos están unidos, pero por un evento que aún no es claro para la opinión pública: que en 1993 el ejército había comenzado ya investigaciones respecto de las múltiples y cada vez más apremiantes denuncias de los ganaderos chiapanecos respecto de grupos armados en Chiapas. También es evidente que la decisión por la guerra en las comunidades zapatistas había levantado, en parte, el velo de clandestinidad de la organización y que miembros de ésta estaban actuando cada vez más en público. De comprobarse estas investigaciones militares, se fortalecería la idea de que los dos oficiales asesinados salvajemente en San Isidro *no* estaban de paseo. Corralchén, en cualquier caso, fue el encuentro que confirmó las sospechas de los militares y el hecho que les proveyó de la mayor parte de su inteligencia acerca de los guerrilleros antes de 1994.

Es interesante, respecto de las relaciones entre Iglesia y ejército, que el Centro Fray Bartolomé *no* haya asumido el caso de los detenidos en Corralchén. El abogado Miguel Ángel de Los Santos, quien llevó la defensa, se manifestó públicamente extrañado de esto, diciendo que «no se explica por qué la Comisión *[sic]* de Derechos Humanos "Fray Bartolomé de Las Casas", que preside el obispo Samuel Ruiz, ha guardado silencio, cuando en otros casos, no tan graves, siempre está presente para defender a los indígenas». (Correa, *Proceso*, 7 de junio de 1993: 21.) El Fray Bartolomé sólo intervino cuando se dieron arrestos en Chalam del Carmen y otras comunidades, es decir, cuando el agente de la represión estatal ya había cambiado. (Rojas 1995: 291 y ss.)

Lo anterior, en mi opinión, muestra que la diócesis había, o decidido mantener un perfil más prudente luego de los excesos en la defensa de los detenidos y torturados de San Isidro El Ocotal, o que había la firme intención de no entrar a defender a quienes estuviesen involucrados de manera directa con el neozapatismo. En muchos sentidos, creo que la diócesis sólo podía ser testigo de los enfrentamientos para intervenir sólo cuando las partes no respetasen los derechos humanos o el derecho humanitario de guerra. Corralchén fue, de acuerdo con todas las versiones que hoy conocemos, un enfrentamiento cabal. La diócesis no tenía por qué defender a los guerrilleros, y acaso ni siquiera a las comunidades que los apoyaban (y que son las que «visitó» el ejército en mayo y junio). Ni era su función ni era prudente. Miguel Ángel de Los Santos, recién separado del Fray Bartolomé por una serie complejísima de causas que llevaron al despido de todo el personal laico del Centro en Febrero de 1993, podía atender el caso porque era un civil, laico, libre de compromisos institucionales.

Fuentes consultadas

Bibliografía referente a las iglesias

Iglesia católica en general

Ai Camp, Roderic, *Cruce de espadas. Religión y política en México*, Siglo XXI, México, 1998.

Arias, Patricia *(et al.)*, *Radiografía de la Iglesia en México*, IIS-UNAM, México, 1988.

Baudot, Georges, *La pugna franciscana por México*, Alianza Editorial, México, 1996.

Beozzo, José O., *Política indigenista de la Iglesia en la Colonia*, ABYA-YALA, Quito, 1991.

Blancarte, Roberto (coord.), *El pensamiento social de los católicos mexicanos*, FCE, México, 1993.

Blancarte, Roberto, *Historia de la Iglesia Católica en México*, FCE, México, 1992.

Cabestrero, T, *Ministros de Dios. Ministros del Pueblo*, Sal Terrae, Santander, 1983.

CAM, CEE, CENCOS, CRT, *Las relaciones Iglesia-Estado en México*, CRT, México, 1991.

Carrasco, Bartolomé, Mons., *Amo a la Iglesia. Homilías del V Arzobispo de Oaxaca*, s.p.i.

Catequesis y Promoción humana. Medellín 11-18 Agosto 1968, Sígueme, Salamanca, 1968.

CELAM I Conferencia Episcopal en Río de Janeiro. *Declaración Conclusiones*, Librería Parroquial de Clavería, México.

CELAM II. Conferencia Episcopal Medellín, *Conclusiones*, Sría. General CELAM, Bogotá, 1979.

CELAM III. Conferencia Episcopal en Puebla, *Documento aprobado*, Librería Parroquial, México, 1996.

CELAM IV Conferencia Episcopal en Santo Domingo, *Documento aprobado*, Dabar, México, 1992.

CELAM, *La pastoral en las misiones de América Latina*, 1968.

CELAM, *Encuentro Nacional Indígena*, Ediciones CEM, México, 1993.

Concilio Vaticano II, *Documentos Completos*, Editorial Basilio Núñez, México, 1996.

Cossío, José Ramón, «La Iglesia en el ordenamiento jurídico mexicano», manuscrito.

Cuevas, Mariano, *Historia de la Iglesia en México*, 5 volúmenes, Porrúa, México, 1992.

Dussel, Enrique D, *De Medellín a Puebla. Una década de sangre y esperanza (1968-1979)*, Edicol, México, 1979.

——, *Historia de la Iglesia en América Latina. Coloniaje y liberación (1492-1983)*, Mundo Negro-Esquila Misional, Madrid, 1971.

Esponda Dubin, Héctor, «Religión y etnicismo, la política en la fe», tesis doctoral, Universidad de California, 1992.

Galilea, Segundo, *¿A dónde vas pastoral? En los 5 años de la Conferencia de Medellín*, Paulinas, Bogotá, 1974.

Giménez, Gilberto (coord.), *Identidades religiosas y sociales en México*, IFAL-UNAM, México, 1996.

González Casanova, Pablo, Miguel Concha *(et al.)*, *La participación de los cristianos en el proceso popular de liberación en México*, Siglo XXI, México, 1987.

Guzmán García, Luis, *Tendencias eclesiásticas y crisis en los años ochenta*, Cuadernos de la Casa Chata 170, CIESAS, México, 1990.

Iglesia y Liberación humana.. Los documentos de Medellín, Nova Terra, Barcelona, 1969.

Instituto Teológico Pastoral de la CELAM, *Medellín Teología y Pastoral para América Latina*, Progreso, México, 1989.

López Trujillo, Alfonso Monseñor, *De Medellín a Puebla*, Católica, Madrid, 1980.

Los obispos latinoamericanos entre Medellín y Puebla. Documentos episcopales, UCA, San Salvador, 1978.

Maduro, Otto, *Religión y conflicto social*, Centro de Estudios Ecuménicos, México, 1978.

Martínez Assad, Carlos (coord.), *A Dios lo que es de Dios*, Aguilar, México, 1994.

Mayer Delappe, Edward Larry, «La política social de la Iglesia Católica en México a partir del Concilio Vaticano II 1964-1974», tesis de maestría, UNAM, 1977.

Méndez Arceo, Sergio, *Compromiso Cristiano y Liberación*, Centro de Estudios Ecuménicos-Nuevo Mar, México, 1982.

Meyer, Jean, *La Cristiada*, México, Siglo XXI, México, (1973) 1993.

——, *Historia de los cristianos en América Latina*, Jus, México, 1999.

Miano Borruso, Marinella, *Política pastoral de la Iglesia Católica frente a los sectores religiosos*, Cuadernos de la Casa Chata 167, CIESAS, México, 1990.

Ricard, Robert, *La conquista espiritual de México*, FCE, México, 1997.

Romero de Solís, José Miguel, *El aguijón del espíritu. Historia contemporánea de la Iglesia en México (1895-1990)*, IMDOSOC, México, 1994.

Sigaut, Nelly (ed.), *La Iglesia Católica en México*, El Colegio de Michoacán, Zamora, 1997.

Soriano Nuñez, Rodolfo, *El episcopado mexicano 1968-1994: elites y creación normativa*, Instituto Mora-IMDOSOC, México, 1999.

Suess, Pablo, *La nueva evangelización: desafíos históricos y pautas culturales*, ABYA-YALA, Quito, 1993.

Taylor, *Ministros de lo Sagrado*, El Colegio de Michoacán, México, 1998.

Vida religiosa en América Latina a partir de Medellín: nueva situación, Secretariado General de la CLAR, Bogotá, 1976.

Vidales, Raúl, *La Iglesia Latinoamericana y la política después de Medellín*, CELAM-Departamento de Pastoral, Quito, 1972.

Teología de la liberación

Berryman, Phillip, *Teología de la Liberación. Los hechos esenciales en torno al movimiento revolucionario en América Latina y en otros lugares*, Siglo XXI, México, 1989.

Biblia Latinoamericana. Edición Pastoral, Editorial Verbo Divino, Quito, 1989.

Boff, Leonardo (Genesio Darci), *Nueva Evangelización: perspectiva de los oprimidos*, Ediciones Palabra, México, 1991.

——, *Iglesia: Carisma y Poder. Ensayos de Eclesiología Militante*, s.p.i., 1994.

Gutiérrez, Gustavo, *Teología de la Liberación. Perspectivas*, Salamanca, Sígueme, 1972.

Interdonato, Francisco, *Teología Latinoamericana ¿Teología de la Liberación? Ensayo de síntesis de Medellín a Puebla*, Paulinas, Bogotá, 1978.

Rodero, Florian, *El pecado social en los documentos de las conferencias episcopales de América Latina de Medellín a Puebla*, PUG, Roma, 1989.

Rodríguez, Saturnino, *Pasado y futuro de la Teología de la Liberación: de Medellín a Santo Domingo*, Verbo Divino, 1992.

Iglesias no católicas

Alvarez, Carmelo (ed.), *Pentecostalismo y liberación: una experiencia latinoamericana*, CR-DEI, San José, 1992.

Amatulli Valente, Flaviano, *La Iglesia Católica y las sectas protestantes*, Paulinas, México, 1987.

Bastian, Jean Pierre, *Protestantismo y sociedad en México*, Casa Unida de Publicaciones, México 1983.

——, *Los disidentes: sociedades protestantes y revolución en México, 1972-1991*, FCE-Colegio de México, México, 1989.

Cardoso, Joaquín, *El protestantismo en México*, Buena Prensa, México, 1946.

Casillas, Rodolfo, «La pluralidad religiosa en México: descubriendo horizontes», en Gilberto Giménez (coord.), *Identidades religiosas y sociales en México*, IFAL-UNAM, México, 1996.

Cherry, H. Ch., *La ofensiva de las sectas*, Colección «Que sean uno», Bilbao, 1969.

García, Daniel, *Inicios del presbitarianismo en México*, El Faro, México, 1986.

Garma Navarro, Carlos, *Afiliación religiosa en el México Indígena de 1990*, INI, México, 1992.

Gaxiola, Manuel, «Las cuatro vertientes del pentecostalismo en México: Iglesias Uni-Pentecostales, Misioneras o Clásicas, Autóctonas y Neo-Pentecostales», ponencia dictada en la XXIII Asamblea Anual de la Society for Pentecostal Studies, Guadalajara, 1993.

Giménez Montiel, Gilberto, *La Iglesia Católica y las sectas en reciprocidad de perspectivas*, Cuadernos de la Casa Chata 167, CIESAS, México, 1990.

Guzmán García, Luis, *Política pastoral de la Iglesia Católica frente a las sectas religiosas*, Cuadernos de la Casa Chata 167, CIESAS, México, 1990.

Mondragón González, Carlos, «Protestantismo, panamericanismo e identidad nacional, 1920-1950» en Roberto Blancarte (comp.), *Cultura e identidad nacional*, FCE- CONACULTA, México, 1994.

Rivera R., Pedro, *Instituciones protestantes en México*, Jus, México, 1962.

——, *Protestantismo mexicano, su desarrollo y estado actual*, Jus, México, 1961.

Santagudo, Osvaldo D. *(et al.)*, *Sectas en América Latina*, Paulinas-CELAM, Bogotá, 1989.

Valderrey Falagán, José, *Los nuevos movimientos religiosos en el contexto mundial y latinoamericano*, Palabra, México, 1988.

Vogt, E. Z. (ed.),*¿Por qué soy evangélico?*, Publicaciones Internacionales de la Iglesia del Nazareno, Estados Unidos, 1986.

Wilson, Bryan, *Sociología de las sectas religiosas*, Guadarrama, Madrid, 1970.

——, *The social dimensions of sectarianism: sects and new religions movements in contemporary societies*, Clarendon Press, Oxford, 1990.

Woodrow, Alan, *Las nuevas sectas*, FCE, México, 1982.

Bibliografía referente a Chiapas

Alejos García, José, «La nueva guerra. El conflicto actual en la perspectiva chol», ponencia leída en el XX Congreso Internacional de LASA, San José, 1997.

Aguirre Beltrán, Gonzalo, Alfonso Villa Rojas (*et al.*), *El indigenismo en acción. XXV aniversario del Centro Coordinador tzotzil-tzeltal Chiapas*, INI-SEP, México, 1976.

——, *Formas de Gobierno Indígena*, UV-FCE, México, 1991.

Anaya Gallardo, Federico, «Orígenes y perspectivas del estado mexicano en el fin de siglo», tesis de licenciatura en derecho, UNAM, 1990.

——, «El movimiento popular en Chiapas», *The Journal of Latin American Affairs*, vol.2 núm. 1, Georgetown University, Washington, D.C., 1994.

——, «*Making peace in Chiapas: The problem of state reconstitution*», ponencia presentada en el Seminario sobre Violencia en México, organizado por el Institute for Latin American Studies de la Universidad de Londres, 1997.

——, «*Army and society in contemporary México: The clash of old traidtions and new realities in year 2000*», manuscrito, 2000.

Arias, Jacinto, *El mundo numinoso de los mayas. Estructura y cambios contemporáneos*, Gobierno del estado de Chiapas-Consejo Estatal de Fomento a la Investigación y a la Cultura-Instituto Chiapaneco de Cultura, Tuxtla Gutiérrez, 1991.

Arizpe, Lourdes, Fernanda Paz y Margarita Velázquez, *Cultura y Cambio Global: percepciones sociales sobre la deforestación de la selva lacandona*, UNAM-Porrúa, México, 1993.

Armendáriz, María Luisa (comp.), *Chiapas, una radiografía*, FCE, México, 1994.

Arvide, Isabel, *La guerra de los espejos. Lo que todos callan del conflicto chiapaneco*, Océano, México, 1998.

241

Aubry, Andrés, *San Cristóbal de Las Casas. Su historia urbana, demográfica y monumental 1528-1990*, INAREMAC, San Cristóbal de las Casas, 1991.

——, *La historia de Chiapas identifica a los zapatistas*, INAREMAC, Chiapas, 1994.

Báez-Jorge, Félix (comp.), *Memorial del Etnocidio*, UV, Jalapa, 1996.

Barrabas, Alicia, *Utopías indias: movimientos sociorreligiosos en México*, Grijalbo, México, 1987.

Bartolomé, Efraín, *Ocosingo: diario de guerra y algunas voces*, Joaquín Mortiz, México, 1995.

Basauri, Carlos, *Tojolabales, tzeltaltes y mayas. Breves apuntes sobre antropología, etnografía y lingüística*, Universidad de Ciencias y Artes de Chiapas, Tuxtla Gutiérrez, edición facsimilar de la original de 1931, 1998.

Benítez, Fernando, *Lázaro Cárdenas y la Revolución Mexicana*, 3 tomos, FCE, México, 1978.

——, *Los indios de México*, 5 tomos, Era, México, 1990.

Benjamin Thomas, Louis, *Chiapas: tierra rica, pueblo pobre. Historia política y social*, Grijalbo, México, 1995.

——, *El camino a Leviatán. Chiapas y el estado mexicano 1891-1947*, CONACULTA, México, 1990.

Bloom, Frans y Gertrude Duby, *La selva lacandona*, Editorial Cultura, México, 1955.

Brading, David, *Orbe Indiano*, FCE, México, 1998.

Breton, Alain, *Bachajón. Organización socioterritorial de una comunidad tzeltal*, INI, México, 1984.

Bricker, Victoria, *El Cristo indígena, el rey nativo. El sustrato histórico de la mitología del ritual de los mayas*, FCE, México, 1989.

Brunhouse, Robert L., *Frans Blom, Maya Explorer*, University of New Mexico Press, Albuquerque, 1976.

Calvo, Angelino *(et al.)*, *Voces de la historia: nuevo San Juan, Nuevo Matzan, Nuevo Huixtán*, DESMI-UNACH, San Cristóbal de las Casas, 1989.

Camillo Huerta, Mario M, *Crecimiento y desarrollo económico en Chiapas 1982-1988*, UACH, Tuxtla Gutiérrez, 1988.

Cancian, Frank, *Economía y prestigio en una comunidad maya: el sistema religioso de cargos en Zinacantán*, INI-SEP, México, 1976.

Castellanos, Alicia, *Notas sobre la identidad étnica en la región tzotzil-tzeltal de los Altos de Chiapas*, UAM-Iztapalapa, México, 1988.

Castellanos, Rosario, *Obras Completas*. 2 volúmenes, FCE, México, 1998.

Chiapas hoy. Análisis antropológico y social, INAH, México, 1994.

Chiapas: la palabra de los armados de verdad y fuego, Ediciones del Serbal, Barcelona, 1995.

Collier, George A., *Basta! Tierra y rebelión zapatista en Chiapas*, UNACH-Food First Books, Tuxtla Gutiérrez, 1998.

Coordinadora de Organizaciones Civiles por la Paz (CONPAZ), «Los desplazados y afectados por el conflicto militar en Chiapas» (documento preliminar), CONPAZ, México, 1995.

De Certeau, Michel, *Le reveil indien*, Cerf, Paris, 1976.

De la Madrid, Miguel, *Chiapas*, PRI, México, 1982.

De Vos, Jan, *Oro verde: la conquista de la selva lacandona por los madereros tabasqueños (1822-1949)*, FCE, México, 1988.

——, *Vivir en la frontera: la experiencia de los indios de Chiapas*, INI, México, 1994.

Díaz-Polanco, Héctor, *La rebelión zapatista y la autonomía*, Siglo XXI, México, 1997.

Dichtl, Sigrid, *Cae una estrella*, SEP, México, 1988.

Duhalde, Eduardo y Enrique Dratman, *Chiapas, la nueva insurgencia: rebelión zapatista y crisis del estado mexicano*, Pensamiento Nacional, Buenos Aires, 1994.

Durán, Marta (comp.), *Yo, Marcos*, Milenio, México, 1994.

EZLN, *Documentos y comunicados*, 3 volúmenes, Era, México.

Favre, Henri, *Cambio y continuidad entre los mayas de México*, Siglo XXI, México, 1973.

——, *El indigenismo*, FCE, México, 1998.

García de León, Antonio, *Resistencia y utopía: memorial de agravios y crónica de revueltas y profecías acaecidas en la provincia de Chiapas durante los últimos quinientos años de su historia*, 2 volúmenes, Era, México, 1993.

Gilly, Adolfo, *Chiapas, la razón ardiente*, Era, México, 1998.

Gómez Cruz, Patricia Jovita, y Marie Christine Kovic, *Con un pueblo vivo en tierra negada. Un ensayo sobre los derechos humanos y el conflicto agrario en Chiapas*, CDHFBLC, San Cristóbal de las Casas, 1994.

Gómez Hernández, Antonio y Mario H. Ruz, *Memoria Baldía, los tojolabales y las fincas*, UNAM-UNACH, México, 1992.

Gordillo y Ortiz, Octavio, *La Revolución en el estado de Chiapas*, INHERM, México, 1986.

Guillén, Diana (coord.), *Chiapas: una modernidad inconclusa*, Instituto Mora, México, 1995.

——, *Chiapas 1973-1993*, Instituto Mora, México, 1998.

——, «Claroscuros de la mediación: los agentes políticos en Chiapas», en Diana Guillén (coord.), *Mediaciones y Política*, Instituto Mora, México, 1998.

Guiomar, Rovira, *Mujeres de Maíz*, Era, México, 1998.

Guiteras Holmes, Calixta, *Cancúc. Etnografía de un pueblo tzetzal de los Altos de Chiapas*, Instituto Chiapaneco de Cultura, Tuxtla Gutiérrez, 1992.

——, *Los peligros del alma. Visión del mundo de un tzotzil*, FCE, México, 1965.

Harvey, Neil, *The Chiapas Rebellion. The Struggle for Land and Democracy*, Duke University Press, Durham, 1998.

Hermitte M., Esther, *Poder sobrenatural y control social en un pueblo maya contemporáneo*, Instituto Chiapaneco de Cultura, Tuxtla Gutiérrez, 1992.

Hernández Castillo, Rosalva Aída (*et al.*), *La experiencia de refugio en Chiapas. Nuevas relaciones en la frontera sur mexicana*, Academia Mexicana de Derechos Humanos- UNSRID-CIESAS, México, 1993.

Hernández, Natalio, *Memoria y destino de los pueblos indígenas*, CIPAE-Plaza y Valdés, 1998.

Hernández Navarro, Luis y Ramón Vera Herrera, *Acuerdos de San Andrés*, Era, México, 1998.

Kohler, Ulrich, *Cambio cultural dirigido en Los Altos de Chiapas*, INI, México, 1995.

Lanternari, Vittorio, *The Religion of the Opressed. A Study of Modern Mesianic Cults*, New American Library, New York, 1965.

Le Bot, Yvon, *Subcomandante Marcos, el sueño zapatista*, Plaza y Janés, México, 1997.

Legorreta Díaz, María del Carmen, «Chiapas», en Pablo González Casanova y Jorge Cadena (coords.), *La República Mexicana: modernización y democracia de Aguascalientes a Zacatecas*, volumen 1, UNAM, México, 1995.

Lenkersdorf, Carlos, *Cosmovisión Maya*, Ceacatl, México, 1999.

——, *Los hombres verdaderos: voces y testimonios tojolabales*, Siglo XXI, México, 1996.

Levario Turcott, Marco, *Chiapas, la guerra en el papel*, Cal y Arena, México, 1999.

Leyva Solano, Xóchitl, «Notas sueltas acerca de identidad y colonización. La elva lacandona en las postrimerías del siglo XX», en *Segundo Encuentro de Intelectuales Chiapas-Centroamérica*, Instituto Chiapaneco de Cultura, 1992.

Lobato, Rodolfo, *Les indiens du Chiapas et la forêt Lacandon*, L'Harmattan, París, 1997.

López Astrain, Marta Patricia, *La guerra de baja intensidad en México*, UIA-Plaza y Valdés, México, 1996.

Los hombres sin rostro. Dossier sobre Chiapas de enero a abril 1994, CEE-SPIRO, México, 1994.

Los hombres sin rostro. Dossier sobre Chiapas de abril a diciembre 1994, CEE-SPIRO, México, 1995.

Los hombres sin rostro. Dossier sobre Chiapas 1995, CEE-SPIRO, México, 1996.

Manguen, Juan Jaime, *Historia de la educación en Chiapas: desde la Colonia hasta nuestros días*, UNACH, San Cristóbal de las Casas, 1981.

McAnany, Patricia, *Living With the Ancestors: Kinship and Kingship in Ancient Maya Society*, University of Texas Press, Austin, 1995.

Mejía Piñeiros, Consuelo y Sergio Sarmiento, *La lucha indígena: un reto a la ortodoxia*, Siglo XXI, México, 1991.

Memoria de la campaña política del Sr. Dr. Manuel Velasco Suárez, Tuxtla Gutiérrez, 1970.

Modiano, Nancy, *La educación indígena en los Altos de Chiapas*, CONACULTA-INI, México, 1990.

Monroy, Mario (comp.), *Pensar Chiapas, repensar México*, Convergencia, México, 1994.

Montagú, Roberta, «La ranchería Yocnahab (primer libro de notas, 1957)», en M. H. Ruz (ed.), *Los legítimos hombres. Aproximación antropológica al grupo tojolabal*, 4 volúmenes, UNAM, México, 1986.

——, «Autoridad, control y sanción social en las fincas tzeltales», en *Ensayos de Antropología de la zona central de Chiapas*, CNCA-INI, México, 1989.

Montemayor, Carlos, *Chiapas, la rebelión indígena de México*, Joaquín Mortiz, México, 1997.

Morales Bermúdez, Jesús, *Ceremonial*, CNCA-ICHC, México, 1992.

Nash, June, *Bajo la mirada de los antepasados*, CCONACULTA-INI, México, 1993.

Para entender Chiapas. Chiapas en cifras, CIACH-CONPAZ-SIPRO, México, 1997.

Pazos, Luis, *¿Por qué Chiapas?*, Diana, México, 1994.

Pérez Mota, Luis Enrique, *Chiapas: notas para una historia reciente*, UACH, Tuxtla Gutiérrez, 1994.

Pineda, Luz Olivia, *Caciques culturales (el caso de los maestros bilingües en Los Altos de Chiapas)*, Altares Costa-Amic, Puebla, 1993.

Pineda, Vicente, *Sublevaciones indígenas en Chiapas. Gramática y Diccionario tzeltal*, INI, México, 1986.

Pitarch, Pedro, *Presencias extrañas: una etnología de las almas tzetzales*, FCE, México, 1999.

Pozas, Ricardo, *Chamula*, INI, México, 1977.

——, *Juan Pérez Jolote: biografía de un tzotzil*, FCE, México, 1987.

Puech, Henri-Charles, *Movimientos mesiánicos derivados de la aculturación*, Siglo XXI, México, 1982.

Remesal, Antonio de, *Historia general de las Indias Occidentales y particular de la gobernación de Chiapa y Guatemala*, Porrúa, México, 1988.

Rico, Maite y Bertrand de La Grange, *Marcos, la genial impostura*, Aguilar, México, 1998.

Rojas, Rosa, *Chiapas: la paz violenta*, La Jornada, México, 1995.

Rubín, Ramón, *El callado dolor de los tzotziles*, FCE, México, DF., 1992.

Rus, Jan y Robert Wasserstrom, «Evangelization and Political Control» en S. Hualkof y P. Aaby (eds.), *Is God an American?*, International Workgroup on Indigenous Affairs, Copenhague, 1981.

Ruz, Mario Humberto, *Savia india, floración ladina. Apuntes para una historia de las fincas comitecas (siglos XVIII y XIX)*, CONACULTA, México, 1992.

Sabines, Jaime, *Poesía. Nuevo recuento de poemas*, Joaquín Mortiz, México, 1986.

Sánchez Santos, Trinidad, *El problema de los indígenas de Chiapas*, s.p.i.

Siller Argüello, Silvia María, «Estado de la imagen de México en Estados Unidos en torno a los sucesos de Chiapas del 1 de enero de 1994 al 21 de febrero de 1994 y comparativamente entre este periodo y febrero de 1995», tesis de licenciatura en Ciencias Sociales y Políticas, UIA, 1997.

Sosa Escobar, Alba Nelly, «La percepción del conflicto chiapaneco por actores gubernamentales de Estados Unidos», tesis de licenciatura en Ciencias Sociales y Políticas, UIA, 1997.

Tello Díaz, Carlos, *La rebelión de Las Cañadas*, Cal y Arena, México, 1995.

Toledo Tello, Sonia, *Historia del movimiento indígena en Simojovel 1970-1989*, UACH, Tuxtla Gutiérrez, 1996.

Traven, B., *La Carreta, Gobierno, Marcha a la montería, La rebelión de los colgados, El general de la selva*, varias editoriales.

Trejo Delarbre, Raúl (comp.), *Chiapas: la guerra de las ideas*, Diana, México, 1994.

Turok, Antonio, *Chiapas, el fin del silencio*, Era, México, 1998.

Viqueira, Juan Pedro y Mario Humberto Ruz, *Chiapas. Los rumbos de otra historia*, UNAM-CIESAS-CEMCA-Universidad de Guadalajara, México, 1998.

——, «¿Qué había detrás del petate de la Ermita de Cancúc?», en G. Ramos y H. Urbano (eds.), *Catolicismo y extirpación de idolatrías. Siglos XVI-XVIII*, Centro de Estudios Regionales Andinos «Bartolomé, de las Casas», Lima, 1993.

Vogt, E.Z, *Bibliography of the Harvard-Chiapas Project. The first 20 years 1957-1977*, Harvard University Press, Massachusetts, 1978.

Vogt, Evon Z, *Los Zinacantecos: un pueblo tzotzil de Los Altos de Chiapas*, CONACULTA-INI, México, 1992.

Wasserstrom, Robert, *Clase y sociedad en el centro de Chiapas*, FCE, México, 1989.

Bibliografía referente a la iglesia católica y a la religión en general en Chiapas

¿Problemas en Chiapas o en México?, Centro de Comunicación Cristiana de Bienes-IAP, México, 1994.

Álvarez Icaza, José, «En torno a la petición de renuncia a Don Samuel Ruiz», manuscrito, 1993.

Aramoni Calderón, Dolores, *Los refugios de lo sagrado: religiosidad, conflicto y resistencia entre los zoques de Chiapas*, CONACULTA, México, 1992.

Aubry, Andrés, *Los padres dominicos remuelan a Chiapas a su imagen y semejanza. Secuencia histórica de la orden en los documentos del archivo histórico diocesano de San Cristóbal de las Casas*, INAREMAC, San Cristóbal de las Casas, 1988.

——, *Los Obispos de Chiapas*, INAREMAC, San Cristóbal de las Casas, 1990.

Centro de Derechos Humanos Fray Bartolomé de las Casas (CDHFBC), «La verdad nos hará libres. Reporte sobre los atentados a la libertad religiosa en Chiapas», manuscrito.

CDHFBC, *Ni Paz Ni Justicia o Informe General y Amplio Acerca de la Guerra Civil que Sufren los Choles de la Zona Norte de Chiapas*, San Cristóbal de las Casas (edición de Federico Anaya Gallardo), 1996.

CENAMI, *Teología India. Resúmenes del Encuentro Taller México 1992*, Abya-Yala, Ecuador, 1992.

CENAPI, *Indígenas en polémica con la Iglesia. Encuentro en Xicotepec*, México, 1970.

Chanteau, Miguel, *Las andanzas de Miguel. La autobiografía del Padre expulsado de Chenalhó*, San Cristóbal de Las Casas, 1999.

CNDH, *Informe sobre el problema de las expulsiones en las comunidades indígenas de los Altos de Chiapas*, CNDH, México, 1993.

——, *Segundo Informe sobre el problema de las expulsiones en las comunidades indígenas de los Altos de Chiapas*, CNDH, México, 1995.

247

Coello Castro, Reyna, «Proceso catequístico en la zona tzetzal y desarrollo social», tesis de licenciatura en Sociología, Universidad Autónoma de Tlaxcala, 1991.

Comisión de Estudios de Historia de la Iglesia Latinoamericana, *Bartolomé de Las Casas (1474-1974) e historia de la Iglesia en América Latina*, Nova Terra, Barcelona, 1976.

CONAI, *Encuentro por la Reconciliación y la Paz*, Tuxtla Gutiérrez, 1997.

CONAI, *Archivo Histórico. Cuaderno 1*, CONAI, 1998.

CRT, *Chiapas...Buena nueva a pesar de todo (Si la culpa es de ustedes...no se la echen a Dios)*, CRT, México, 1996.

Cruz Burguete, Jorge Luis, *Tziscao*, Cuadernos de la Casa Chata 162, CIESAS, México, 1989.

De Vos, Jan, *No queremos ser cristianos*, INI-CONACULTA, México, 1990.

——, «La Iglesia Católica en Chiapas 1528-1998», fotocopia (para grupo Galileo), 1999.

Escalante Betancourt, Yuri (*et al.* coords.), *Derechos religiosos y pueblos indígenas. Memoria del Encuentro Nacional sobre Legislación y Derechos Religiosos de los Pueblos Indígenas de México*, INI, México, 1998.

Esponda, Hugo, *El presbiterianismo en Chiapas: orígenes y desarrollo*, El Faro, México, 1986.

Fazio, Carlos, *Samuel Ruiz: el caminante*, Espasa Calpe, México, 1994.

Flores Estrada, Francisco, *Fue Chiapas por Don Sam: una respuesta a Luis Pazos*, La Noticia, San Cristóbal de las Casas, 1994.

Flores Ruiz, Eduardo, «Secuela parroquial de Chiapas, un documento inédito», *Boletín del Archivo Histórico Diocesano*, UACH, San Cristóbal de las Casas, 1978.

García, Jesús, Presbítero, *Vaticano II y mundo indígena en México*, Secretariado Social Mexicano, Cuadernos para hoy 24, 1968.

García Méndez, José Andrés, *Entre el Apocalipsis y la esperanza: la presencia protestante en Chiapas. Diagnóstico socio-religioso*, tesis de licenciatura en Antropología Social, ENAH, 1993.

Giménez, Gilberto, *Sectas religiosas en el sudeste. Aspectos sociográficos y estadísticos*, Cuadernos de la Casa Chata 161, CIESAS, México, 1989.

Gossen, Gary H., «La diáspora de San Juan Chamula: los indios en el proyecto nacional mexicano», en M. Gutiérrez, M. L. Portilla, G. H. Gossen y J. Klor de Alva (eds.), *De Palabra y Obra en el Nuevo Mundo*, Siglo XXI, Madrid, 1992.

Hernández del Castillo, Rosalva Aída, *Del Tzolkin a la Atalaya: los cambios en una comunidad chuj-K'Anjobal de Chiapas*, Cuadernos de la Casa Chata 162, CIESAS, México, DF., 1989.

Hernández del Castillo, Rosalva Aída, «Histories and stories from other border: identity, power and religion among the mam peasants from Chiapas 1933-1994», tesis doctoral, Stanford University, 1996.

Hofman, Samuel, «La Iglesia Nacional Presbiteriana en Chiapas», fotocopia, San Cristóbal de Las Casas, 1995.

Iribarren, Pablo, «Proceso de los ministerios eclesiales», en *Dominicos en Mesoamérica*, Talleres Gráficos de Cultura, México, 1992.

ITESO, *Acteal, una herida abierta*, ITESO, Guadalajara, 1998.

Ja Markosi, *San Cristóbal de Las Casas (prefacio de Samuel Ruiz García)*, La Castalia, 1989.

Juárez Cerdi, Elizabeth, *¿De la secta a la dominación? El caso de los presbiterianos en Yajalón, Chiapas*, INAH, México, 1995.

Juárez Cerdi, Elizabeth, *Yajalón, ciudad confesionalmente pacífica*, Cuadernos de la Casa Chata 163, CIESAS, México, 1990.

Kempers, John, «La contribución de los misioneros de la Iglesia Reformada en América al desarrollo de la Iglesia Presbiteriana Nacional en el estado de Chiapas», fotocopia, s.f.

Kovic, Christine Marie, «Walking with one heart: human rights and the Catholic Church among the maya of Highland Chiapas», tesis doctoral, New York University, 1997.

Lampe, Armando, *¿Guerra justa o paz justa? Reflexiones teológicas sobre la lucha armada en Chiapas*, CAM-CEBS-CEE, México, 1996.

Latapí, Pablo y Carlos Bravo, *Chiapas: el evangelio de los pobres: Iglesia, justicia y verdad*, Espasa-Calpe, México, 1994.

Legorreta Díaz, María del Carmen, *Religión, política y guerrilla en Las Cañadas de la selva lacandona*, Cal y Arena, México, 1998.

Lella, Cayetano de, *Chiapas entre la tormenta y la profecía*, Instituto de Estudios y Acción Social, Argentina, Buenos Aires, 1994.

Lenkersdorf, Carlos, *La fundación del convento de Comitán, testimonios de tojolabales*, UNAM, México, 1992.

Leyva Solano, Xóchitl y Gabriel Ascencio Franco, *Lacandonia al filo del agua*, FCE, México, 1996.

Literatura, relato popular y religiosidad en el sureste de México, s.p.i.

Los insurgentes y el Obispo de Chiapas, Boletín del Archivo Histórico Diocesano, INAREMAC, volumen V, 4-5, San Cristóbal de Las Casas, 1996.

Marion, Marie-Odile, «Intolerancia política y religiosa entre los mayas de Chiapas», en *Congreso Internacional de Historia de las Religiones*, México, 1995.

Martínez García, Carlos, *El factor religioso en las expulsiones de no católicos en Chiapas*, ponencia del XI Encuentro Nacional Estado, Iglesias y Grupos Laicos, ENAH, México, 1997.

Martínez García, Carlos, «La pluralidad religiosa en Chiapas: un acercamiento a sus orígenes, desarrollo y estado actual», fotocopia.

Maurer, Eugenio, *Los tzetzales ¿paganos o cristianos? Su religión ¿sincretismo o síntesis?*, Centro de Estudios Educativos, México, 1983.

McGee R., Jon, *Life, ritual and religion among the Lacandon Maya*, Wadsworth, California, 1990.

Miná, Gianni, *Un continente desaparecido, América Latina vista por: Samuel Ruiz García....*, Diana, México, 1996.

Montoya Cameras, Armando, *Chiapas y sus retos al descubierto: las etnias y su problemática agraria, política y religiosa*, UACH, Tuxtla Gutiérrez, 1994.

Moreno Mendoza, Rocío, «El factor religioso en el surgimiento del conflicto armado en Chiapas», tesis de licenciatura en Ciencias Sociales y Políticas, UIA, 1995.

Ochoa, Jesús Ángel, *Instituto Lingüístico de Verano*, DEAS-INAH, México, 1975.

Orozco Ashby, María Isabel, «La influencia de Estados Unidos en las sectas religiosas protestantes del estado de Chiapas: comunidades tzeltales del municipio de Chilón», tesis de licenciatura en Ciencias Sociales y Políticas, UIA, 1997.

Orozco y Jiménez, Franciso, *Colección de documentos inéditos relativos a la Iglesia de Chiapas*, Sociedad Católica, San Cristóbal de las Casas, 1906.

Ortiz, María de los Ángeles, *Religión y Sociedad en Tapachula, Chiapas: colonia 5 de febrero*, Cuadernos de La Casa Chata 163, CIESAS, México, 1990.

Paniagua Herrera, Jorge, *Más allá de los 500 años: América Latina y Fray Bartolomé de las Casas desde San Cristóbal*, Textos para abrir el milenio, Chiapas, 1994.

Pérez Enríquez, María Isabel, *El impacto de las migraciones y expulsiones indígenas de Chiapas: San Pedro Chenalhó y San Andrés Sacam'em*, UNACH, San Cristóbal de las Casas, 1998.

Pérez, Ricardo, *Historia de un pueblo evangelista. Triunfo Agrarista, Chiapas*, INAREMAC, San Cristóbal de las Casas, 1993.

Pérez-Enríquez, María Isabel, *Expulsiones indígenas: religión, migración en 3 municipios de los Altos de Chiapas: Chenalhó, Larrainzar y Chamula*, Claves Latinoamericanas, México, 1994.

Presbiterio Chol de Chiapas, «Carta al respetable Lic. Rafael Rodríguez Barrera, Subsecretario de Gobernación de Asuntos Jurídicos y Religiosos sobre agravios que les causa a los firmantes y a sus asociaciones religiosas el documento denominado 'Ni Paz Ni Justicia' del CDHFBLC», manuscrito, México, 9 de junio, 1997.

Reyes F. Arturo y Miguel Angel Zebadúa, *Samuel Ruiz: su lucha por la paz en Chiapas*, Milenio, México, 1995.

Ríos, Julio, «El indígena en el pensamiento de Samuel Ruiz García, obispo de San Cristóbal de Las Casas, 1959-1999», tesis de licenciatura en Ciencia Política y Relaciones Internacionales, CIDE, 2000.

Robledo Hernández, Gabriela Patricia, «Disidencia y religión: los expulsados de San Juan Chamula», tesis de licenciatura en Antropología Social, ENAH, México, 1987.

Sánchez Franco, Irene, «Los presbiterianos tzetzales de Yajalón, Chiapas», tesis de licenciatura en Antropología Social, UACH, 1995.

Santiago, Jorge, *La búsqueda de la libertad. Don Samuel, Obispo de la diócesis de San Cristóbal de las Casas, Chiapas*, Progreso, México, 1998.

Servicio, Paz y Justicia (SERAPAJ), *Conflictividad social en México: 1994-1997. Costo humano de las luchas sociales. Aproximadamente 28,000 registros de luchas sociales. Avance exploratorio analítico. Tercer informe de trabajo*, SERAPAJ, México, 1997.

Sierra, Jorge Luis, «Contrainsurgencia y Fuerzas Armadas en México», UIA-Centro de Derechos Humanos Miguel Agustín Pro Juárez, inédito, 1998.

Tamayo Víctor, Esperanza, «Desfanatización religiosa en Chiapas», *1930-1938*, tesis de licenciatura en Antropología Social, ENAH, 1998.

Viqueira, Juan Pedro, «Éxitos y fracasos de la evangelización en Chiapas (1545-1859)», en Nelly Sigaut (ed.), *La Iglesia Católica en México*, El Colegio de Michoacán-SEGOB, Michoacán, 1997.

Womack Jr., John, *Chiapas, el Obispo de San Cristóbal y la revuelta zapatista*, Cal y Arena, México, 1998.

——, *Rebellion in Chiapas. An Historical Reader*, The New Press, Nueva York, 1999.

Bibliografía referente a Centroamérica y América Latina

Bastian, Jean Pierre, «La mutation des protestantismes latino-americains: une perspective socio-historique», ponencia del Seminario Religión y Sociedad, CIESAS-Sureste, San Cristóbal de las Casas, 1990.

——, *Protestantismos y modernidad latinoamericana: historia de unas minorías religiosas en Latinoamérica*, FCE, México, 1994.

——, *La mutación religiosa de América Latina: para una sociología del cambio social en la modernidad periférica*, FCE, México, 1997.

Bermúdez, Fernando, *Death and resurrection in Guatemala*, Orbis Books, Nueva York, 1986.

Bastos, Santiago y Manuela Camus, *Abriendo caminos: las organizaciones mayas desde el Nobel hasta los acuerdos de derechos indígenas*, FLACSO, Guatemala, 1996.

Cleary, Matthew, *Democracy and Indigenous rebellion in Latin America*, tesis de maestría Universidad de Chicago, 1998.

Daboit, Pedro Carlos, «La Iglesia del Brasil y el compromiso social (1952-1985)», manuscrito, 1989.

Deiros, Pablo Alberto, *Historia del cristianismo en América Latina*, Fraternidad Teológica Latinoamericana, Buenos Aires, 1992.

——, *Latinoamérica en llamas*, Editorial Caribe, Miami, 1994.

Dussel, Enrique D., *Historia de la Iglesia en América Latina*, Nova Terra, Barcelona, 1972.

——, *Historia General de la Iglesia en América Latina*, Sígueme, Salamanca, 1983.

——, *Los últimos 50 años 1930-1985 en la historia de la Iglesia en América Latina*, Indo-American Press Service, Bogotá, 1986.

Entre cristianismo y revolución no hay contradicción, Edición los cristianos en la revolución, s.p.i.

Equipo de Teólogos de la CLAR., *Vida religiosa en América Latina a partir de Medellín: nueva situación*, CLAR, Bogotá, 1976.

Falla, Ricardo, *El Quiché rebelde*, Editorial Universitaria, Guatemala, 1978.

Fearon, James y David Laitin, *A cross sectional study of large scale ethnic violence in the post-war period*, manuscrito, Universidad de Chicago, 1997.

Galindo, Florencio, *El protestantismo fundamentalista. Una experiencia ambigua para América Latina*, Estella: Verbo Divino, 1992.

Gurr, Ted R., *Minorities at risk. A global view of ethnopolitical conflict*, Institute of Peace Press, Washington, 1993.

Hernández, Fidel, «La resistencia y las luchas indígenas de Guatemala», en *Encuentro Indígena de América Latina*, ENIAL, México, 1982.

Ibarra, Alicia, «Los indios del Ecuador y sus demandas frente al

Estado», en Pablo González Casanova (ed.), *Democracia y Estado Multiétnico en América Latina*, UNAM, México, 1996.

La Iglesia en Centroamérica. Guatemala, El Salvador, Honduras y Nicaragua. Información y Análisis, Centro de Estudios Ecuménicos, México, 1989.

La Iglesia Latinoamericana de Medellín a Puebla, CEHILA-CODECAL, Bogotá, 1979.

Le Bot, Yvon, *La guerra en tierras mayas 1970-1992*, FCE, México, 1995.

Lenkersdorf, Carlos, *Guatemala, el clamor del pueblo*, CEE Editorial, Guatemala, 1984.

Levine, Daniel, *Popular voices in Latin American catholicism*, Princeton University Press, Princeton, 1992.

Macleod, Morna, «El rol de la Iglesia en Guatemala 1968-1980», manuscrito, octubre, 1984.

Maríns, José, (coord.), *Praxis de los padres de América Latina*, Paulinas, Bogotá, 1978.

Masferrer Kan, Elio, «Nuevos Movimientos y tendencias religiosas en América Latina», fotocopia.

Mondragón, Rafael, *De indios y cristianos en Guatemala*, Claves Latinoamericanas, México, 1983.

Monseñor Romero, mártir de la liberación. Análisis teológico de la figura y obra de Monseñor Romero, San Salvador, 1980.

Nelson, Witton, *El protestantismo en Centroamérica*, Editorial Caribe, Miami, 1982.

Richard, P., *La iglesia de los pobres en América Central*, Departamento Ecuménico de Investigaciones, San José, 1982.

Rivera, Silvia, *Luchas del campesinado aymara y quechua de Bolivia 1900-1980*, UNRISD, Ginebra, 1986.

Romero, Oscar Arnulfo, «La paz», manuscrito.

Rosero, Fernando, *Levantamiento Indígena*, CEDIS, Quito, 1990.

Santana, Roberto, *Les indiens d»Equator, citoyens dans l'ethnicité?*, CNRS, París, 1992.

Selser, Gregorio, *El documento de Santa Fe, Reagan y los derechos humanos*, Alpa Corral, México, 1988.

Selverston, Melina H, «The politics of culture: indigenous peoples and the state in Ecuador», en Donna Lee Van Cott (ed.), *Indigenous peoples and democracy in Latin America*, St. Martin Press, Nueva York, 1995.

Soria, Abraham, «La función del presbiterio en la práctica pastoral de Monseñor Romero», manuscrito, s.f.

Trejo Osorio, Guillermo, «Mobilizing Indigenous Identities in Latin America. Four Hypothesis», documento de trabajo, CIDE, México, 1999.

Suplemento especial: Monseñor Oscar A. Romero, el Salvador, Correo del Sur, Cuernavaca, 1980.

Van Oss, Adrian, *Catholic Colonialism. A Parish History of Guatemala,* Cambridge University Press, Cambridge, 1986.

Vigil, José María (coord.), *Nicaragua y los Teólogos,* Siglo XXI, México, 1987.

Zimmermann, Roque, «Luchas populares en América Latina hoy», II Encuentro de Cristianos comprometidos en las luchas populares, manuscrito, s.f.

Hemerografía referente a las iglesias

Iglesia católica en general

«Al fondo, a la derecha», *Revista Nexos,* 64, abril de 1983.

Barranco, Bernardo, «Esquema de los principales documentos sociales de la Iglesia», *Christus,* 647, abril de 1991.

Béjot, Monseñor, Jacques Duquesne (*et al.*), «El Concilio cambió la iglesia?», *Imágenes de la fe,* 119, s.f.,

De la Rosa, Martín, «La Iglesia Católica en México. Del Vaticano II a la Celam III (1965-1979)», *Cuadernos Políticos,* 19, Era, México, enero-junio de 1979.

Del Valle, Luis G., «Dos tendencias principales en la Iglesia Católica», *Christus,* 569, octubre de 1983.

Dumas, Benoit, «Entrar por la puerta», *Christus,* 519, febrero de 1979.

Latapí, Pablo, «La *centesimus annus* desde América Latina», *Christus,* 647, abril de 1991.

Mier, Sebastián, «Unidos en la fe. Luchando por la vida y la justicia», *Christus,* 647, abril de 1991.

Sánchez Sánchez, José, «De la fe al compromiso político», *Estudios Ecuménicos,* 17, enero-marzo de 1989.

Teología de la liberación

Almada, Teresa, «Las CEB y la organización popular: reflexiones sobre una experiencia», *Estudios Ecuménicos,* 24, octubre-diciembre de 1990.

Anaya Torres, Fabián, «Reflexiones teológicas sobre la cruz. Las CEB en El Salvador», *Christus,* 583-584, marzo-abril de 1985.

Avilés, Ricardo, «Los dualismos en la praxis y reflexión de los grupos cristianos», *Christus*, 527, octubre de 1979.

Boff, Leonardo, «Semillas de una nueva sociedad», *Christus*, 569, octubre de 1983.

Carranza Cheves, José, «Reflexión sobre la formación de la conciencia política», *Christus*, 527, octubre de 1979.

Damen, Frans, «Hacer teología de la cruz en América Latina», *Christus*, 583-584, marzo-abril de 1985.

García, Javier, Gustavo Gutiérrez 20 años después», *Ecclesia. Revista de Cultura Católica*, IV-1, enero-marzo de 1990.»

Gil, Herminio, «La experiencia cristiana vivida por las CEB», *Christus*, 569, octubre de 1983.

Hurtado, Juan Manuel, «Las comunidades eclesiales de base: portadoras y creadoras de cultura de cara a Santo Domingo 92», *Estudios Ecuménicos*, 24, octubre-diciembre de 1990.

Jiménez Limón, Javier, «Meditación sobre el dios de los pobres», *Christus*, 519, febrero de 1979.

Landerreche, Rafael, «Doctrina social de la Iglesia y Teología de la Liberación: ¿hay camino a la unidad? (Reflexiones en torno a la *centesimus annus*)», *Christus*, 647, abril de 1991.

Lona, Arturo, «La praxis de las comunidades eclesiales en torno a la cruz», *Christus*, 583-584, marzo-abril de 1985.

Magaña, José, «Los pobres de dios y el dios de los pobres», *Christus*, 519, febrero de 1979.

Oliveros, Roberto, «Los creadores de una nueva sociedad», *Christus*, 519, febrero de 1979.

Pastor Escobar, Raquel, «¿La doctrina social de la iglesia es para Juan Pablo II la alternativa a la teología de la liberación?», *Christus*, 647, abril de 1991.

Richard, Pablo, «La teología de la liberación en la nueva coyuntura», *Christus*, 647, abril de 1991.

Velázquez, Manuel, «La *Rerum Novarum* y la Iglesia de los pobres en México», *Christus*, 647, agosto de 1991.

Vergara Aceves, Jesús, «Coincidencia básica de la doctrina social de la iglesia y la teología de la liberación en el compromiso de fe», *Christus*, 647, agosto de 1991.

Zenteno, Arnaldo, «Las CEB, algo muy raro y muy antiguo», *Christus*, 533, abril de 1988.

Iglesias no católicas

Garma Navarro, Carlos, «El problema de los Testigos de Jehová en las escuelas mexicanas», *Nueva Antropología*, 45, abril de 1994.

Garma Navarro, Carlos, «Liderazgo protestante en una lucha campesina en México», *América Indígena*, XLIV-3, 1984.

Molina Hernández, José Luis, «Testigos de Jehová en México, una aproximación sociográfica», *Eslabones*, 14, julio-diciembre de 1997.

Hemerografía referente a Chiapas

Ascencio Franco, Gabriel, «Etnografía de los tzeltales de Las Cañadas», *América Indígena*, XL-1 y 2, 1995.

Correa, Guillermo, «Infantería, tanquetas, helicópteros y paracaisdistas en los combates de Ocosingo. Ganaderos e indígenas hablan de 'grupos guerrilleros'», *Proceso*, 866, 1993.

Cuarto Poder, «Salinas negoció con los dirigentes zapatistas para evitar el levantamiento del 1 de enero: Godínez», *Cuarto Poder*, 1754, 1997.

García de León, Antonio, «La vuelta del katún (Chiapas a 20 años del Congreso Indígena)», *Chiapas*, 1, Era, 1995.

González Esponda, Juan, «Notas para comprender el origen de la rebelión zapatista», *Chiapas*, 1, Era, 1995.

Jiménez, Mariana, Patricia Gómez y J. P. Viqueira, «Chiapas: tierra sin justicia», *Eslabones*, 8, diciembre de 1994.

Leyva Solano, Xóchitl y Gabriel Ascencio Franco, «Apuntes para el estudio de la ganaderización en la selva lacandona», *Anuario 1992*, Instituto Chiapaneco de Cultura, Tuxtla Gutiérrez, 1993.

——, «Espacio y organización social en la selva lacandona», *Anuario 1990*, Instituto Chiapaneco de Cultura, Tuxtla Gutiérrez, 1991.

Leyva Solano, Xóchitl, «Del comon al Leviatán», *América Indígena*, LV-1 y 2, 1995.

——, «Lacandonia Babilonia en las postrimerías del siglo», *Ojarasca*, 24, septiembre de 1993.

Morales Bermúdez, Jesús, «Notas sobre la literatura de Chiapas», *Anuario 1990*, Instituto Chiapaneco de Cultura, Tuxtla Gutiérrez, 1991.

——, «Las rutas de la selva: de la memoria a la promesa», en *Chiapas: el factor religioso*, Revista Académica para el estudio de las religiones, 2, INI-Publicaciones para el estudio científico de las religiones, México, 1999.

——, «El Congreso Indígena: un testimonio», *América Indígena*, LV-1 y 2, 1995.

Paniagua, Alicia, «Chiapas en la coyuntura centroamericana», *Cuadernos Políticos*, 38, octubre-diciembre de 1983.

Revista Chiapas, Era-Instituto de Investigaciones Económicas, UNAM, 1-6, México

Rus, Jan,*¿El indigenismo contra el indígena? Balance de 50 años de antropología en Chiapas*, INAREMAC, Apuntes de Lectura, 3, junio de 1977.

——, «Contained revolutions: the struggle for control of Highland Chiapas, 1910-1925», *Mexican Studies-Estudios Mexicanos*.

Villa Rojas, Alfonso, «El nagualismo como forma de control social entre los grupos mayenses de Chiapas, México», *Estudios Etnológicos*, UNAM, México, 1985.

Viqueira, Juan Pedro, «¿Por qué hay indios en Chiapas? Límites del mestizaje cultural», *Etcétera*, 130, julio de 1995.

——, «¿Identidades contrapuestas o sobrepuestas?», *Este País*, 100, julio de 1999.

——, «Los peligros del Chiapas imaginario», *Letras Libres*, 1, enero de 1999.

Hemerografía referente a la iglesia católica y a la religión en general en Chiapas

«Corrompe el sistema a los indígenas: el obispo Riuz», *Unomásuno*, abril de 1983.

«El campesino en el límite de la esperanza: monseñor Ruiz», *El Occidental*, Guadalajara, 16 de abril, 1983.

«Sacerdotes hostigados», *Excelsior*, 19 marzo, 1977.

«Samuel Ruiz. Profeta de la Esperanza», *Christus*, 717, marzo-abril de 2000.

Antoine, Charles P., «Une évenement á suivre: La Conférence de Puebla», *Etudes*, agosto-septiembre de 1978.

Casillas, Rodolfo, «Pluralidad religiosa en una sociedad tradicional, Chiapas», *Cristianismo y Sociedad*, 101, 1989.

Conferencia del Episcopado Mexicano (CEM), «Breve informe de la primera visita a la Diócesis de San Cristóbal de la Comisión Episcopal para coadyuvar en el proceso de reconciliación y de paz en los Altos de Chiapas», *DIC* (Documentación e Información Católica), enero de 1994.

——, «Informe de la cuarta visita de la Comisión Episcopal para coadyuvar a la reconciliación y la paz en Chiapas», *DIC*, octubre de 1994.

——, «Por la justicia y la paz en Chiapas» *DIC*, 1994.

——, «Por la justicia, la reconciliación y la paz en México», *DIC*, abril de 1994.

——, «Segunda visita de la Comisión Episcopal para coadyuvar a la reconciliación y la paz en Chiapas», *DIC*, febrero de 1994.

——, «Tercera visita de la Comisión Episcopal para coadyuvar al proceso de reconciliación y paz en Chiapas», en *DIC*, marzo de 1994.

Chiapas: el factor religioso, Revista Académica para el estudio de las religiones, 2, INI-Publicaciones para el estudio científico de las religiones, México, 1999.

De Vos, Jan, «El encuentro de los mayas de Chiapas con la Teología de la Liberación», *Eslabones*, 14, julio-diciembre de 1997.

Fábregas, Andrés, «Entre la religión y la costumbre», *México Indígena*, CENAPI, 23, julio de 1991.

Galilea, Segundo, «Theologie de la liberation. Essai de Synthése», *Lumen Vitae*, XXXIII-2, Bruselas, 1978.

García, Manuel, «History of protestantism in Tuxtla, Chiapas, Mexico», *Christian Intelligencer*, agosto de 1931.

Hernández Castillo, Rosalva Aída, «Entre la victimización y la resistencia étnica: revisión crítica de la bibliografía sobre protestantismo en Chiapas», *Anuario 1992*, Instituto Chiapaneco de Cultura, Tuxtla Gutiérrez, 1993.

——, «Identidades colectivas en los márgenes de la nación: etnicidad y cambio religioso entre los mames de Chiapas», *Nueva Antropología*, 45, abril de 1994.

Iribarren, Pablo, «La inculturación de la Iglesia en la praxis de la comunidad tzetzal», *Aná Mnesis*, 1, enero-junio de 1991.

——, «Ministerios en la iglesia tzetzal», *Aná Mnesis*, 1, enero-junio de 1991.

Krauze, Enrique, «El profeta de los indios», *Letras Libres*, 1, enero de 1999.

León Cazares, María del Carmen, «Los mercedarios en Chiapas ¿evangelizadores?, *Estudios de historia novohispana*, 11, 1991.

Leyva Solano, Xóchitl, «Militancia político-religiosa e identidad en la Lacandona», *Espiral*, 2, Universidad de Guadalajara, enero-abril de 1995.

Lozano Barragán, Javier Monseñor, «Culturas Indígenas y Evangelio», *DIC*, abril de 1994.

Morales, Mardonio, «Emigración tzeltal a la selva lacandona», *Christus*, 1976.

——, «La denuncia tzeltal», CENAPI, *Estudios Indígenas*, I-2, marzo de 1972 y II-1, septiembre de 1972.

Reyes Heroles, Federico, Dossier sobre Chiapas, *Este País*, julio de 1999.

Rus, Jan y Robert Wasserstrom, «Civil religious hierarchies in Central Chiapas: a critical perspective», *American Ethnologist*, 7-3, 1980.

Vera, Rodrigo, «Samuel Ruiz, objeto de todos los ataques; se tambalea el Centro Fray Bartolomé de las Casas», *Proceso*, 859, abril de 1993.

——, «Respuesta de Ruiz al general Godínez: Elementos del ejército sí aprhendieron y torturaron a tzotziles», *Proceso*, 859, abril de 1993.

Vera, Rodrigo y Armando Guzmán, «Militares y sacerdotes se enfrentan por el caso de los dos oficiales asesinados en Chiapas. El general Godínez, por el ejército; Samuel Ruiz por el clero», *Proceso*, 858, abril de 1993.

Stoll, David, «¿Con qué derecho adoctrinan ustedes a nuestros indígenas? La polémica en torno al Instituto Lingüístico de Verano», *América Indígena*, XLIV-3, 1984.

Hemerografía referente a Centroamérica y América Latina

Clawson, David, «Religious allegiance and economic development in Latin America», *Journal of Interamerican Studies and World Affairs*, 20-4, noviembre de 1984.

Comisión Episcopal de Consulta para América Latina, «Los cristianos de Centroamérica», *Christus*, 569, octubre de 1983.

García Ruiz, Jesús, *Las sectas fundamentalistas en Guatemala*, CITGUA, Cuaderno 4-2, abril de 1985.

Gutiérrez, Tomás, «De Panamá a Quito: los congresos evangélicos en América Latina. Iglesia, misión e identidad (1916-1992)», *Boletín Teológico*, 59-60, julio-diciembre de 1995.

Riera, Juan, «El mártir (Mons. Romero) o la fuerza espiritual de los muertos que siguen viviendo», en *Páginas*, 36-37, mayo de 1981.

Rosa Chávez, Gregorio, Monseñor, «Monseñor Romero: pastor, profeta y mártir 10 años después», *DIC.*, 1990.

Valderrey, Jesse, «Sects in Central America; a pastoral problem», *Pro Mundi Vita*, 100-1, 1985.

Vilas, Carlos M, «Centro América: notas sobre un futuro incierto. Balance de una década y perspectivas para los 90», *Estudios Ecuménicos*, 24, octubre-diciembre de 1990.

Documentos de la diócesis de San Cristóbal de las Casas

Diócesis de San Cristóbal de Las Casas, «Documento auxiliar para una evaluación diocesana», Curia Diocesana, 1979.

Iribarren, Pablo, OP, «Experiencia: proceso de la Diócesis de San Cristóbal de Las Casas», Chiapas, 1985.

——, «Evaluación del ministerio de Tuhunel y contexto», Ocosingo, 1994.

——, «Misión Chamula», Diócesis de San Cristóbal de Las Casas, 1980.

——, «Proceso de los ministerios eclesiales», Ocosingo, manuscrito, 1988.

——, «Los dominicos en la formación indígena», formación permanente, México, 1991.

Misión de Bachajón, Archivos, 3 de junio de 1968 a 1993.

Misión de Bachajón (con Samuel Ruiz), «Respuesta a la solicitud de formalización jurídica del Consejo de Pastoral Parroquial», 22 capítulos, 3 de diciembre, 1992.

Misión de Bachajón, Edictos y circulares sobre pastoral indígena e iglesia autóctona (firmados por Samuel Ruiz), 1993-1997.

Misión Ocosingo-Altamirano, manuscrito, agosto

«Misión de Bachajón: 1958-1968 (Jesuitas de Chiapas)», México, 1969.

Misión de Ocosingo-Altamirano, «Estamos buscando la libertad: los tzetzales de la selva anuncian la Buena Nueva», Ocosingo, 1972-1974.

Misión de Ocosingo-Altamirano, «Proceso de Evangelización: veinticinco años de la Misión Ocosingo-Altamirano», Ocosingo, 1988.

Misión de Ocosingo-Altamirano, «Recuperación del proceso de evangelización del campo y de la ciudad: veinticinco años de gracia de la Misión de Ocosingo-Altamirano», Ocosingo, 1988.

Morales, Mardonio, «Itinerario Histórico de la Misión de Bachajón», 31 de julio de 1992.

Bibliografía, hemerografía y documentos de Don Samuel Ruiz García

Ruiz García, Samuel, «Exhortación Pastoral», 2 de octubre de 1961.

Ruiz García, Samuel (*et al.*), *La evangelización ¿tarea superada en México?*, Ediciones UMAE, México, 1969.

Ruiz García, Samuel y Edgar Beltrán, *L'utopie chrétiene, liberer l'homme*, Montréal, 1971.

Ruiz García, Samuel, «El problema indígena, encrucijada de nuestra sociedad» entrevista con Enrique Maza, *Christus*, abril de 1972.

Ruiz García, Samuel y Javier Vargas, «Pasión y resurrección del indio», *México Indígena*, CENAPI, 2-1, septiembre de 1972.

Ruiz García, Samuel, *Cristianismo y Justicia en América Latina*, 1973.

——, «Los cristianos y la justicia en América Latina», *Chirstus*, octubre de 1973.

——, «Teología Bíblica de la Liberación», conferencia del IV Encuentro de Pastoral Indigenista, 1974.

——, *Condicionamientos eclesiales de la reflexión teológica en América Latina*, San Cristóbal de las Casas, 1976.

——, «Derechos humanos de las minorías étnicas», *Christus*, julio de 1978.

——, «El compromiso teológico y pastoral que el crucificado-resucitado exige a nuestra iglesia», *Christus*, 583-584, marzo-abril de 1985.

——, «Dios en América Latina (mesa redonda)», en *Secretariado Internacional de Solidaridad Oscar A. Romero, Solidaridad: signo profético*, VI Encuentro Internacional, Madrid, septiembre de 1986.

——, «Teología de los pobres en San Cristóbal de Las Casas», *Ámbar*, 0 y 1, octubre-noviembre de 1987.

——, «El compromiso de la Iglesia Latinoamericana a veinte años de Medellín», *Ámbar*, octubre-noviembre de 1987.

——, «Sectarismo: la división religiosa en Chiapas», *Ámbar*, noviembre de 1989.

——, *México, visión de los 80*, entrevista con Nina Menocal, Diana, México, 1989.

——, «El compromiso teológico y pastoral que el crucificado resucitado exige a nuestra iglesia», en *La Teología de la Cruz desde América Latina*, Paulinas, Bogotá, 1989.

——, «Los cristianos ante los urgentes retos nacionales de la pobreza y democracia», manuscrito, 1993.

——, *En esta hora de gracia. Carta pastoral con motivo del saludo de S.S. el papa Juan Pablo II a los indígenas del Continente*, Dabar, México, 1993.

Ruiz García, Samuel y Mario B. Monroy, *Pensar Chiapas, repensar México: reflexiones de las ONG mexicanas sobre el conflicto*, Convergencia, México, 1994.

Ruiz García, Samuel, *Reflexiones Pastorales entre universitarios*, UIA, México, 1995.

——, *Para que la justicia y la paz se encuentren*, Fray Bartolomé de las Casas, México, 1998.

——, «Teología India. La presencia de Dios en las culturas», entrevista con Sylvia Marcos, en *Chiapas: el factor religioso*, Revista Académica para el Estudio de las Religiones, 1998.

——, *Documento Pastoral Sobre el Aborto*, diócesis de San Cristóbal de Las Casas, Chiapas, 1999.

——, *Mi trabajo pastoral en la Diócesis de San Cristóbal de Las Casas*, San Pablo, México, 1999.

Acuerdo de la Junta Provincial Antequerense, manuscrito, 1960

Edictos diocesanos, 1961.

Palabras a tzeltales, 1961.

Carta a Manuel Esteban Cal y Mayor, 1961.

Sermón en la Basílica de Guadalupe, 1962.

Exhortación pastoral sobre la paz escolar en México, 1963.

Asamblea diocesana, 1965.

Carta a los fieles de la diócesis, 1973.

Paternidad responsable: interpretación de Samuel Ruiz, 1973.

Restauración del diaconado: aportaciones de la diócesis de San Cristóbal, 1973.

Ayuda a los damnificados por las inundaciones, 1973.

Mensaje de Navidad, 1975.

Jornada Pastoral, septiembre 1976.

Mensaje de Navidad, 1976.

Pasión, Muerte y Resurrección, 1976.

El incidente de Riobamba relatado por Samuel Ruiz García, 1976.

Síntesis sobre la reunión de las CEB en Argentina, 1977.

Carta a los zinacantecos, 1977.

Carta a Monseñor Obeso, 1977.

Mensaje de navidad, 1977.

Cuatrocientos cincuenta años de la fundación de San Cristóbal, 1978.

Comunicado, 1978.

Mensaje de cuaresma, 1978.

Situación general en el estado de Chiapas, 1979.

Mensaje de navidad, 1980.

Mensaje de navidad, 1981.

Ministerios y procesos de los mismos en la diócesis de San Cristóbal, 1980-81.

VII Encuentro de catequesis bíblica región Pacífico Sur, junio de 1981.

Asamblea diocesana, 1981.

Mensaje de navidad, 1982.

Conmemoración del Año Santo, 1983.

Mensaje de navidad, 1983.

Mensaje de navidad, 1984.

Clausura del año santo, 1984.

Enérgica denuncia y protesta por asesinatos en el Chupadero, 1984.

La situación de un pueblo que lucha por la justicia, 1985.

Mensaje de pascua, 1985.

El verbo se hizo carne y habitó entre nosotros, 1985.

Aportación de la iglesia de San Cristóbal para el simposio en Bélgica, del 2 al 8 junio de 1985.

Bodas de plata episcopales de Samuel Ruiz (por Renato Castillo), 1985.

Reflexiones, marzo de 1985.

Mensaje de navidad, 1985.

Mensaje de navidad, 1986.

Reflexiones, febrero de 1986.

La reubicación de Chajul, 1986.

Plan diocesano, 1986.

Mensaje de navidad, 1987.

Mensaje de pascua, 1987.

Marco teológico de la opción diocesana, 1987.

Clausura del Año Santo, 1987.

Carta, 1987.

Mensaje de Navidad, 1990.

Documento de Díalogo Iglesia-Estado, 1990.

Comunicado Pastoral, 1990.

Comunicado a la opinión pública, 1991.

Mensaje de Navidad, 1992.

Mensaje de pascua, 1992.

Comunicado a la comunidad católica de la diócesis, 1992.

Consideraciones a tenerse en cuenta en el proyecto de tipificación del delito de expulsiones, 1992.

Homilía con motivo de los 500 años de evangelización en el continente, 1992.

Mensaje de navidad, 1993.

Carta al señor Gobernador del estado de Chiapas, 1993.

Breve reseña del hombre de maíz que regresa a su país, 1993.

Carta al general Miguel Ángel Rodríguez Bravo, 1993.

Carta pastoral «En Esta Hora de Gracia», 1993.

Mensaje de navidad, 1993.

Declaración de la diócesis de San Cristóbal sobre la situación en Chiapas, 1994.

Mensaje de apoyo ante el robo de oficinas de la Comisión Episcopal de Comunicación Social, 1994.

Exhortación cuaresmal, 1994.

Homilía en la Basílica de Guadalupe, 1994.

Comunicado sobre las elecciones, 1994.

Carta pastoral «Para que la Justicia y la Paz se encuentren» (con Raúl Vera), 1996.

Principios teológicos inspiradores de nuestra vida eclesial y de nuestra labor pastoral., 1997.

Caminar pastoral de una Iglesia Misionera, 1997.

Carta por la explosión del volcán, 1983.

Documentos de la diócesis de Tapachula

De monseñor Bartolomé Carrasco

Circular, 1973.

Normas para la distribución de la comunión, 1973.

El día del Papa, 1973.

La asunción de nuestra señora. La promoción y liberación de la mujer, 1973.

Mensaje de Navidad, 1976.

Declaración sobre la regulación de la natalidad, 1976.

De monseñor Juvenal Porcayo Uribe

Comunicado de Prensa, 1976.

Monseñor Carrasco se despide de Tapachula, 1976.

Primera carta pastoral del III obispo de Tapachula, 1976.

Estado de oración intensa y extraordinaria en Tapachula, 1977.

Segunda carta pastoral: el año litúrgico, 1978.

10 años de la diócesis de Tapachula, 1978.

De monseñor Luis Miguel Cantón Marín

Mensaje del IV obispo de Tapachula, 1984.

Saludo al comienzo del año escolar, 1984.

Peregrinación de las tres diócesis de Chiapas al Tepeyac, 1984.

Jerarquía católica y política, 1985.

Valores y virtudes políticas, 1985.

Los fieles laicos y la política, 1985.
Año internacional de la juventud, clausura, 1986.
Cómo vivir la cuaresma, 1986.
El Tacana y Tapachula, 1986.
Mensaje a las madres, 1986.
La violencia y el amor, 1986.
Tragedia en el Salvador, 1986.
Posadas y Navidad, 1986.
Devoción a la guadalupana, compromiso con México, 1987.
Mensaje para la XX jornada de la paz, 1987.
Tapachula ante los 500 años de evangelización de América, 1987.
Mensaje de Cuaresma, 1987.
La cuaresma y la fe, la alegría, el amor y la liberación, 1987.
Miércoles de ceniza, 1987.
Presencia de la virgen María en el plan salvador de Dios, 1987.
Encuentro de instituciones de ayuda a refugiados centroamerica-
    nos, 1987.
Mensaje de navidad, 1987.
Homilía en la peregrinación chiapaneca a la Basílica de Guadalupe,
    1988.
La separación del Estado y la Iglesia, aclarando conceptos, 1989.
Mensaje de año nuevo, 1989.
Importante documento sobre los fieles laicos, 1989.
Homilía, 1989.
Encuentro episcopal de pastoral indígena, 1989.
Homilía con ocasión de la fiesta de todos los santos y día de los fie-
    les difuntos, 1989.
Relaciones Estado e Iglesia Católica, 1989.
Domingo mundial a favor de las misiones, 1989.
Las posadas, 1989.
Mensaje de año nuevo, 1990.
Consideraciones básicas para una pastoral indígena, 1990.
Influencia de los medios de comunicación en el hombre y responsa-
    bilidad de los comunicadores en el pensamiento y doctrina de
    Juan Pablo II, 1990.
El evangelio para la vida diaria, 1990.
Sobre los jóvenes mártires de Tlaxcala, jóvenes heraldos del Evan-
    gelio, 1990.
La resurrección y nuestra vida actual, 1990.
Juan Pablo II y los derechos humanos, 1990.

De monseñor Felipe Arizmendi Esquivel

Nota sobre la muerte de Luis Miguel Cantón Marín, 1990.

Homilía en la Basílica de Guadalupe en la peregrinación de las diócesis de Chiapas, 1991.

Inhumano y criminal despenalizar el aborto, 1991.

Exhortación pastoral sobre el cólera, 1991.

Sugerencias para el V centenario de la evangelización en América Latina, 1992.

Mensaje de cuaresma, 1992.

Homilía, 1992.

Qué es la sexualidad humana, 1992.

Cómo preparar la navidad, 1993.

V Asamblea de la diócesis de Tapachula, 1993

Mensaje del obispo, 1993.

Saludo a Rigoberta Menchú, 1993.

Santo Domingo desde dentro, 1993.

No endurezcan su corazón, 1993.

Mensaje de pascua, 1993.

Mensaje con ocasión del día del maestro, 1993.

Homilía en el día de la libertad de prensa, 1993.

Presentación de la solicitud de registro de la diócesis de Tapachula como asociación religiosa, 1993.

Mensaje para 1994, 1994.

Justicia y paz con prudencia en Chiapas, 1994.

Misericordia señor, hemos pecado, 1994.

Homilía en la peregrinación de las 3 diócesis de Chiapas a la Basílica de Guadalupe, 1994.

Orientación pastoral con motivo de las elecciones, 1994.

Chiapas necesita una tregua social de paz, 1994.

Chiapas tiene derecho a la paz, 1994.

Tenemos derecho a la paz, basta ya de armas, 1994.

Documentos de la diócesis de Tuxtla

De monseñor J. Trinidad Sepúlveda Ruiz Velasco

Carta pastoral del obispo de Tuxtla: consuelo en la aflicción, 1975.

El cristianismo ante la crisis económica, 1978.

Contra la legalización del aborto, 1978.

Mensaje de navidad, 1981.
Catedral más digna, 1981.
Denuncia de la destrucción de los valores familiares, 1981.
Rechazo de la despenalización del aborto, 1983.
Mensaje de navidad, 1984.
Mensaje de navidad 1984. (Monseñor Felipe Aguirre Franco)
Deberes y derechos de los cristianos en el campo de la educación
(con el obispo de León), 1984.
Mensaje de pascua, 1985.
Mensaje de navidad, 1985.
Mensaje de navidad, 1987.
Homilía de Felipe Aguirre en su toma de posesión como II obispo
de Tuxtla, 1988.

De monseñor Felipe Aguirre Franco

La apasionante consigna de evangelizar en la primera semana de
pastoral diocesana, 1988.
Mensaje de navidad, 1990.
Convocatoria a la diócesis de Tuxtla con motivo de la II visita del
papa a México, 1990.
Mensaje de cuaresma, 1990.
Manifiesto al pueblo de Chiapas y al sur de México, 1990.
Convocatoria en los XXV años de la diócesis de Tuxtla, 1990.
Carta a los sacerdotes, religiosos y laicos de la diócesis, 1990.
Mensaje de navidad y año nuevo, 1991.
Mensaje de pascua, 1991.
Orientaciones sobre los ministros de la palabra y la eucaristía, 1991.
Mensaje de navidad, 1992.
Las relaciones Iglesia-Estado, 1992.
Hacia el 92, una nueva evangelización, 1992.
Sobre las expulsiones indígenas y el respeto a las culturas, costum-
bres y tradiciones de esos pueblos, 1992.
Obispos católicos y dirigentes evangélicos se reúnen, 1992.
Mensaje de pascua, 1993.
Mensaje de cuaresma, 1993.
Circular de la Comisión Episcopal de Indígenas invitando al encuen-
tro con el papa, 1993.
Declaración sobre la situación en San Cristóbal de las Casas (con el
obispo de Tapachula), 1993.
Mensaje de navidad, 1993.
Mensaje de pascua, 1994.
Un llamado a la paz, 1994.

Para una transmisión pacífica de los poderes, 1994.
Alternativas para la paz en Chiapas (con el obispo de Tapachula), 1994.
Mensaje de adviento y navidad, 1994.
Promovamos la pastoral rural indígena, 1994.

Documentos de los obispos de la región Pacífico Sur

Nuestro compromiso cristiano con los indígenas y campesinos de la región Pacífico-Sur, 1977.
Grave situación del indígena, 1977.
Mensaje pascual, 1979.
Declaración de los obispos de Oaxaca y Chiapas: justicia para los indígenas, 1980.
Mensaje de navidad, 1980.
Pronunciamiento sobre los acontecimientos de Bolonchán, Chiapas, 1980.
Mensaje de navidad, 1981.
Carta pastoral sobre el mensaje guadalupano hace 450 años, 1981.
Refugiados guatemaltecos en Chiapas, 1982.
Vivir cristianamente el compromiso político, 1982.
Narcotráfico: preocupación de los obispos del Sur, 1984.
Los pobres, signo de resurrección. Mensaje de pascua, 1984.
Pronunciamiento sobre los refugiados, 1984.
Evangelio y bienes temporales, 1985.
Reconciliación y denuncia de explotación, 1987.
Alcoholismo, preocupación pastoral, 1990.
Mensaje de Cuaresma, 1993.

Videos

Chiapas (TvUNAM).
Chiapas, la otra guerra.

Cronología

1920-1930

Iglesia mexicana

1926-1929. La Cristiada.

1929. Nace la Conferencia del Episcopado Mexicano (CEM), con objeto de fortalecer a la debilitada iglesia cuando concluye la Cristiada.

Chiapas

1924, 3 de noviembre. Nace en Irapuato Samuel Ruiz García.

1930-40

Iglesia universal

1939-1958. Papado de Pío XII.

México

1935. Cárdenas crea el Departamento de Asuntos Indígenas.

Iglesia mexicana

1940 Abril. Primer Congreso Indigenista Interamericano, en Pátzcuaro, Michoacán. Se invita al Instituto Lingüístico de Verano.

Iglesia mexicana

1932-1938. La segunda Cristiada.

Chiapas

1937. Samuel Ruiz ingresa al seminario de León.

1940-50

Mundo

1939-1945. Segunda guerra mundial.
1948. Empieza la guerra fría.

México

1942. Se funda el Instituto Interamericano Indigenista en México.
1946. Miguel Alemán es presidente de México.

1948, 10 de noviembre. Decreto por el que Alemán funda el Instituto Nacional Indigenista (INI). Alfonso Caso es nombrado director.
Iglesia mexica[na
1940. Ávila Camacho inicia su presidencia proclamando su fe católica.
1942-1953. José Garibi Rivera preside la CEM.
Chiapas
1945. Samuel Ruiz comienza sus estudios en Roma.
1949, 2 de abril. Samuel Ruiz es ordenado sacerdote en Roma.

1950

Mundo
Comienza la guerra de Corea.

1951

Iglesia mexicana
La Iglesia busca vincularse a la cuestión social y crea la Liga para la Decencia y también el Secretariado Social Mexicano.
Chiapas
El INI establece su primer centro de desarrollo regional en Chiapas.

1952

Mundo
Dwight D. Eisenhower es presidente de Estados Unidos.
México
Adolfo Ruiz Cortines asume la presidencia de México.
Chiapas
Samuel Ruiz concluye sus estudios como especialista en teología y sagradas escrituras.

1953

Mundo
Muere José Stalin.
Nikita Krushchev es nombrado secretario general del Partido Comunista de la Unión Soviética.

Finaliza la guerra de Corea.

Las mujeres obtienen su derecho al voto.

Iglesia mexicana
1953-1958. Octaviano Márquez y Toriz preside la CEM.

1954

Mundo
Junio. El gobierno de Arbenz es derrocado en Guatemala. Castillo Armas se convierte en presidente.

Chiapas
Samuel Ruiz es nombrado rector del seminario de León.
A Tenejapa llegan los misioneros del Sagrado Corazón

1955

Iglesia universal
Se crea la Conferencia Episcopal Latinoamericana (CELAM), con Pío XII.

1956

Mundo
Asesinato de Anastasio Somoza (padre), en Nicaragua.
Reelección de Eisenhower en Estados Unidos.

1957

Mundo
26 de julio. Asesinato de Castillo Armas en Guatemala.
Se crea la Comisión Económica Europea.

Iglesia mexicana
Llega el delegado apostólico Luigi Raimondi; permanece a México hasta 1967.

1958

Iglesia universal

Se crea en Roma la Confederación Latinoamericana de Religiosos (CLAR).

Se crea en Roma la Comisión Pontificia para América Latina (CAL).

Muere el papa Pío XII; es nombrado Juan XXIII.

México

Adolfo López Mateos es elegido presidente.

Iglesia mexicana

Octubre. Monseñor Garibi Rivera es nombrado primer cardenal mexicano.

1958-1963. José Garibi Rivera preside la CEM.

Chiapas

Los jesuitas regresan a Chiapas, tras cuarenta y cuatro años de exilio. Se funda la misión de Bachajón.

Se crea la diócesis de Tapachula.

1959

Mundo

Enero 1. Triunfa la revolución cubana.

Iglesia mexicana

Monseñor Lucio Torreblanca logra crear una Comisión Espicopal para Indígenas.

Chiapas

14 de noviembre. El papa Juan XXIII nombra obispo a Samuel Ruiz García.

1960

Mundo

Comienza la guerrilla en Guatemala.

Nace el Frente Sandinista de Liberación Nacional (FSLN), en Nicaragua.

John F. Kennedy, presidente de Estados Unidos.

Se inicia la «Alianza para el Progreso».

México

Congreso Nacional Indigenista.

Durante esta década se fundan varios movimientos sociales seglares: Movimiento Familiar Cristiano, Acción Católica.

Chiapas

25 de enero. Samuel Ruiz es consagrado obispo, en San Cristóbal de las Casas.

Aumenta el número de personas que colonizan la selva lacandona.

1961

Mundo

Fidel Castro declara que la revolución cubana es comunista.
17 de abril. Bahía de Cochinos-Playa Girón, Cuba.
Agosto. Comienza la construcción del muro de Berlín.

Iglesia mexicana

Se crea el Centro Nacional de Misiones Indígenas (CENAMI).
Comienza otra férrea discusión entre la Iglesia y el Estado en cuanto al contenido de los libros de texto gratuitos.
Chiapas
Mayo. Llegan los primeros dominicos a Chiapas.

1962

Mundo

Octubre. Crisis de los misiles en Cuba.
En Guatemala nace el MR13.

Iglesia universal

Octubre, 11. Inauguración del Concilio Vaticano II.

México

Mayo. Asesinato de Rubén Jaramillo, su esposa e hijos.

Chiapas

Samuel Ruiz funda las primeras escuelas de catequistas indígenas, con ayuda de monseñor Luigi Raimondi.

1963

Mundo

22 de noviembre. Asesinato de John F. Kennedy.
Lyndon Johnson asume la presidencia de Estados Unidos.

Iglesia universal
Muere el papa Juan XXIII; es nombrado Paulo VI.
Iglesia mexicana
Diciembre. Surge la UMAE.
1963-1967. Octaviano Márquez y Toriz preside la CEM.
Se rumora el establecimiento relaciones diplomáticas con el Vaticano, pues López Mateos envía condolencias al delegado apostólico, por la muerte de Juan XXIII.
Chiapas
Fundación de la Misión Ocosingo-Altamirano, con dominicos estadunidenses.

1964

Mundo
Deja Nikita Krushchev la secretaría general del Partido Comunista Soviético. Lo sustituye Brezhnev.
Ley de derechos civiles en Estados Unidos.
Noviembre. Nelson Mandela condenado a cadena perpetua en Sudáfrica.
México
Gustavo Díaz Ordaz, presidente.
Reunión de la Sociedad Mexicana para la Antropología Aplicada, donde se determina que la antropología debe comprometerse políticamente.
Noviembre. Comienza el movimiento de médicos.
Iglesia mexicana
Congreso Nacional de Teología y Sagrada Escritura, de donde surgió el proyecto de la Sociedad Teológica Mexicana (STM).

1965

Mundo
Johnson invade la República Dominicana de Juan Bosch.
Comienza la guerra de Vietnam.
Iglesia universal
8 de diciembre. Clausura del Concilio Vaticano II.
Publicación de *Ad Gentes*. Publicación de *Lumen Gentium*.
México
Foco guerrillero destruido en Ciudad Madera, Chihuahua.

Chiapas

Se crea la diócesis de Tuxtla.

1966

Mundo

Conferencia Tricontinental de La Habana.
Abril. Mao impulsa la revolución cultural.
Muere en Colombia el sacerdote guerrillero Camilo Torres.
En Guatemala, guerrilla y masacres en Oriente (1966-68).

México

Se funda el Congreso del Trabajo.

Iglesia mexicana

Se constituye formalmente la STM.

Chiapas

Establecimiento de la misión Chamula (dominicanos).

1967

Mundo

Muere el Che Guevara en Bolivia.
Llega al poder Anastasio Somoza (hijo), en Nicaragua.

Iglesia universal

Encíclica *Populorum Progressio*.

México

Empieza la guerrilla en Guerrero.

Iglesia mexicana

Se crea la Comisión Episcopal de Pastoral Social en México.
Samuel Ruiz forma parte de ella.
1967-1977. Corripio Ahumada preside la CEM.

1968

Mundo

Primavera de Praga.
Mayo. Protestas en París.
8 de junio. Asesinato de Robert Kennedy en Estados Unidos.
Richard Nixon presidente de Estados Unidos.

Iglesia universal

Abril. Primer Encuentro Continental de Misiones en Melgar, Colombia.

26 de agosto. Da inicio la II Conferencia CELAM en Medellín. Dura diez días.

Se crea en Argentina el Movimiento de Sacerdotes para el Tercer Mundo.

México

2 de octubre. Matanza de Tlatelolco.

Se fundan FUZ, MAR y otras organizaciones radicales clandestinas.

Iglesia mexicana

Publicación de la carta pastoral «El desarrollo e integración de nuestra patria», de la CEM, a propósito del movimiento estudiantil, donde se ofrece cooperar con el gobierno, pero también se le critica, y se expone la situación jurídica de la Iglesia.

Chiapas

Samuel Ruiz es nombrado presidente del Departamento de Misiones Indígenas del CELAM (1968-1974).

Abril. Samuel Ruiz participa en el Encuentro sobre Misiones en Melgar, Colombia.

1969

Mundo

Cordobazo en Argentina.

México

6 de agosto. Nacen las FLN en Monterrey

Iglesia mexicana

24 al 28 de noviembre. Congreso Nacional de Teología «Fe y Desarrollo», organizado por STM.

Se crea la Unión de Mutua Ayuda Episcopal (UMAE), a instancias de Samuel Ruiz

Chiapas

Comienza la catequesis del «Éxodo», en Ocosingo.

Fundación de Desarrollo Económico y Social de los Mexicanos Indígenas (DESMI).

1970

Mundo

Llega al poder la Unión Popular en Chile, con Salvador Allende al frente.

México

Luis Echeverría Álvarez asume la presidencia de la república.

Muere Alfonso Caso. El INI comienza a renovarse.

Publicación del libro *De eso que llaman antropología mexicana*, donde se critica la «antropología comprometida».

Iglesia mexicana

Agosto. El Secretariado Social Mexicano pide a los obispos una actitud mental de renovación, acorde con los problemas del país.

Octubre. Seminario en Chihuahua de teología de la liberación.

Encuentro de Misiones en Xicotepec, «Indígenas en polémica con la Iglesia». Nace el Centro Nacional de Pastoral Indígena (CENAPI).

1971

Iglesia universal

Enero. Primera reunión de Barbados, organizada por antropólogos.

Declaración a favor de una «antropología liberadora» contra el etnocentrismo misionero.

Sínodo Mundial de Obispos.

Gustavo Gutiérrez publica su *Teología de la Liberación*.

México

El presidente Echeverría pronuncia una conferencia en el INI, ahí declara que el indigenismo integracionista ha fracasado.

Iglesia mexicana

Mendez Arceo entrega su «Carta de Anenecuilco» a Echeverría, pidiéndole terminar con la ficción jurídica de las relaciones entre la Iglesia y el Estado en México.

El equipo promotor de la UMAE renuncia.

Octubre. Sínodo general de obispos. Se publica un documento relativo a la justicia social.

Chiapas

Publicación del catecismo «Estamos buscando la libertad».

1972

Mundo

Reelección de Richard Nixon en Estados Unidos.

El Salvador. Golpe de Estado cancela la victoria de la Democracia Cristiana.

México

Muere Genaro Vázquez Rojas.

Iglesia mexicana

14 de abril. Salen a la luz pública los grupos Sacerdotes para el Pueblo (SPP) y Cristianos por el Socialismo.

Chiapas

6 de marzo. Publicación del Decreto de la Comunidad Lacandona.

Llegan a Chiapas miembros de las FLN, para fundar el Núcleo Guerrillero Emiliano Zapata.

1973

Mundo

Golpe de estado de Pinochet en Chile.

Termina la guerra de Vietnam.

Guerra arabe-israelí.

Aumentan drásticamente los precios del petróleo.

Iglesia universal

Enero. Se funda, en Quito, la Comisión de Estudios de Historia de la Iglesia en América Latina, con el propósito de escribir una historia desde la perspectiva de los pobres. Su primer presidente es Enrique Dussel.

México

La Liga 23 de Septiembre asesina a Eugenio Garza Sada. El Tecnológico de Monterrey se separa de los jesuitas.

Iglesia mexicana

Febrero. La CEM publica *El compromiso cristiano ante las opciones sociales y la política,* en el que permite a los laicos elegir entre las distintas opciones políticas siempre y cuando la plataforma de sus planes sean congruentes con la doctrina cristiana.

Noviembre. El Secretariado Social Mexicano deja de ser un órgano oficial del Episcopado Mexicano.

Chiapas

Samuel Ruiz participa con la ponencia «Los cristianos y la justicia en América Latina», en la Conferencia Católica de Cooperación Interamericana (CICOP).

Echeverría permite la colonización de 650,000 hectáreas de selva.

1974

Mundo

9 de agosto. Nixon renuncia a la presidencia de Estados Unidos por el escándalo Watergate.

Gerald Ford asume la presidencia estadunidense.

México

Febrero. La «Casa Grande» de las FLN, en la ciudad de México es descubierta.

Muere Lucio Cabañas.

Iglesia mexicana

Sínodo de Obispos.

Entrevista de Luis Echeverría con Pablo VI, en el Vaticano, con el argumento de conseguir su apoyo para la *Carta de los Deberes y Derechos Económicos de los Estados*.

Chiapas

Febrero. «Operación Diamante»: descubrimiento y persecución de los miembros de las FLN en Chiapas.

II Encuentro Latinoamericano de la historia de la Iglesia (CEHILA), en San Cristóbal.

Llega André Aubry a San Cristóbal de las Casas.

Primeras expulsiones en Chamula.

Llegan a Chiapas militantes de la Unión del Pueblo.

Agosto. Congreso de Sacerdotes para el Pueblo, en San Cristóbal.

Octubre, 13. Comienza el Congreso Indígena.

Descubrimiento de yacimientos de petróleo en Chiapas.

1975

Mundo

Cuba envía tropas a Angola.

Muere Francisco Franco. Comienza la transición democrática en España.

México

Congreso Indígena en Pátzcuaro, auspiciado por el gobierno.

Crisis de fin de sexenio de Echeverría.

Iglesia mexicana

Sacerdotes para el Pueblo se transforma en Iglesia Solidaria.

Chiapas

Primera Asamblea diocesana en San Cristóbal.

Samuel Ruiz apoya la opción por los pobres.

Septiembre. Se ordenan prediáconos en Bachajón.

14 de diciembre. Se crea *Quiptic Ta Lecubtesel*.

Comienza el movimiento diaconal *tuhunel*. Declara Samuel Ruiz el nacimiento de la Iglesia autóctona.

Llega a Chiapas la Unión del Pueblo.

1976

Mundo

12 de agosto. Incidente de Riobamba, Ecuador, cuando presidía Samuel Ruiz.

James Carter asume la presidencia de Estados Unidos.

Guatemala. Se recrudece la guerrilla-represión (1976-1978).

México

José López Portillo presidente de la República.

Iglesia mexicana

Inauguración de la actual Basílica de Guadalupe (12 de octubre).

Continúan las pugnas por los contenidos de los libros de texto gratuitos, la campaña de planificación familiar, los derechos humanos y la reforma educativa.

López Portillo plantea a la Iglesia una «acción concertada», para incluirla en los programas de gobierno.

Chiapas

10 de enero. Se forma la Alianza 10 de Abril.

Llega a la gubernatura Jorge de la Vega Domínguez. (1976-1982).

Septiembre. Segunda Asamblea diocesana.

25 de octubre. Samuel Ruiz funge como mediador en Torreón en el conflicto del padre Batarse. Ahí conoce a los líderes de Línea Proletaria (Orive y otros).

1977

Iglesia universal

Segunda reunión de Barbados, organizada por el Consejo Mundial de las Iglesias, con líderes indígenas de todo el continente.

México

Reforma Política. Comienza la «transición».

Junio. Voceros del Partido Comunista Mexicano declaran que los ministros de diferentes cultos deberían gozar del derecho de formar parte de cualquier partido político.

Iglesia mexicana

Corripio Ahumada Presidente de la CEM y Arzobispo primado de México.

Carta Pastoral de los obispos de la región Pacífico Sur sobre el compromiso político de los cristianos.

El Partido Comunista Mexicano propone una iniciativa para permitir el voto a los ministros de culto.

Chiapas

Llegan a Chiapas miembros de la estructura maoísta Organización Ideológica Dirigente (OID).

Junio. Los muertos de San Quintín.

Septiembre 17. Reunión de la OID (Orive) con la diócesis.

Tercera Asamblea Diocesana.

1978

Mundo

Asesinato en Nicaragua de Pedro Joaquín Chamorro.

Agosto. Al mando de Edén Pastora el FSLN toma el palacio nacional de Nicaragua.

Iglesia universal

6 de agosto. Muere el papa Pablo VI.

Es nombrado papa Juan Pablo I. Muere.

Juan Pablo II, nuevo papa.

Iglesia mexicana

Llega a México el nuncio Girolamo Prigione.

En vísperas de Puebla 79, monseñor José Salazar López, presidente de la CEM, denuncia una conjura internacional con elementos subversivos agrupados bajo el nombre de «Iglesia Popular», que ha penetrado en presbiterios, seminarios y comunidades religiosas.

Chiapas

Nombramiento de Lázaro Hernández, *tuhunel* de *tuhuneles*.

Unión de Ejidos Lucha Campesina.

Decreto de la reserva integral de la biósfera de Montes Azules.

Sale de la misión de Ocosingo el padre Vincent Foestler y llega fray Gonzalo Ituarte.

Septiembre. Asamblea diocesana de autocrítica.

Expulsión de la gente de Adolfo Orive.

1979

Mundo

Julio. Cae Somoza y los sandinistas llegan al poder en Nicaragua.
Crisis de los rehenes en Estados Unidos.
En Guatemala nace ORPA.
Golpe de estado en El Salvador.

Iglesia universal

Enero. III Conferencia CELAM en Puebla.

Iglesia mexicana

Primera visita del papa a México. Lo reciben ciento diez obispos, el presidente (sólo de manera protocolaria) y el delegado apostólico. Gran cooperación del gobierno para la visita. El papa critica la situación legal de la Iglesia.

Chiapas

Asamblea diocesana.

8 de marzo. El gobierno reconoce los derechos de más de mil quinientas familias que habían sido reubicadas en la comunidad lacandona.

Se crea la Confederación Independiente de Obreros Agrícolas y Campesinos (CIOAC).

Samuel Ruiz envía cinco agentes de pastoral a Nicaragua.

Agosto. Encuentro pastoral «Evangelización y Mundo Indígena».

1980

Mundo

Enero. Invasión de Afganistán por parte de la Unión Soviética.
Marzo. Asesinato de monseñor Oscar A. Romero.
En Guatemala represión contra religiosos y catequistas católicos.
Masacre de la embajada de España.
Crecen tensiones entre el gobierno sandinista y la Iglesia católica en Nicaragua.
Llega Ronald Reagan a la presidencia de Estados Unidos.
Caída de los precios del petróleo.
Aparece Sendero Luminoso en Perú (aunque se comenzó a gestar en 1970).

Iglesia mexicana

Iniciativa del Partido Comunista Mexicano para legalizar el aborto, sumamente criticada por el clero.

El plan global 1980-1982 de la CEM critica duramente la situación política. Declaran que la democracia es ficticia, dado el partido único y el corporativismo.

Enero. Asamblea diocesana.

Invasión de tierras «pertenecientes a comunidades indígenas», encabezada por el PST.

15 de junio. Matanza de Gololchán.

4 de septiembre. Se crea la Unión de Uniones.

Se crea la Unión de Uniones Ejidales y Grupos Campesinos de Chiapas.

Nace la Organización Campesina Emiliano Zapata (OCEZ).

Refugiados guatemaltecos.

1981

Mundo

Surgen los contras en Nicaragua.

Apogeo de la guerrilla guatemalteca.

Nace URNG.

México

Nacionalización de la banca.

Iglesia mexicana

La CEM emite su *Mensaje al pueblo de México sobre el próximo proceso electoral*.

Chiapas

Prediáconos en la selva.

Asamblea diocesana: «Fe y Política».

1982

Mundo

23 de marzo. Comienza en Guatemala el gobierno de Efraín Ríos Montt (1982-1983).

Guatemala. Gran ofensiva contrainsurgente.

México

Miguel de la Madrid presidente de la república.

México declara moratoria del pago de su deuda externa. Comienza crisis económica.

Iglesia mexicana

Sergio Obeso preside la CEM.

Renuncia Sergio Méndez Arceo a la diócesis de Cuernavaca.

Los obispos dan apoyo incondicional a la nacionalización de la banca y emiten el documento oficial «El católico frente al compromiso socio-político actual».

Corripo Ahumada es nombrado cardenal.

Chiapas

Enero. Asamblea diocesana.

Comienza gobierno de Juan Sabines.

Violación del domicilio de los hermanos Maristas en Comitán.

Violación del convento de Santo Domingo en Comitán.

Javier Vargas crea *Slop*.

Llegan a Chiapas el PMT, PRT, PCM y PST.

La Coordinadora Nacional Plan de Ayala se consolida y cambia de nombre a OCEZ.

Octubre. Se crea la Unión de Crédito *Pajal Ya Kactic*.

Llega el general Absalón Castellanos a la gubernatura del estado.

Crisis de la Unión de Uniones por la Unión de Crédito.

Samuel Ruiz inicia una vida pública intensa (según Andrés Aubry): derechos humanos, desplazados, etcétera.

1983

Mundo

Ronald Reagan toma la decisión de invadir Granada.

Conformación del Grupo Contadora.

Iglesia mexicana

Plan global de la Iglesia para el periodo 1983-86, en el que se critica por primera vez, desde 1926, al Estado y a su legitimidad histórica y social. Piden la derogación de los artículos 3° y 130.

Marzo. Se funda el Instituto Mexicano de Doctrina Social Cristiana (IMDOSOC).

Chiapas

23 de enero. División de la Unión de Uniones.

Asamblea diocesana «Jesucristo en el Contexto Regional».

Detención del padre Aurelio Zapata debido a problemas ocasionados por las elecciones locales (fraude).

Se crea la Unión de Uniones Ejidales y Sociedades Campesinas de Producción de Chiapas (resultado de la ruptura).

Llegada en masa de refugiados guatemaltecos.

Otoño. Llegada a la selva de las FLN, los futuros líderes del EZLN.

Adolfo Orive sale de Chiapas. Va a la ciudad de México.

1984

Daniel Ortega gana las elecciones en Nicaragua.
N. Duarte gana en El Salvador.

México

Nueva caída en crisis económica.

Iglesia mexicana

12 de enero. El vocero de la CEM, padre Francisco Ramírez Meza, desata una polémica sobre la posible reanudación de las relaciones con el Vaticano. Cuauhtémoc Cárdenas, gobernador de Michoacán, publica un desplegado, exigiendo el sometimiento de la Iglesia a las leyes.

El obispo de Netzahualcóyotl declara que la educación en México es anticatólica. Reyes Heroles insiste en la necesidad de la educación laica.

Se discute en la comisión permanente del congreso la reforma al artículo 130; se oponen PST, PPS y PRI.

Chiapas

Asamblea diocesana de clarificación eclesiológica.

Lázaro Hernández se incorpora al EZLN con el sobrenombre de «Jesús».

Abril a junio. Reubicación forzada de los cuarenta y cinco mil refugiados de la zona fronteriza.

1985

México

19 de septiembre. Terremoto en la ciudad de México

Chiapas

25 de enero. Bodas de plata episcopales de Samuel Ruiz
Asamblea diocesana: «La Tierra».
Los guerrilleros de las FLN empiezan a entrar en las comunidades indígenas.
Resurgimiento de la Unión de Uniones.

1986

Mundo

Escándalo Irán-Contras en Estados Unidos.
Guatemala. Apertura política, empiezan diez años de negociaciones.

México

Fraude electoral en Chihuahua.

Iglesia mexicana

La Iglesia apoya abiertamente a los candidatos de oposición, más claramente en Chihuahua.

Se celebra en Oaxaca el Encuentro Nacional de CEB. Samuel Ruiz participa.

Julio. El arzobispo y sacerdotes de la arquidiócesis de Chihuahua anuncian el cierre de templos por el fraude electoral.

Chiapas

17 de julio. Plan diocesano.

Samuel Ruiz visita las Islas Marías a fin de repatriar unos presos a Chiapas.

Julio. Primer Congreso Campesino al que asistieron CCRI, CIOAC, OCEZ, CRIACH, Unión de Uniones, Unión de Crédito *Pajal Ya Kaktic*. Marcos es nombrado subcomandante.

1987

Iglesia mexicana

El papel de la Iglesia en las elecciones intermedias de 1986 provocó que el nuevo Código Federal Electoral de 1987 dispusiera en el artículo 343 sancionar con severidad a los ministros de cualquier culto que indujeran o prohibieran el voto por cualquier candidato. Aunque las sanciones fueron únicamente pecuniarias debido a la presión de los partidos y la Iglesia misma.

Chiapas

24 de marzo. Convenio Concertación para la Protección de la Selva Lacandona.

Mayo. Sale Gonzalo Ituarte OP de la parroquia de Ocosingo. Lo sustituye Pablo Iribarren OP.

1988

Mundo

George Bush, presidente de Estados Unidos.

Iglesia universal

El obispo Lefebvre es excomulgado, al igual que cuatro obispos que él «consagró».

Se desprende del PRI la Corriente Democrática, encabezada por Cuauhtémoc Cárdenas y por Porfirio Muñoz Ledo.

Crisis económica de fin de sexenio.

Carlos Salinas de Gortari presidente de la República.

Iglesia mexicana

La Iglesia se pronuncia a favor de la democracia en los comicios

25 de septiembre. Beatificación del padre Pro.

Diciembre. Miembros de la jerarquía católica asisten a la toma de posesión de Carlos Salinas.

Chiapas

Marzo. La Unión de Uniones adopta las siglas ARIC.

Se distancian los proyectos de la Unión de Uniones y de las FLN. Empieza la tensión entre las dos organizaciones.

FLN se convierten en EZLN.

Slop deja de coincidir con FLN.

Julio. Sale Absalón Castellanos de la gubernatura del estado; lo sucede Patrocinio González.

1989

México

La guerrilla de El Salvador negocia con el gobierno y ataca la capital. Asesinato de los jesuitas de la UCA.

George Bush llega a la presidencia de Estados Unidos.

Interviene Estados Unidos en Panamá para remover a Noriega.

Pinochet pierde el referéndum.

Cae el muro de Berlín.

México

Nace el Partido de la Revolución Democrática (PRD).

Julio. El PAN obtiene la gubernatura de Baja California.

Chiapas

Marzo. Se funda el Centro de Derechos Humanos Fray Bartolomé de las Casas.

Se crea en la diócesis el Centro Indígena de Capacitación Integral (CIDECI).

1990

Mundo

Febrero. Los sandinistas pierden las elecciones.

Abril. Violeta Chamorro asume la presidencia de Nicaragua.

Iglesia mexicana

Segunda visita del papa a México.

Cierre del Seminario de Tehuacán (SERESURE).

Chiapas

22 de julio. Retención del padre Marcelo Rotsaert por el problema de invasión de tierras.

1991

Mundo

Comienza la guerra del Golfo Pérsico.

México

Reforma constitucional del artículo 130.

Chiapas

Nace la organización Pueblo Creyente, a raíz del encarcelamiento del sacerdote Joel Padrón, el 18 de septiembre.

Julio. Se crea la ANCIEZ.

Descubrimiento de un campo guerrillero en el ejido Quintana Roo.

Lázaro Hernández es elegido presidente de la ARIC.

1992

Mundo

16 de enero. El FMLN de El Salvador firma la paz con el gobierno del presidente Alfredo Cristiani, en el castillo de Chapultepec.

Premio Nobel de la paz a Rigoberta Menchú.

Quinto centenario del descubrimiento de América.

Abril. Escándalo de Rodney King en Estados Unidos.

William Clinton, primer mandatario de Estados Unidos.

Desaparición de la URSS.

Iglesia universal

Encuentro Centroamericano de Teología India en Chichicastenango, Guatemala.

Octubre. Cuarta Conferencia CELAM en Santo Domingo.

México

Anuncio de reformas al artículo 27 constitucional

Iglesia mexicana

Febrero. Fallece, en Cuernavaca, Sergio Méndez Arceo.

Se establecen relaciones diplomáticas entre la Santa Sede y el gobierno mexicano.

12 de octubre. Marcha 500 años de Colonización. Derriban la estatua de Diego de Mazariegos. Ordenación de diáconos en Bachajón.

7 de marzo. Inicia marcha XiNich. Termina en mayo.

Fraternidad Cristiana (nueve iglesias, incluyendo a la diócesis).

Desequilibrio por la drástica caída en los precios internacionales del café.

Crisis ganadera en Chiapas por una plaga que provoca el cierre del frigorífico de Tuxtla.

Reformas al código penal del estado de Chiapas.

1993

Mundo

La guerrilla guatemalteca reconoce que la negociación es la única sálida.

Iglesia mexicana

Tercera visita del papa a México (Mérida, Yucatán).

23 de mayo. Asesinato del cardenal Posadas Ocampo. El crimen se politiza, por supuestos nexos con el narcotráfico.

Chiapas

Enero. Sale Patrocinio González de la gubernatura del estado; se convierte en secretario de gobernación. Entra como gobernador interino Elmar Setzer.

Se funda Las Abejas.

25 de enero. Samuel Ruiz firma los edictos aceptando la teología india y la Iglesia autóctona, con motivo de trigésimo quinto aniversario de la misión de Bachajón.

Mayo. Mueren dos oficiales del ejército. Se descubre campamento del EZLN.

Disolución de la ANCIEZ. Lucha armada.

26 de octubre. Prigione envía carta a Samuel Ruiz sugiriendo su renuncia.

1994

México

Entra en vigor el TLC.

Marzo. Asesinato de Luis Donaldo Colosio.

Asesinato de José Francisco Ruiz Massieu.

Ernesto Zedillo asume la presidencia de la república.

Diciembre. Crisis económica severísima.

Chiapas

1 de enero. Levantamiento del EZLN.

16 de enero. Samuel Ruiz manifiesta: «Si un catequista toma las armas ya no lo reconozco como catequista».

Se crea la Comisión Nacional de Intermediación (CONAI).

Agosto. Elecciones extraordinarias para gobernador.

Eduardo Robledo gobernador (9 diciembre de 1994 al 14 febrero de 1995).

1995

Chiapas

Febrero. Ofensiva del ejército mexicano.

Junio. Expulsados: padres Loren Riebe, Jorge Barón, Rodolfo Izal.

Octubre. Elecciones para ayuntamientos y diputados locales.

Fray Raúl Vera OP es nombrado obispo coadjutor.

1996

Mundo

29 de diciembre. Guatemala firma la paz después de treinta y seis años de conflicto.

Reelección de William Clinton en Estados Unidos.

México

Aparece el Ejército Popular Revolucionario (EPR) en Guerrero.

1997

Mundo

Arnoldo Alemán presidente de Nicaragua.

Iglesia mexicana

12 de octubre. Juan Pablo II beatifica a varios mártires de la Cristiada

Chiapas

22 de diciembre. Matanza de Acteal.

1998

Chiapas

27 de febrero. Expulsión del padre Chanteau, cura de Acteal.

7 de junio. La CONAI se retira de la mediación.

7, 822 catequistas.

311 prediáconos.

1999

Iglesia mexicana

Enero. Cuarta visita del papa a México.

Chiapas

25 de noviembre. Samuel Ruiz presenta su renuncia al Vaticano.

29 de diciembre. Fray Raúl Vera es enviado como obispo a la diócesis de Saltillo.

2000

México

Vicente Fox, candidato opositor, gana las elecciones presidenciales.

Chiapas

Abril. Monseñor Felipe Arizmendi es nombrado obispo de San Cristóbal de las Casas.